Aufgaben und Praxis der Bundesanstalt für Arbeit

Schriftenreihe, begründet
von **Valentin Siebrecht**
und **Alfred Kohl**

Herausgegeben von
Präsident a. D. Alfred Kohl
und
Präsident Dr. Alois Streich

D1667776

Band 12

Bücherei für Berufsberatung, Arbeitsvermittlung
und Arbeitslosenversicherung

Praxis der beruflichen Beratung

von
Rainer Bahrenberg
Heiner Koch
Lothar Müller-Kohlenberg

2. neubearbeitete Auflage

Verlag W. Kohlhammer

Die Deutsche Bibliothek – CIP-Einheitsaufnahme

Bahrenberg, Rainer:
Praxis der beruflichen Beratung / von Rainer Bahrenberg ;
Heiner Koch ; Lothar Müller-Kohlenberg. –
2., neubearb. Aufl. – Stuttgart ; Berlin ; Köln :
Kohlhammer 2000
   (Aufgaben und Praxis der Bundesanstalt für Arbeit ; Bd. 12)
   1. Aufl. u.d.T.: Schaefer, Joachim; Praxis der beruflichen Beratung
   ISBN 3-17-013515-5

Alle Rechte vorbehalten
© 1977/2000 W. Kohlhammer GmbH
Stuttgart Berlin Köln
Verlagsort: Stuttgart
Umschlag: Data Images GmbH
Gesamtherstellung: W. Kohlhammer
Druckerei GmbH + Co. Stuttgart
Printed in Germany

Inhalt

Einleitung

Beim Übergang von der Schule in die Arbeitswelt sehen sich Berufswählerinnen und Berufswähler mit Fragen und Problemen von großer persönlicher Tragweite konfrontiert. Im Blick auf ihre unsichere berufliche Zukunft benötigen sie verläßliche Orientierungslinien, wirksame persönliche Hilfestellung und unter Umständen auch konkrete handlungsleitende Hinweise. Die Berufswahlsituation verlangt von ihnen, bei den anstehenden berufsbezogenen Entscheidungen ein Stück der Verantwortung für die eigene Zukunft bewußt anzunehmen. Berufliche Beratung will dazu beitragen, die hierzu notwendigen Schritte sachgerecht vorzubereiten und so zu verhindern, daß die Berufswahl aufgrund ihrer Komplexität zur Überforderung gerät.
Bewußtes und selbstverantwortliches Wählen des Erstberufs bedeutet zunächst einmal:

- Gewinnen von beruflichen Wertmaßstäben und Zielvorstellungen,
- Herausfinden und Gewichten von persönlich bedeutsamen Entscheidungsgesichtspunkten,
- Beschaffen von zuverlässigen Informationen aus entsprechend vertrauenswürdigen Quellen und
- Suchen nach verständnisvollen Gesprächspartnern.

So reifen – von Person zu Person unterschiedlich – Überlegungen heran und werden wieder verworfen. Vermeintliche Sicherheiten schwinden, neue Chancen werden sichtbar. Vorlieben und Abneigungen werden zunehmend deutlicher bewußt, daraus entwickeln sich erste berufliche Präferenzen. Es wächst der Informationshunger. Durch den Freundes- und Familienkreis treten neue, vielleicht sogar kontroverse Auffassungen und Werthaltungen zu Tage. Dieses Suchen nach einer überzeugenden Ausbildungs- und Berufswahlentscheidung kann sich über Jahre hinziehen – so daß sich das persönliche Auseinandersetzen mit den eigenen beruflichen Chancen, Risiken und Optionen als ein spannungsvoller, aber höchst individueller Entwicklungs-, Lern- und Entscheidungsprozeß verstehen läßt, der in aller Regel alles andere als geradlinig verläuft. Dabei können zufällige Eindrücke, Erfahrungen und Kontakte plötzlich neue und interessante berufliche Perspektiven eröffnen, sie können aber ebenso leicht auch vermeintlich feste Berufspläne zerplatzen lassen. Der Faktor „Zufall" bekommt dabei manchmal größeres Gewicht als umfangreiche Informationsunterlagen oder wohlmeinende Hinweise von Eltern und Lehrern, Freunden und Bekannten. Nahezu zwangsläufig ergeben sich dadurch immer wieder Seiten- oder Umwege, gelegentlich auch Sackgassen. Für manche wird

Berufswahl so zum mühevollen Weg durch ein scheinbar ausweglos Labyrinth, für andere wird sie kurzerhand zum Griff in die Lostrommel.

So verschiedenartig die individuellen Berufswahlvorgänge auch gestaltet sein mögen, besitzen sie dennoch als entscheidende gemeinsame Merkmale: Komplexität, Offenheit und Prozeßcharakter. Diese drei Merkmale gewinnen für das gesamte berufsberaterische Arbeitsfeld maßgebende Bedeutung und bilden entsprechend den Ausgangspunkt für ein konzeptionelles Verständnis von beruflicher Beratung, das davon geprägt ist, den Berufswählerinnen und -wählern das selbständige und eigenverantwortliche Suchen nach gangbaren und aussichtsreichen Wegen nicht abzunehmen, sondern ihnen dabei möglichst kompetent und hilfreich zur Seite zu stehen.

I. Erwartungen der Zielgruppen und gesellschaftliche Ansprüche an Beratung im Rahmen beruflicher Entscheidungen

Berufliche Beratung findet seit Jahren eine konstant hohe Nachfrage. Die meisten Berufswähler/-innen erleben die Verhältnisse und Entwicklungen auf dem Ausbildungsstellenmarkt und Arbeitsmarkt als wenig transparent und als geprägt durch Engpässe an den jeweiligen Übergängen zu diesen Märkten (1. Schwelle: Schule/Ausbildung, 2. Schwelle: Ausbildung/Erwerbstätigkeit). Hinzu kommt eine kaum überschaubare Vielfalt der Bildungswege. Für viele der Heranwachsenden erscheint es als verlockende Chance, zunächst einmal auf schulische Wege auszuweichen, einen höheren Bildungsabschluß zu erwerben und damit eine etwas längere „Bedenkzeit" für die Berufsentscheidung zu erhalten. Bei beruflicher Beratung sind daher häufig auch Unsicherheiten bezüglich der weiteren Schullaufbahn zu klären. In gestiegenem Umfang wird berufliche Beratung auch von Erwachsenen in Anspruch genommen, die während oder nach der Erstausbildung bzw. einem Studium eine berufliche Neuorientierung suchen.

Unter diesen allgemeinen Bedingungen der Wahl von Ausbildungsgang, Studienrichtung oder Tätigkeitsfeld bestimmen nun aber ganz individuell geprägte Haltungen darüber, ob, wann und wie berufliche Beratung als Angebot genutzt wird. Da können recht unterschiedliche und auch unangemessene Wunsch- oder Angstvorstellungen zum Tragen kommen, die mit dem Beratungsgeschehen und/oder den erwarteten Beratungsergebnissen verknüpft werden: das reicht von der Abwehrhaltung „Beratung – nein danke; habe ich doch nicht nötig" bis zum Versuch, Verantwortung einfach abzuwälzen unter der naiven Annahme „Bei der Berufsberatung werde ich schon erfahren, was ich beruflich am besten mache".

Die Berufswähler/-innen, die berufliche Beratung tatsächlich in Anspruch nehmen, richten – bewußt oder unbewußt – gewisse Erwartungen auf Verlauf und Ergebnisse beruflicher Beratung, oft in enger Abhängigkeit vom persönlichen Beratungsanlaß. Anfänglich sind solche Erwartungen vielleicht noch eher diffus, werden aber im Laufe des Beratungsgeschehens zunehmend klarer. Wie lassen sich diese Erwartungen der Ratsuchenden genauer unterscheiden und inhaltlich näher bestimmen? Welchen Einfluß üben sie auf den Beratungsprozeß, auf die Bereitschaft zu aktiver Mitwirkung und letztlich auch auf die Gesprächsergebnisse aus?

Auch aus dem Kreis der Bezugspersonen von Berufswählern und -innen verbinden sich ebenfalls konkrete Erwartungen mit beruflicher Beratung: Eltern, Partner, Geschwister, Freunde, Lehrer, Erzieher, Ausbilder und andere Personen aus dem Umfeld entwickeln und äußern Hoffnungen und Bedenken im Blick auf die Beratungsergebnisse und auch – vor allem bei eigener Teilnahme

9

– auf die Art der Durchführung beruflicher Beratung. Selbstverständlich kann es dann dazu kommen, daß die persönliche Erwartung von Ratsuchenden nicht mit dem übereinstimmt, was sich ihre jeweiligen Bezugspersonen von der Beratung versprechen, oder daß die verschiedenen Erwartungen sogar in Widerspruch zueinander stehen. Dann stellt sich die Frage: Welche Gegebenheiten, welche konkreten Erfahrungen oder persönlichen Beweggründe sind Anlaß zu solchen, durchaus nicht selten kontroversen Haltungen zwischen den verschiedenen Beratungspartnern? Wie sind sie im Beratungsgeschehen zu berücksichtigen?

In öffentlichem Auftrag Beraten heißt auch, konfrontiert zu sein mit diversen gesellschaftlichen Ansprüchen und Qualitätsstandards, unabhängig davon, ob sie nun offen ausgesprochen werden oder nicht. Soweit solche Ansprüche unerfüllt bleiben oder ihnen einfach zu wenig Rechnung getragen werden kann, bilden sie den Boden für kritische Äußerungen in der Öffentlichkeit und für ein nicht immer positives Image beruflicher Beratung.

Jedenfalls entspricht es der täglichen berufsberaterischen Erfahrung, daß die unterschiedlichen, mehr oder minder realistischen und förderlichen, aber auch die unter Umständen unerfüllbaren und störenden Erwartungen an berufliche Beratung eine beachtenswerte Bedeutung für den unmittelbaren Verlauf und für die abschließende Zufriedenheit aller an dem Beratungsgeschehen Beteiligten entfalten können.

Es soll daher im folgenden versucht werden, konkrete Erwartungen von Zielgruppen beruflicher Beratung und gesellschaftliche Qualitätsansprüche genauer zu untersuchen und sie miteinander zu vergleichen. Dadurch läßt sich möglicherweise genauer bestimmen, in welchen Situationen welche dieser Ansprüche als angemessen zu betrachten sind und entsprechend erfüllt werden sollten. Auf der anderen Seite ergibt sich, welche Erwartungshaltungen als unrealistisch gelten müssen und – im Blick auf die Belange der Ratsuchenden – sich eher als hinderlich erweisen können. Auch kann es interessant sein, diese verschiedenartigen Erwartungen an berufliche Beratung auf ihr unterschiedliches Anspruchsniveau und ihre spezifische Verhaltensstimulation hin vergleichend zu betrachten.

1.1 Erwartungen der verschiedenen Zielgruppen an berufliche Beratung

Das Angebot beruflicher Beratung richtet sich an alle Personen, die zur Klärung persönlicher Fragen der Berufswahl oder des beruflichen Fortkommens einschließlich des Berufswechsels Rat und Auskunft brauchen. Insbesondere gilt das Beratungsangebot den Schülerinnen und Schülern der Oberstufe an allgemeinbildenden Schulen (Haupt-, Real-, Gesamtschulen, Gymnasien) und an berufsbildenden Schulen, den Absolventinnen und Absolventen dieser Schulen, den Studierenden an Fachhoch- und Hochschulen zu Beginn, während und zum Abschluß ihres Studiums, aber auch den Berufsanfängerinnen und -anfängern, die bereits in einer Ausbildung stehen oder eine solche abgeschlossen haben und sich beruflich neu orientieren wollen oder müssen.

Das Angebot richtet sich aber auch an alle Bezugspersonen der Berufswähler und Berufswählerinnen. Insbesondere die Eltern spielen bei der Berufswahl eine so wichtige Rolle, daß bei beruflicher Beratung jede Möglichkeit genutzt wird, sie aktiv in den Berufswahlprozeß und gegebenenfalls auch in die Beratungsarbeit einzubeziehen, gerade solange und soweit elterliche Zielvorstellungen und Erfahrungen, Wünsche und Forderungen, Bedenken und Hoffnungen noch auf das Entscheidungsverhalten ihrer Kinder einwirken können.

Um den persönlichen Problemstellungen und Erwartungen der jeweiligen Gesprächspartner mit ihren unterschiedlichen Bildungs- und sonstigen Voraussetzungen besser entsprechen zu können, ist die organisatorische Aufgabenzuordnung von Berufsberatern/-innen zielgruppenspezifisch ausgerichtet:

Für Schüler/-innen und Absolventen/-innen der Sekundarstufe I an allgemein- und berufsbildenden Schulen sowie für andere Personen, soweit sie sich noch nicht drei Jahre im Erwerbsleben befinden, stehen Berater/-innen der *allgemeinen Berufsberatung* bereit.

Schüler/-innen und Absolventen/-innen der Sekundarstufe II an allgemein- und berufsbildenden Schulen sowie Studierende an Universitäten und Fachhochschulen werden von *Berufsberatern/-innen für Abiturienten und Hochschüler* beraten.

Für die berufliche Beratung von Personen, die bei ihrer Berufswegplanung körperliche, geistige und/oder psychische Behinderungen zu berücksichtigen haben, stehen speziell geschulte Berufsberater/-innen als Gesprächspartner/innen zur Verfügung.

So unterschiedlich sich Berufswählerinnen und Berufswähler nach Alter, Vorbildung, sozialer Herkunft und beruflichen Präferenzen auch darstellen, so entwickeln sie doch bestimmte generelle Erwartungshaltungen in Bezug auf berufliche Beratung. Zu unterscheiden sind dabei Erwartungen, die sich an der Person des/der Berufsberaters/-in festmachen, von solchen, die sich auf das berufsberaterische Vorgehen bei den Beratungsgesprächen beziehen.

Folgende persönliche Eigenschaften werden in einschlägigen Untersuchungen weitgehend übereinstimmend von der Berufsberaterin bzw. dem Berufsberater erwartet:[1]

- unvoreingenommen,
- freundlich,
- sicher,
- aktiv,

---

1 Vgl. Manstetten, 1975.

- informiert,
- geduldig,
- vertrauenswürdig.

Auf das kommunikative Verhalten während des Beratungsgeschehens richten sich insbesondere folgende Qualitätsanforderungen, denen im Sinne bewußter Kundenorientierung zunehmende Bedeutung zukommt (vgl. unter VI):

- hoher Grad an Verständlichkeit,
- partnerschaftlicher Umgang,
- kein Überreden,
- individuelles Eingehen auf Ratsuchende,
- Diskretion.

Erheblich konkreter und bunter wird das Erwartungsprofil an berufliche Beratung, wenn einzelne Zielgruppen in den Blick kommen.

1.1.1 Berufswählerinnen und Berufswähler als Ratsuchende

Die von beruflicher Beratung erwartete Hilfestellung korrespondiert mit dem jeweils subjektiv empfundenen Problem- oder Entscheidungsdruck und dem Umfang der vermuteten eigenen Problemlösefähigkeiten. Je schwieriger und belastender die Entscheidungssituation erlebt wird, desto stärker richtet sich der Erwartungsdruck auf die Leistungsmöglichkeiten beruflicher Beratung, und zwar sowohl in methodisch-inhaltlicher als auch in zeitlicher Hinsicht. Ein schwerer Unfall kurz vor der Abschlußprüfung kann die bisherigen Berufsperspektiven schlagartig zerstört haben; jetzt muß ein passender beruflicher Neuanfang gefunden werden. Oder nach dem zweiten vergeblichen Versuch, die Facharbeiterprüfung zu schaffen, scheinen auf einmal alle beruflichen Chancen zerronnen. Hier gilt es, ermutigende und aussichtsreiche Problemlösungen zu finden.
Sehr oft steht quälender Termindruck ins Haus. Dann tut rasche Hilfestellung not. Wer sich beispielsweise über mehrere Monate erfolglos um einen Ausbildungsplatz beworben hat, beginnt an den eigenen Möglichkeiten zu zweifeln und hofft auf beraterische Empfehlungen mit prompter Wirksamkeit.
Es überrascht nicht, daß mit steigendem Bildungsniveau die Vorstellung abnimmt, berufliche Beratung könne von der Qual der Wahl befreien, weil doch die schwierigen Entscheidungen im Zuge der Beratung von den Berufsberatern/-innen quasi stellvertretend für ihre Ratsuchenden getroffen würden. Um so schwerer fällt es mitunter auch solchen durchaus realistisch eingestellten Ratsuchenden, die eigenen Überlegungen in Sachen Ausbildung und Beruf beizeiten und zielgerichtet voranzubringen.
Nicht selten sind Berufswahlentscheidungen von Konflikten belastet. Da wird das, was als attraktiver, letztlich einzig akzeptabler Berufsweg ins Auge sticht,

von der Familie als brotlose Kunst oder als sicherer Weg in die Arbeitslosigkeit gesehen. Oder dem Freund gefällt es nicht, daß die Freundin ausgerechnet ein Studium plant, das nur an einer weit entfernten Uni möglich ist. Bei beruflicher Beratung stehen solche und durchaus auch massive Konflikte auf der Tagesordnung. Oft verbindet sich damit die Erwartung, daß sich dank der berufsberaterischen Intervention die eigene Position so verbessert, daß die „Gegenseite" überzeugt wird und eher nachgibt.

Dabei müssen die Verhaltensbesonderheiten beachtet werden, die mit der pubertären Entwicklung zusammenhängen: erhöhte Ichbezogenheit, schwankende Selbstsicherheit, Empfindlichkeit, Unausgeglichenheit, Irritierbarkeit, vorschnelle Urteilsbildung und eine oft noch gering entwickelte Bereitschaft zu nüchterner Selbstkritik. Die intensive Beschäftigung mit sich selbst und das Bemühen, das eigene „Ich" neu und ganz bewußt zu bestimmen, beanspruchen bei Heranwachsenden beträchtliche seelische Energien. Dadurch kommt es auch zu Zusammenstößen mit anderen – in Familie, Schule, Betrieb oder im weiteren sozialen Umfeld.

Sehr vielen Ratsuchenden gemeinsam ist daher der Wunsch nach einer gewissen emotionalen Unterstützung durch Abbau von Entscheidungsängsten und durch Stärkung ihres Selbstwertgefühls. Es läßt sich leicht nachvollziehen, daß angesichts der bedrohlichen Risiken während Ausbildung bzw. Studium und auf dem künftigen Arbeitsmarkt die mit der Berufswahl zusammenhängenden Konsequenzen oft als recht belastend erlebt werden – auch und gerade wenn sie in andere als berufliche Lebensbereiche hin ausstrahlen, zum Beispiel bei einem Wechsel des Wohnortes oder bei ungünstiger Arbeitszeit die unvermeidliche Einschränkung der bisherigen Freizeitaktivitäten und der Kontakte zu Freunden und Bekannten.

Worauf konzentrieren sich die Erwartungshaltungen von Ratsuchenden beruflicher Beratung?

a) Im Vordergrund steht zunächst meist der Wunsch nach zuverlässiger, unparteiischer bildungs- und berufskundlicher Orientierung, um im Dickicht von möglichen Ausbildungsgängen und erforderlichen Zugangs- und Abschlußqualifikationen zu klar erkennbaren Nah- und Fernzielen zu kommen. Informatorischer Durchblick tut not. Und zwar ebenso in den Fällen, in denen keine oder kaum Wahlmöglichkeiten gesehen werden, wo also zunächst die Entscheidungsspielräume deutlich werden müssen, wie auch in den Fällen, wo die Vielfalt der Bildungs- und Ausbildungsmöglichkeiten die notwendige Transparenz verhindert. Zusätzlich erschwerend wirkt es sich da aus, wenn laufend neue Ausbildungsgänge mit kompliziert klingenden Berufsbezeichnungen eingerichtet werden. Was davon ist wirklich aussichtsreich und somit empfehlenswert? Wo liegen die Risiken? Berufsberaterische Hinweise auf mögliche Schattenseiten, Hürden und Barrieren werden da keineswegs immer richtig verstanden, geschweige denn gerne aufgenommen; eher selten werden sie ausdrücklich erbeten. Bewährte Ausweich- und Überbrückungsempfehlungen werden allerdings wie selbstverständlich erwartet und häufig auch bereitwillig aufgegriffen.

b) In berufsbezogenen Fragen sind die eigenen Maßstäbe oft noch labil und wenig ausgeprägt, so daß sie im Laufe der beruflichen Beratung (möglicherweise unterstützt durch eine psychologische und/oder arbeitsmedizinische Untersuchung) schrittweise entwickelt werden müssen. Daraus ergibt sich häufig der Wunsch nach kontinuierlicher Betreuung durch denselben Berater, gerade wenn sich der Beratungsprozeß über mehrere Gespräche erstreckt. Sobald personen- und sachgerechte Entscheidungskriterien Zug um Zug sichtbar werden und bewußt gehandhabt werden können, hat die anstehende Entscheidung schon einiges von ihrer Bedrohlichkeit verloren. Wo liegen die eigenen beruflichen Interessen und die Schwerpunkte der Leistungsbereitschaft? Wo sind die Grenzen der Belastbarkeit? Welche Persönlichkeitsmerkmale sind so stark ausgeprägt, daß sie berücksichtigt werden können?
Zu solchen Kriterien gehören beispielsweise:

- die ganz persönlichen Werthaltungen und Bedürfnisse, denen die Ausbildungsbedingungen und auch die künftigen Aufgaben am Arbeitsplatz möglichst weitgehend entsprechen sollen,
- das Zutrauen zu den eigenen geistigen und körperlichen Fähigkeiten einschließlich ihrer Entwicklungsmöglichkeiten sowie
- die Risikobereitschaft, nach der Ausbildung oder dem Studium nicht unbedingt einen adäquaten Arbeitsplatz zu finden,
- die Vereinbarkeit mit Familiensituation und Freundeskreis,
- die Akzeptanz von Dauer und Kosten der Ausbildung, von voraussichtlichen Arbeitsorten und -bedingungen, Arbeitszeiten, Aufstiegschancen, Verdienstmöglichkeiten usw.

c) Manche Ratsuchende erwarten praktische Hinweise, wie sie sich in ihrer speziellen Situation verhalten sollten, um mehr Einblicke und Erfahrungen für ihre beruflichen Überlegungen zu sammeln. Praktische Tips und Anregungen werden erwartet und interessiert aufgegriffen. Gesucht wird Anleitung zum eigenen aktiven Vorgehen in Sachen Berufswahl (Handlungsorientierung), um zum Beispiel durch gezieltes Nutzen von Informationsquellen, durch Teilnahme an einem richtig ausgewählten Praktikum, durch Gespräche mit Fachleuten sowie durch andere Aktivitäten zu aussichtsreichen beruflichen Perspektiven zu kommen. Je gründlicher bei einer solchen aktiven Informationsstrategie die einzelnen Schritte geplant, vollzogen und ausgewertet werden, desto überzeugender und auf Dauer tragfähiger wird das Ergebnis sein.

d) Die eigentliche Qual der Wahl besteht nicht selten in dem Problem, aus mehreren gleich interessant oder attraktiv erscheinenden Entscheidungsalternativen die passende(n) auswählen zu müssen. Von der Beratung wird dann erwartet, daß alle Alternativen sorgfältig – unter Umständen auch zusammen mit wichtigen Begleitpersonen – abgewogen und neutral vergleichend beurteilt werden, so daß sich erst auf dieser Grundlage die Entscheidung über eine bevorzugte Alternative bilden kann. Ein solcher Prozeß des Erarbeitens von konkreten beruflichen Präferenzen verlangt nicht nur Zeit und Geduld, sondern mitunter auch eine Menge berufsberaterischen Einfühlungsvermögens.

e) Lebensältere Ratsuchende erwarten häufiger, daß bei der gesuchten Lösung für die berufsbezogenen Probleme die gewohnten übrigen Lebensumstände (Familien-, Finanz- und Wohnsituation, Freizeitgewohnheiten und -verpflichtungen, soziale Kontakte u.ä.) in vollem Umfang berücksichtigt werden, damit sie ohne nennenswerte Einschränkungen beibehalten werden können. Als Beispiel seien alleinerziehende Frauen und Berufsrückkehrerinnen genannt, deren Familiensituation nicht selten sehr enge Grenzen für alle berufsbezogenen Überlegungen setzt. In solchen Fällen bedarf es oft in besonderer Weise beraterischer Sensibilität, um nicht zu verletzen, aber auch ausgeprägte Kreativität wird benötigt, um einen zumutbaren Ausweg aus der bisherigen beruflichen und/oder privaten Situation finden zu helfen.

f) Auch wenn der Berufswunsch eigentlich längst klar ist, wird berufliche Beratung aufgesucht. Erwartet wird dann die Expertenmeinung zu den eigenen Überlegungen und den bisherigen Entscheidungsschritten: Habe ich nichts Wesentliches übersehen? Läßt sich meine Planung so oder annähernd ähnlich verwirklichen? Erfahre ich bei der Beratung uneingeschränkte inhaltliche Bestätigung für mein bisheriges bzw. beabsichtigtes Vorgehen? Oder muß ich mich doch auf einige bislang übersehene Risiken oder Schwierigkeiten einstellen, die ich bis heute als vernachlässigenswert und weniger schwerwiegend eingeschätzt habe?

g) Steht die Entscheidung endgültig fest, dann wird in aller Regel das Anbahnen einer möglichst reibungslosen Realisierung erwartet. Die Ratsuchenden erhoffen sich hierbei fachlich versierte und möglichst konkrete Unterstützung bei der Auswahl geeigneter, gut erreichbarer Ausbildungsbetriebe oder anderer Bildungseinrichtungen, den Nachweis offener Ausbildungsplätze, verläßliche Angaben zu Bewerbungsterminen ebenso wie zu den inhaltlichen Anforderungen bei den diversen Auswahlverfahren, zu den Bestimmungen des Numerus Clausus an den Hochschulen und schließlich auch zum erfolgversprechenden Verhalten bei einem Vorstellungstermin. Auch auf Hinweise zum Ausschöpfen aller individuellen Möglichkeiten zu finanzieller Förderung während der Ausbildung/der Umschulung bzw. während des Studiums kann sich die Erwartungshaltung bei beruflicher Beratung richten.

1.1.2 Erwartungen von Eltern und anderen Bezugspersonen

Die Erwartungen aus dem sozialen Umfeld der Berufswählerinnen und Berufswähler an berufliche Beratung sind kaum weniger breit gestreut, lassen sich aber ungleich schwieriger aufdecken und aufarbeiten, falls die jeweiligen

Bezugspersonen nicht persönlich bei den Beratungsgesprächen anwesend sind. Eltern und andere familiäre oder außerfamiliäre Bezugspersonen stehen oft in engem, sehr vertrauten Kontakt und haben gelegentlich erstaunlich großen Einfluß auf die vor der Berufswahl stehende Person. Aus starkem Interesse an der persönlichen und beruflichen Entwicklung ihrer heranwachsenden Kinder und in der Erwartung, daß ihre eigenen Meinungen von Seiten des/der Berufsberaters/-in nachhaltig unterstützt werden, regen viele Eltern dazu an, berufliche Beratung in Anspruch zu nehmen. Manche Eltern sehen sich angesichts der Berufswahlprobleme ihrer Kinder eher überfordert und erwarten von beruflicher Beratung daher eine gewisse pädagogische Entlastung auf diesem relativ riskant erscheinenden Feld. Daher nehmen Eltern, auch wenn ihre Kinder bereits volljährig sind, zusammen mit ihnen berufliche Beratung in Anspruch.

Gelegentlich geht die Initiative zur Beratung ausschließlich von dem sozialen Umfeld aus, mit der Folge, daß die Klienten nur um des häuslichen Friedens willen mit zur Beratung kommen und dann kaum darzulegen in der Lage sind, was sie selbst eigentlich geklärt oder besprochen haben wollen. Erwartet wird in solchen Fällen meist, daß die „aufgeladene" Situation entspannt wird, um Platz entstehen zu lassen für klare (gemeinsame) Überlegungen.

Es läßt sich leicht nachvollziehen, daß die Erwartungen von Ratsuchenden und Eltern keineswegs immer übereinstimmen. Differenzen können sich allein schon aus unterschiedlichen Vorstellungen zum künftigen Berufs- und Lebensweg des Kindes ergeben: Wenn beispielsweise der elterliche Ehrgeiz darauf gerichtet ist, daß das Kind durch seinen Beruf mindestens die soziale Stellung der Eltern erreicht oder zu einer beruflichen Position kommt, die den Eltern vorenthalten war, kann sich aus einer solchen elterlichen Haltung ein hoher Erwartungsdruck an berufliche Beratung entwickeln, der aber von dem oder der Ratsuchenden möglicherweise überhaupt nicht geteilt wird.

Nicht selten sind es beispielsweise hohe finanzielle Belastungen, die aus der Sicht der unterhaltspflichtigen Eltern gegen eine bestimmte Ausbildung oder ein Studium ihres Kindes sprechen. Bei der beruflichen Beratung können derartige Interessengegensätze sehr deutlich werden und unter Umständen hart aufeinander treffen. Beide Seiten erwarten dann – wie selbstverständlich – eine vorbehaltlose Unterstützung des jeweils eigenen Standpunktes durch den/die Berufsberater/-in.

Eine ähnlich schwierige Situation ergibt sich auch immer dann, wenn zwischen Eltern und ihren Kindern eine vertrautere, enge Beziehung nicht (mehr) besteht und ein Stück der fehlenden elterlichen Autorität jetzt bei der beruflichen Beratung ersetzt werden soll. Unter solchen Bedingungen liegt es für manche Eltern nahe, Berufsberatern/-innen die Rolle von Erziehungshelfern bzw. pädagogischen Erfüllungsgehilfen zuspielen zu wollen – nach dem Motto: „Bei der Berufsberatung wird man dir deine Flausen schon austreiben."

Bei der Beratung von Personen mit dauerhaften und gravierenden Behinderungen erwarten die Familienangehörigen und andere vertraute Bezugspersonen, daß Bildungs- und Berufswege aufgezeigt werden, in denen sich die kör-

16

perlichen, geistigen und/oder seelischen Beeinträchtigungen möglichst wenig berufsbezogen auswirken oder sich sogar weitgehend kompensieren lassen. Leider treffen Berufsberater/-innen dabei nicht selten auf die illusionäre Wunschvorstellung, daß sie die tatsächlichen chronischen Einschränkungen der Leistungsfähigkeit einfach als unerheblich übergehen statt sie im wohlverstandenen Interesse der Betroffenen sorgfältig zu ermitteln und gegebenenfalls psychologisch bzw. arbeitsmedizinisch begutachten zu lassen.

So erzeugen die verschiedenartigen Erwartungshaltungen, die von seiten der Ratsuchenden und ihrer Bezugspersonen auf den Verlauf und die Ergebnisse beruflicher Beratung gerichtet sind, keineswegs immer das für Beratungsprozesse wichtige vertrauensvolle und ergebnisoffene Bedingungsfeld. Vielmehr sehen sich Berufsberater/-innen nicht selten mit einem ganzen Bündel widersprüchlicher und konflikthaft miteinander verwobener Erwartungen konfrontiert, die zunächst einmal wahrgenommen, entwirrt und angesprochen werden wollen, auch um die Beratungssituation zu versachlichen und alle Beteiligten emotional zu entlasten. Hierfür bilden unbedingte Diskretion und Neutralität auf beraterischer Seite notwendige Voraussetzungen.

Wegen der mit hochgesteckten Ansprüchen und Erwartungen befrachteten Kontaktschiene zur/zum einzelnen Ratsuchenden muß bei beruflicher Beratung nicht nur der jeweilige Stand im individuellen Berufswahlprozeß beachtet, sondern gleichzeitig möglichst auch das jeweilige soziale Lebensgefüge berücksichtigt werden mit seiner Vielzahl von Kontextfaktoren, deren Einflüsse in der individuellen Berufswahlsituation wirksam werden. Sehr deutlich wird die Berechtigung eines solchen umfassenden Anspruchs an berufliche Beratung, wenn beispielsweise Ratsuchende ausländischer Herkunft berufsbezogene Entscheidungshilfe erbitten und dabei wie selbstverständlich erwarten, daß ihre spezielle soziale, kulturelle, rechtliche und unter Umständen auch religiöse Lebenssituation trotz aller Fremdartigkeit volle Berücksichtigung findet.

1.2 Erwartungen von Lehrerinnen und Lehrern an berufliche Beratung

Im Zuge einer beständigen und qualifizierten Zusammenarbeit zwischen Schule und Berufsberatung regen Lehrer/-innen ihre Schüler/innen schon frühzeitig an, ihre Berufswahl systematisch vorzubereiten und dabei auch berufliche Beratung in Anspruch zu nehmen. Wenn dann durch die Beratung berufsbezogene Ziele klarer in den Blick geraten, können sie zu einem regelrechten Motivationsschub führen, der das gesamte schulische Lernen und Verhalten verändert. Damit mögen sich denn auf Seiten von Pädagogen gelegentlich Erwartungen mit beruflicher Beratung verknüpfen, die neben dem Gewinnen beruflicher Perspektiven für die gelegentlich schon „schulmüden"

Jugendlichen auch etwas mit einer Verbesserung der Lernbereitschaft und damit des Schulalltags zu tun haben.

Nicht selten erwarten Lehrer/-innen, daß ihre langjährige pädagogische Arbeit mit den Heranwachsenden sich im Zuge des Vorbereitens beruflicher Entscheidungen bewährt und nun auch von Seiten des/der Berufsberater/-in entsprechend aufgegriffen und umgesetzt wird. Ein solcher Wunsch nach pädagogischer Übereinstimmung kann in vielen Fällen tatsächlich angebracht und erfüllbar sein, als selbstverständliche Verhaltensnorm sollte er in der Zusammenarbeit von Berufsberatern/innen aber nicht erwartet werden. Dies wäre beispielsweise störend, wenn Schüler mit der Beurteilung ihres Leistungsbildes durch die Schule nicht einverstanden sind und nun bei der beruflichen Beratung auf eine Korrektur der schulischen Fehleinschätzung setzen. Berufliche Beratung hält sich offen für solche Erwartungen, die möglicherweise unter den anderen Bedingungen des Leistungsvergleichs und der Potentialbeurteilung durchaus ihre Bestätigung finden können, zum Beispiel anhand der Ergebnisse einer psychologischen Begutachtung, die im Rahmen beruflicher Beratung veranlaßt wird, um etwaige Gegensätze in den Selbst- und Fremdeinschätzungen zu klären.

1.3 Erwartungen von Ausbilderinnen und Ausbildern an berufliche Beratung

Die Beurteilung der Eignung für den künftigen Beruf hat für viele, die in Betrieben, freiberuflichen Praxen oder Behörden Verantwortung für die duale Ausbildung tragen, bei beruflicher Beratung in jedem Fall im Mittelpunkt zu stehen. Berufliche Beratung hat demnach primär dafür zu sorgen, daß sich möglichst ausschließlich gut motivierte Kandidatinnen und Kandidaten bewerben, die die beruflichen Leistungsanforderungen der Ausbildungsbetriebe kennen und ihnen auch tatsächlich weitestgehend entsprechen. „Wer bei der Berufsberatung war und sich danach für eine Ausbildung zum Raumausstatter bewirbt, von dem erwarte ich, daß er sich keine Illusionen mehr über diesen Beruf macht, sondern auch um die körperlich schwere handwerkliche Seite dieses schönen Berufs weiß." So oder ähnlich lauten häufig Stimmen auf Seiten der Ausbildungsbetriebe. Erwartet wird hier von den Berufsberatern/-innen zunächst und vor allem eine Vorauswahl im Sinne einer arbeitssparenden Eignungsprüfung, die das betriebliche Auswahlverfahren vorbereiten und abkürzen soll. Daß sich Vorstellungen solcher Art auf Seiten der Ausbildenden nicht immer wie selbstverständlich mit den Zielen von beruflicher Beratung und mit den beschriebenen Erwartungen der Ratsuchenden vereinbaren lassen, liegt auf der Hand.

Vor allem in Berufen, die zu wenig bzw. zu selten von Bewerberinnen oder Bewerbern nachgefragt werden, verbinden Betriebe oder ganze Branchen auch eine völlig andere Art von Erwartung mit beruflicher Beratung: Hier soll berufliche Beratung dazu beitragen, Interesse für die aus unterschiedlichen Gründen weniger gefragten Ausbildungs- und Berufsmöglichkeiten zu wekken. Berufliche Beratung soll die dringend gesuchten Nachwuchskräfte gewinnen helfen und auf die leichten Einstiegsmöglichkeiten aufmerksam machen. Gelegentlich rücken manche solcher Erwartungshaltungen schon bedenklich in die Nähe des Wunsches nach Berufslenkung, für die es aber selbstverständlich wegen der grundgesetzlich garantierten Berufswahlfreiheit (Art. 12 GG) keinerlei Raum bei beruflicher Beratung gibt und geben darf.

Daß bei beruflicher Beratung möglichst realitätsgerechte Informationen über alle Ausbildungsbereiche, -berufe und -betriebe vermittelt werden, wird sicher zu Recht erwartet. Allerdings fällt es manchen Ratsuchenden schwer, die bei beruflicher Beratung erhaltenen Informationen unmittelbar für sich umzusetzen und sich sofort von ihren bisherigen und vertrauten, aber eben manchmal etwas wirklichkeitsfernen Berufsvorstellungen zu verabschieden. Die eigene Anschauung vom betrieblichen Alltag fehlt oft noch – und doch wird bei Vorstellungsgesprächen häufig schon von den Kandidaten verlangt, die eigene Motivation für den gewählten Beruf und Betrieb differenziert und überzeugend zu erläutern, zumal wenn sie vorher „bei der Berufsberatung" waren.

1.4 Erwartungen anderer Einrichtungen, mit denen bei beruflicher Beratung kooperiert wird

Werden bei einem Beratungsfall die Grenzen der eigenen beraterischen Fachkompetenz erreicht, dann liegt es im Interesse der Ratsuchenden, daß die internen Fachdienste des Arbeitsamtes oder andere externe Beratungs- und Bildungseinrichtungen mit ihrem jeweiligen Angebot rechtzeitig und gezielt genutzt oder der Zugang zu ihnen erschlossen wird. Daher richten sich auf Seiten dieser Kooperationspartner bestimmte Erwartungen auf die Art und Weise, wie und wann bei beruflicher Beratung diese Einrichtungen mit ihrem speziellen Leistungsspektrum ins Gespräch gebracht werden. Bei solch institutioneller Zusammenarbeit wird von Berufsberatern/-innen erwartet: selbstkritisches Wahrnehmen eigener Grenzen, von gegenseitigem Vertrauen und kollegialem Verständnis getragenes Vorgehen in der Beratung, verbunden mit der Bereitschaft zu offenem Informations- und Erfahrungsaustausch im Interesse der betreuten Personen.

2. Gesellschaftliche Ansprüche an berufliche Beratung

Auch unabhängig vom Einzelfall richten sich bestimmte Ansprüche auf Verlauf und Ergebnisse beruflicher Beratung. So bündelten sich im Laufe ihrer hundertjährigen Entwicklungsgeschichte gesellschaftliche Normen und Zielvorgaben für die Berufsberatung in wechselnden Schlagworten: „Der richtige Mann auf den richtigen Platz", „Aufstieg der Begabten", „Dem Tüchtigen freie Bahn", „Berufslenkung durch Berufsberatung und Arbeitseinsatz", „Gegen die Berufsnot der Jugend", „Verhinderung von Akademikerarbeitslosigkeit", „Ausschöpfung der Begabungsreserven", „Berufliche Chancengleichheit", „Abbau der Jugendarbeitslosigkeit", „Erweiterung beruflicher Perspektiven von Mädchen und Frauen", „Fachkräftemangel vorbeugen – ausbilden!" und „Für die berufliche und soziale Eingliederung junger Ausländerinnen und Ausländer". Auch wenn solche Formeln zunächst einmal vor allem programmatische Absichtserklärungen darstellen, beleuchten sie doch ganz gut die im Laufe der Sozialgeschichte häufig wechselnden gesellschaftspolitischen Rollenerwartungen, mit denen sich Berufsberater/innen konfrontiert sahen und sehen. Wenn dabei die berufsberaterischen Einflußmöglichkeiten, die in den relativ kurzen Kontakten zu den Berufswählern/-innen liegen, immer wieder einmal überschätzt und in der Öffentlichkeit überzogen dargestellt werden, dann erschwert dies den Konsens beim Bestimmen von generellen, bei beruflicher Beratung auch tatsächlich erfüllbaren Leistungs- und Qualitätsansprüchen. Beachtenswerte Hinweise auf berechtigte Qualitätserwartungen an Beratung wurden 1993 in einem Urteil des Bundesverfassungsgerichts entwickelt. Sie lassen sich auf berufliche Beratung uneingeschränkt anwenden:

- Beratungen sollen ergebnisoffen und zielorientiert durchgeführt werden,
- sie sollen ermutigen, nicht einschüchtern,
- sie sollen Verständnis wecken und nicht belehren,
- das Klientel darf bei Beratung nicht manipuliert oder indoktriniert werden.

Wird daher berufliche Beratung als zukunftsorientierte Beteiligung an der individuellen Berufswegplanung verstanden und mit der notwendigen Fach-, Methoden- und Sozialkompetenz durchgeführt, dann können die Ratsuchenden dort unbedingte persönliche Zuwendung und sachkundige Hilfestellung beim schrittweisen Vorbereiten ihrer berufsbezogenen Entscheidungen und beim Entwickeln auch von längerfristigen beruflichen Optionen und Perspektiven erwarten; – und zwar anhand ihrer eigenen Wertvorstellungen und Ziele. Berufliche Beratung unterstützt dabei das Entwickeln wachsender Bereitschaften zur eigenverantwortlichen Übernahme künftiger Aufgaben in Ausbildung und Erwerbstätigkeit, in Familie und Gesellschaft.

II. Gesetzlicher Auftrag und Ziele beruflicher Beratung

1. Gesetzlicher Auftrag

In § 4 Arbeitsförderungsgesetz (AFG) war das Alleinrecht der Bundesanstalt für Arbeit zur Ausübung beruflicher Beratung festgeschrieben, das zu manchen Diskussionen Anlaß gab. Mit der Neufassung des Rechtes der Arbeitsförderung als Drittem Buch des Sozialgesetzbuches (SGB III) ist ab 1. Januar 1998 diese Regelung ersatzlos entfallen. Auch eine zeitweise diskutierte Genehmigungs- oder Zulassungspflicht für Berufsberatung außerhalb der Bundesanstalt für Arbeit wurde vom Gesetzgeber nicht aufgegriffen. Mit dem 1. Änderungsgesetz zum SGB III wurden allerdings die Arbeitsämter verpflichtet, die Ausübung von Berufsberatung durch eine natürliche oder juristische Person oder Personengesellschaft zu untersagen, sofern dies zum Schutz der Ratsuchenden erforderlich ist (vgl. § 288a SGB III).

In welchem Umfang und mit welcher Qualität sowie Zielsetzung sich private Berufsberatung in der Bundesrepublik Deutschland etablieren wird, kann zum Zeitpunkt der Drucklegung dieser Veröffentlichung nicht gesagt werden. Beispiele aus anderen Ländern – wie der Schweiz – zeigen, daß sich öffentliche und private Berufsberatung durchaus sinnvoll ergänzen können.

Die grundsätzliche Zielsetzung und Vorgehensweise beruflicher Beratung wird sich jedoch durch den Wegfall des Alleinrechtes nicht ändern müssen. Dies ergibt sich auch daraus, daß die die Beratung betreffenden Regelungen des SGB III sich nicht wesentlich von denen des Arbeitsförderungsgesetzes unterscheiden:

Beratungsangebot (§ 29 SGB III)

Das Arbeitsamt ist verpflichtet, Jugendlichen und Erwachsenen Berufsberatung anzubieten, wobei sich Art und Umfang der Beratung nach dem Beratungsbedarf des einzelnen Ratsuchenden richten. Damit wird die grundsätzliche Orientierung von Beratung an den Erwartungen der Ratsuchenden gesetzlich normiert. Hinzu kommen die Formulierungen, daß das Arbeitsamt bei der Beratung die Kenntnisse über den Arbeitsmarkt des europäischen Wirtschaftsraumes und die Erfahrungen aus der Zusammenarbeit mit den Arbeitsverwaltungen anderer Staaten nutzen soll sowie die ausdrückliche Erwähnung eines Beratungsangebotes für Arbeitgeber (siehe § 34).

Berufsberatung (§ 30 SGB III)

Berufsberatung umfaßt die Erteilung von Auskunft und Rat

- zur Berufswahl, beruflichen Entwicklung und zum Berufswechsel,
- zur Lage und Entwicklung des Arbeitsmarktes und der Berufe,
- zu den Möglichkeiten der beruflichen Bildung,
- zur Ausbildungs- und Arbeitsplatzsuche und
- zu den Leistungen der Arbeitsförderung.

Berufsberatung kann sich mit Fragen der schulischen Bildung befassen, soweit dies für die Berufswahl und die berufliche Bildung von Bedeutung ist. Die Tatsache, daß der Gesetzgeber die Reihenfolge bei der Benennung der Begriffe Auskunft und Rat (in § 25 AFG war von Rat und Auskunft die Rede) ausgetauscht hat, stellt für die Bewertung und Beschreibung des gesetzlichen Auftrages sowie der Ziele im Grunde keine wesentliche Änderung dar.

Grundsätze der Berufsberatung (§ 31 SGB III)

Berufsberatung hat die Neigung, Eignung und Leistungsfähigkeit der Ratsuchenden zu berücksichtigen. Mit der Benennung des Begriffes Eignung ist aus fachlicher Sicht eigentlich immer auch Neigung und Leistungsfähigkeit mitangesprochen. Allerdings ist es auch sinnvoll zu betonen, daß immer „Wollen" und „Können" und die Beziehung der beiden Größen berücksichtigt werden muß. Die „neue" Erwähnung der Beschäftigungsmöglichkeiten unter den Grundsätzen entspricht im Kern der Aussage des § 26 AFG, wonach die Bundesanstalt bei der Beratung Lage und Entwicklung des Arbeitsmarktes und der Berufe angemessen zu berücksichtigen hatte.
Insgesamt gilt das Beratungsangebot auch für Auszubildende und Arbeitnehmer nach der Aufnahme der Ausbildung bzw. der Arbeit, soweit dies für die Festigung des Ausbildungs- oder Arbeitsverhältnisses erforderlich ist. In Verbindung mit dem oben angesprochenen § 30, der auch die Beratung in Fragen der beruflichen Entwicklung und des Berufswechsels vorsieht, ergibt sich auch hier weiterhin ein Beratungsangebot über die Schwelle der beruflichen Einmündung hinweg.

Eignungsfeststellung (§ 32 SGB III)

Die Möglichkeit einer ärztlichen und/oder psychologischen Untersuchung bzw. Begutachtung war bereits durch das AFG gegeben. Allerdings ändert das SGB III die ehemalige „Kann-Vorschrift" in eine „Soll-Vorschrift", verleiht insofern der Einschaltung der Fachdienste der Arbeitsämter ein normativ höheres Gewicht. Hiervon bleibt die individuelle Entscheidung der Berater – neben dem erforderlichen Einverständnis der Ratsuchenden – unberührt (vgl. auch § 29 Abs. 2 SGB III). Für die Praxis beruflicher Beratung dürften sich insofern keine Änderungen ergeben.

Arbeitsmarktberatung (§ 34 SGB III)

Die ausdrückliche Erweiterung des Beratungsangebotes für Arbeitgeber ist im Rahmen des gesetzliche Auftrages neu. Es soll dazu beitragen, Arbeitgeber bei der Besetzung von Ausbildungs- und Arbeitsstellen zu unterstützen. Dabei umfaßt es die Erteilung von Auskunft und Rat

- zur Lage und Entwicklung des Arbeitsmarktes und der Berufe,
- zur Besetzung von Ausbildungs- und Arbeitsplätzen,
- zur Gestaltung von Arbeitsplätzen, Arbeitsbedingungen und der Arbeitszeit,
- zur betrieblichen Aus- und Weiterbildung,
- zur Eingliederung förderungsbedürftiger Auszubildender und Arbeitnehmer und
- zu Leistungen der Arbeitsförderung.

Für die Berufsberatung insgesamt bzw. die Arbeitsämter sind diese Ziele zwar normativ auf Gesetzesebene neu, jedoch nicht in Bezug auf die praktische Gestaltung des Dienstleistungsangebotes. Im Rahmen von beispielsweise Arbeitsmarktgesprächen mit Vertretern der örtlichen Wirtschaft wurden auch bisher schon die oben genannten Themen angesprochen. Zur Gestaltung der individuellen Ausbildungsvermittlung gehörte es schon immer, mit ausbildenden Betrieben über die Möglichkeiten der Nachwuchsgewinnung zu sprechen.

2. Berufliche Beratung im Verhältnis zu den übrigen beraterischen Aufgaben

2.1 Vorbemerkung

Traditionell wurden die Fachaufgaben der Berufsberatung eher funktionsspezifisch beschrieben. Die Verbindung der Funktionen Orientierung – Beratung – Vermittlung ergab sich aus der Annahme eines bei jedem Berufswähler ablaufenden Prozesses in der Reihenfolge Überblick, Bewertung und Realisierung. Mit dieser Annahme war zumindest implizit ein Modell rationalen Entscheidungsverhaltens verbunden, das dem Prinzip der zunehmenden Einengung bzw. Konkretisierung entsprach. Dies soll durch das *Schaubild 1* illustriert werden.[2]

Es wird deutlich, daß die Angebote der Berufsberatung aufeinander aufbauen. Überspitzt formuliert schafft erfolgreiche Orientierung erst die Voraussetzung für Beratung. Die Erfahrungen in der Praxis und die Reflexion über diese

---

2 Vgl. Schäfer,1977, S. 15.

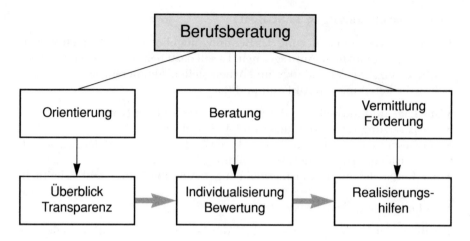

Schaubild 1

Praxis führten zu einem differenzierteren Standpunkt. Im Grunde wurde dieser bereits 1984 von Bußhoff[3] angedeutet, wenn er darauf hinweist, daß sich Beratung und Orientierung definitorisch nur schwerpunktmäßig voneinander abheben lassen.

Das folgende *Schaubild 2* soll die aktuelle – von einem integrativen Aufgabenverständnis ausgehende – Sichtweise illustrieren.

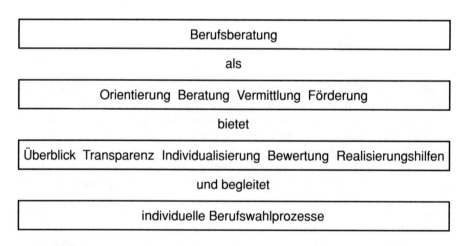

Schaubild 2

---

3 Bußhoff, 1989, S. 93 ff.

24

Damit wird auch deutlich, daß beispielsweise das Herstellen von Überblick und Transparenz nicht der Orientierung vorbehalten bleibt, sondern auch Gegenstand von Beratung und Vermittlung ist.

Zudem zeigt das Schaubild auch, daß Beratung und Vermittlung als gemeinsame Elemente eines Gesamtangebotes gesehen werden. Diese Sichtweise wurde auf der organisatorischen Ebene durch die Neuorganisation der Berufsberatung[4] normativ beschrieben. Dieser RdErl. sieht in der integrativen Wahrnehmung von Beratung und Vermittlung durch Berufsberater die Möglichkeit, die persönlichen Verhältnisse von Ratsuchenden und die besonderen Bedingungen von freien Ausbildungsstellen in besonderem Maße zu berücksichtigen.

Der Grundgedanke eines integrativen Gesamtaufgabenverständnisses läßt sich wie folgt formulieren:

Die Angebote sind nicht streng komplementär, sondern begrenzt substituierbar. Damit soll gesagt werden, daß die Angebote Orientierung, Beratung und Vermittlung einander ergänzen, sich aber auch zumindest teilweise – wechselseitig ersetzen lassen. Der Gedanke wird durch eine konsequente Orientierung an den Fragen und Erwartungen der Ratsuchenden verstärkt. Es ist den Berufswählerinnen und Berufswählern wichtig, die Hilfe zu erhalten, die sie benötigen, unabhängig von der Kombination und Reihenfolge der Angebotsformen.

2.2 Berufliche Beratung und Berufsorientierung

Mit dem integrativen Aufgabenverständnis haben sich auch die Angebotsformen weiterentwickelt. Die Formen beruflicher Beratung werden an anderer Stelle dargestellt (vgl. unter V). Hier sollen nur exemplarisch einige Weiterentwicklungen im Bereich der Berufsorientierung angesprochen werden.[5]

In den letzten Jahren wurden die Angebote der Berufsorientierung beispielsweise um einige Seminarveranstaltungen ergänzt. Zentral wurden den Beraterinnen und Beratern folgende ausgearbeitete *Seminarkonzepte* zur Verfügung gestellt:

- „Richtig bewerben, aber wie?",
- „Mädchen stellen Weichen für ihre berufliche Zukunft",
- Richtig entscheiden – aber wie?" (Sekundarbereich I),
- „Entscheiden will gelernt sein" (Sekundarbereich II),
- „Chancen erkennen, Chancen nutzen" (für Eltern).

---

4 Vgl. RdErl. der BA 20/92.
5 Vgl. hierzu auch Meyer-Haupt 1994[2], Abschnitt III.

Diese Konzepte werden noch um eine ganze Reihe von Seminaren ergänzt, die auf Landesarbeitsamts- und Arbeitsamtsebene entwickelt wurden. Allen Seminaren gemeinsam ist eine Grundidee:

Die Seminare folgen einem didaktischen Prinzip der Handlungsorientierung. Sie zeichnen sich durch hohe Anteile an Übungen, Rollenspielen, Simulationen, Planspielen und Auseinandersetzung mit Praxisvertretern aus.

Mit diesen Methoden und Zielsetzungen werden die Grenzen der allgemeinen Information (im Sinne von „Überblick/Transparenz", vgl. Schaubild 2) deutlich überschritten. Im Rahmen von Seminaren kann ein hohes Maß an Individualisierung erreicht werden, das im traditionellen Verständnis doch der Beratung „vorbehalten" war. Der Gedanke kann weitergeführt werden. Man stelle sich einen Jugendlichen vor, der über hinreichende Informationen über seine beruflichen Vorstellungen und Möglichkeiten verfügt. Die Teilnahme an einem Seminar hilft ihm, zu einer Entscheidung zu kommen und diese auch zu realisieren. Der Umstand, daß dieser Jugendliche keine weitere beraterische/vermittlerische Hilfe nachfragen wird, wirft keinesfalls ein negatives Licht auf diese Angebote, wenn dieser Jugendliche mit dem erhaltenen Angebot der Berufsberatung zufrieden ist.

Auch die schriftlichen Medien der Berufsberatung wurden weiterentwickelt. Im Rahmen der Reihe *abi-Materialien für Schülerinnen und Schüler der Sekundarstufe II* liegen drei Veröffentlichungen vor:

- Selbsterkundung,
- Berufswahl als Entscheidung,
- Studieren und Mathematik.

Das Heft *Studieren und Mathematik* beispielsweise ist gedacht für Jugendliche, die sich für ein Studium in den Studienfeldern Wirtschaftswissenschaften, Geistes- und Sozialwissenschaften, Naturwissenschaften, Ingenieurwissenschaften sowie Mathematik und Informatik interessieren. Neben Informationen über mathematische Anforderungen werden jeweils spezifische mathematische Problemstellungen dieser Studienfelder dargestellt, die bearbeitet werden können. Hierdurch sollen die angehenden Studenten typische Anforderungen exemplarisch kennenlernen und ihr Interesse bzw. auch ihre Fertigkeiten im mathematischen Bereich überprüfen können.

Insofern ist auch dieses Medium mehr als allgemeine Information. Es ist vielmehr konzeptionell auf individuelle Selbsterkundung eigener Interessen und exemplarischer, studienbezogener Anforderungen angelegt.

Zusammenfassend sollte mit diesen Beispielen gezeigt werden, daß es gerade bei einer konsequenten „Kundenorientierung" darum ging und auch in Zukunft gehen wird, die Angebote der Berufsberatung nicht unverbunden nebeneinanderstehend zu begreifen, vergleichbar mit dem Methoden-Inventar (vgl. unter IV. 2) der beruflichen Beratung. Es handelt sich um eine breite Angebotspalette, aus ihren Elementen wird für jeden Ratsuchenden das passende Angebotspaket geschnürt, das dieser benötigt und erwartet.

2.3 Berufliche Beratung und Ausbildungsstellenvermittlung

Zu den Erwartungen der Ratsuchenden gehört auch – wie schon unter II.1 ausgeführt wurde – die Unterstützung beim konkreten Umsetzen der beruflichen Vorstellungen. Insofern gehört zu dem oben angesprochenen Angebotspaket selbstverständlich auch das Angebot der Ausbildungsstellenvermittlung. Wenn im folgenden Abschnitt 4 eine gedankliche Trennung von beraterischem und vermittlerischem Handeln vollzogen wird, ist dies für die Praxis beruflicher Beratung nur scheinbar ein Widerspruch.

Für das Grundverständnis von Beratung ist es wichtig, daß Berater sich uneingeschränkt und voraussetzungsfrei zum Partner des Ratsuchenden machen müssen. Nur auf dieser Basis wird die notwendige Kooperation und Kommunikation entstehen können. Allerdings meint partnerschaftliche Grundhaltung in der Beratung gerade nicht, allem, was Ratsuchende sagen und wollen, zuzustimmen. Allerdings muß eben gerade der naive und illusionäre Ratsuchende ernst genommen werden. Nur auf der Basis der Akzeptanz wird es in beruflicher Beratung gelingen können, den für berufliche Entscheidungen notwendige Realitätsgehalt zu erreichen.

Für das Grundverständnis von Vermittlung hingegen ist es entscheidend, daß die Berater eine vermittelnde Position zwischen zwei Partnern einnehmen. Sie haben die Interessen der Ratsuchenden wie der Betriebe gleichermaßen zu vertreten. Bildhaft gesprochen sitzt immer dann, wenn es in der Beratung um Themen der Ausbildungsstellenvermittlung geht, ein dritter unsichtbarer Gesprächspartner mit am Tisch, den dann der Berater repräsentieren muß.

In konkreten Beratungen werden Berater je nach Fall beide Rollen einnehmen müssen. Sowohl die beraterische als auch die vermittlerische Rolle integrativ wahrzunehmen, gehört immer wieder zu den professionellen Herausforderungen im Rahmen beruflicher Beratung. In diesem Zusammenhang spielt die grundsätzliche Neutralität der öffentlichen Berufsberatung in der Bundesanstalt für Arbeit eine entscheidende Rolle.

3. Struktur der Ratsuchenden

Die Notwendigkeit dezentraler Zielfindungsprozesse, wie sie weiter unten beschrieben werden, ergibt sich auch aus der Breite bzw. Differenziertheit der Zielgruppen beruflicher Beratung, wie sie unter 1. beschrieben wurden. Im folgenden sollen einige Auswertungen aus der Geschäftsstatistik der Berufsberatung den quantitativen Rahmen umreißen.

Tabelle 1: Ratsuchende der Berufsberatung 1997/98 nach Alter und Geschlecht

Alter	Männer absolut	in %	Frauen absolut	in %	Insgesamt absolut	in %
15 Jahre u. jünger	92.971	8,7%	96.010	8,7%	188.981	8,7%
16 Jahre	176.218	16,5%	174.332	15,9%	350.550	16,2%
17 Jahre	192.905	18,0%	187.819	17,1%	380.724	17,6%
18 Jahre	153.733	14,4%	173.447	15,8%	327.180	15,1%
19 Jahre	124.631	11,6%	155.229	14,1%	279.860	12,9%
20 Jahre	103.815	9,7%	110.552	10,1%	214.367	9,9%
21 Jahre	74.245	6,9%	65.803	6,0%	140.048	6,5%
22 Jahre	46.149	4,3%	38.961	3,5%	85.110	3,9%
23 Jahre	28.326	2,6%	23.874	2,2%	52.200	2,4%
24 Jahre	18.282	1,7%	16.467	1,5%	34.749	1,6%
25 bis unt. 30 Jahre	37.009	3,5%	33.802	3,1%	70.811	3,3%
30 Jahre und älter	21.809	2,0%	22.239	2,0%	44.048	2,0%
insgesamt	1.070.093	100,0%	1.098.535	100,0%	2.168.628	100,0%

Insgesamt nehmen männliche und weibliche Ratsuchende nahezu zu gleichen Teilen berufliche Beratung in Anspruch. Das Hauptgewicht der Ratsuchenden liegt in der Altergruppe bis zu 20 Jahren. Allerdings zeigen die Zahlen ebenfalls, daß berufliche Beratung über die berufliche Erstwahl hinaus auch von älteren Ratsuchenden genutzt wird.

Tabelle 2: Ratsuchende der Berufsberatung 1997/98 nach Nationalität

Ratsuchende	Bundesgebiet West absolut	in %	Bundesgebiet Ost absolut	in %	Bundesrepublik Deutschland absolut	in %
Deutsche	1.377.711	86,5%	569.750	99,1%	1.947.461	89,8%
Ausländer	215.930	13,5%	5.237	0,9%	221.167	10,2%
insgesamt	1.593.641	100,0%	574.987	100,0%	2.168.628	100,0%

In den alten Bundesländern sind knapp 14% der Ratsuchenden ausländischer Nationalität. Im Zuge der Bemühungen um ihre berufliche und soziale Integration ist die Berufswahl von ausländischen Jugendlichen mit besonderen

Fragestellungen verbunden. Das können traditionelle Vorstellungen im Elternhaus zur Berufswahl von Frauen sein oder auch spezifische Fragestellungen, die sich aus dem Wunsch der Familie ergeben, in das Herkunftsland zurückzukehren. Diese können beispielsweise Fragen der Anerkennung oder auch Verwertbarkeit beruflicher Abschlüsse beinhalten.

Insgesamt beeinflußt auch die Einstellung zur Ausbildung im dualen System, die vergleichbar im Herkunftsland gar nicht existiert, immer wieder das Berufswahlverhalten und die damit verbundenen Erwartungen an berufliche Beratung.

Tabelle 3: Ratsuchende der Berufsberatung nach Schulentlaßjahr und Schulbildung 1997/98

angestrebter bzw.erreichter Schulabschluß	1996 und früher	1997	1998	1999 und später	insgesamt absolut	in %
ohne Schul-abschluß	69.643	31.177	45.861	8.665	155.346	7,2%
mit Abschluß Sonderschule	40.508	19.167	29.594	15.359	104.628	4,8%
mit Hauptschul-abschluß	175.336	80.812	216.098	107.860	580.106	26,7%
mit mittlerem Abschluß	153.576	83.602	344.266	251.263	832.707	38,4%
mit Fachhoch-schulreife	13.426	11.037	26.728	11.499	62.690	2,9%
mit Hoch-schulreife	50.309	57.704	127.272	138.300	373.585	17,2%
Studierende mit/ ohne Abschluß	9.267	11.205	24.293	14.801	59.566	2,7%
insgesamt absolut	512.065	294.704	814.112	547.747	2.168.628	100,0%
insgesamt in %	23,6%	13,6%	37,5%	25,3%	100,0%	

Die Tabelle gibt einmal Auskunft über die Bildungsstruktur der Ratsuchenden und beantwortet die Frage, inwieweit sich die Ratsuchenden noch im allgemeinbildenden einschließlich universitären Bildungssystem befinden.

Nur rund 63% der Ratsuchenden sind Schüler oder Studierende. Der Personenkreis, der den Bildungsbereich bereits verlassen hat, ist vergleichsweise heterogen und soll hier nur beispielhaft benannt werden. Hierunter befinden sich Abiturienten, die nach Abschluß der Schule – während ihres Zivildienstes oder während des Dienstes bei der Bundeswehr – die Berufsberatung in Anspruch nehmen. Es können aber auch Jugendliche sein, die an den unterschiedlichen berufsvorbereitenden Bildungsmaßnahmen teilnehmen und weiterhin die beraterische und vermittlerische Hilfe der Berufsberatung benötigen. Auch Jugendliche und junge Erwachsene, die ohne eine Berufsausbildung eine Erwerbstätigkeit aufgenommen haben und nun doch eine Ausbildung machen wollen, befinden sich in dieser Gruppe.

77% der Ratsuchenden haben einen Schulabschluß bis einschließlich der mittleren Reife oder streben diesen an. Die Bildungsstruktur der Ratsuchenden entspricht also nicht exakt der Bildungsstruktur der Schüler insgesamt. Diese etwas anders gelagerte Struktur hat damit zu tun, daß zumindest teilweise der Bedarf an Beratung mit steigendem Bildungsniveau weniger ausgeprägt empfunden wird. Allerdings darf nicht verkannt werden, daß eine potentielle Beratungsnachfrage auf der Angebotsseite auch Grenzen findet. Konkret stehen den Abiturienten und Studierenden verhältnismäßig weniger für sie zuständige Berufsberater gegenüber, als dies für die Schüler bis zum mittleren Bildungsabschluß der Fall ist.

Insgesamt wird jedoch aus den dargestellten Strukturdaten deutlich, mit welcher Spannweite unterschiedlicher Personen mit verschiedenen Fragestellungen und Problemlagen berufliche Beratung konfrontiert ist. Dies beschreibt zugleich die Anforderungen hinsichtlich der Flexibilität des gesamten Beratungsangebotes.

4. Ebenen der Zielbestimmung

Das Bild des Angebotspaketes soll nochmals aufgegriffen werden und als Bezugspunkt für die Erörterung von Zielbestimmungsprozessen dienen. Pakete sind dabei auf unterschiedlichen Ebenen zu schnüren:

• für den einzelnen Ratsuchenden,
• für bestimmte Zielgruppen,
• für bestimmte Regionen/Institutionen.

Diese Auflistung macht deutlich, daß Zielbestimmungen auch auf unterschiedlichen Ebenen stattfinden müssen, wie das *Schaubild 3* zeigt. Damit soll zugleich der Notwendigkeit zunehmender Dezentralisierung von Entscheidungsbefugnissen und Verantwortungsbereitschaften im Aufbau der Berufsberatung insgesamt Rechnung getragen werden.

Globalziele

gesetzlicher Auftrag

Zielsetzung von Beratung/Orientierung/Vermittlung/Förderung

Zielvereinbarungen auf Arbeitsamtsebene

Zielvereinbarungen auf Individualebene

Schaubild 3

An dieser Stelle soll kurz auf den Bereich der Zielvereinbarungen auf Arbeits-
amts- und Individualebene eingegangen werden.[6]
Es wird zunehmend im Verantwortungsbereich der lokalen Ebene (Arbeitsäm-
ter/Berufsberatung) liegen, unter Berücksichtigung übergeordneter Zielsetzungen und der örtlichen Bedingungen, Ziele beispielsweise mit den Partnern
des betrieblichen und schulischen Ausbildungs-/Bildungssystems abzustim-
men. Dabei wird ein wesentlicher Teil der Kompetenz bei den einzelnen Beraterinnen und Beratern liegen müssen. Auf der individuellen Ebene stimmen
diese die Ziele des Beratungsangebotes mit den einzelnen Ratsuchenden ab
(vgl. hierzu auch II.5 und IV.2).

5. Ziele und Zielakzentuierungen

Nach den Ausführungen unter II.2 ist es deutlich, daß die folgenden Ziele keine „Exklusivziele" von Beratung sind, vielmehr auch für die anderen Angebote der Berufsberatung Gültigkeit haben. Als Ziele beruflicher Beratung werden sie im *Grundsatzerlaß* (RdErl. der BA 3/93) genannt. Im Rahmen dieser
Veröffentlichung sollen das Rahmenziel und die Zielakzentuierungen etwas

---

6 Vgl. Meyer-Haupt, 1994[2], Abschnitt IV.

ausführlicher erörtert werden. Die im folgenden kursiv gesetzten Textteile sind aus dem genannten Erlaß entnommen.

Ziel beruflicher Beratung ist es, im individuellen Kontakt Berufswählerinnen und Berufswähler bei ihren eigenverantwortlichen und sachkundigen Ausbildungs-, Studien- und Berufsentscheidungen zu unterstützen. Dies gilt für die Phasen vor, während und nach der Entscheidung.

Ausgangspunkt und bestimmendes Moment beruflicher Beratung sind die persönliche Berufswahlsituation, die Ziele der Berufswählerinnen und Berufswähler sowie ihre konkreten Erwartungen an die Berufsberatung.

Berufliche Beratung hilft vor allem,
- *personen- und sachgerechte Entscheidungskriterien zu entwickeln,*
- *konkrete berufliche Präferenzen zu erarbeiten,*
- *tragfähige Handlungsperspektiven und -strategien zu entwerfen,*
- *den Informationsstand zu verbessern,*
- *die Realisierung beruflicher Vorstellungen zu unterstützen.*

Damit ist das sogenannte Rahmenziel beruflicher Beratung umschrieben, das heißt der Zielhorizont abgesteckt. Wichtig ist dabei, daß diese Zielbeschreibung von einer grundsätzlichen Kundenorientierung geprägt ist. Es sind die individuellen Ziele, Bedingungen und Erwartungen der Ratsuchenden, die letztlich bestimmend für berufliche Beratung sind (vgl. unter II.1). Diese Grundorientierung kann durchaus als wesentliches Merkmal von Beratung in einem allgemeinen Sinn gelten. Nicht ohne Grund stellt und beantwortet beispielsweise Dietrich die Frage:

„Kann jede Person Klient (hier: „Ratsuchender", Anmerkung des Verfassers) sein? Sicher nicht. Es gibt einige Kriterien, die erfüllt sein müssen, damit eine Person Klient von Beratung sein kann. Eine Person konstituiert sich erstens dann als Klient, wenn sie auf Grund von Problemdruck und mit dem Bedürfnis nach Änderung einen Berater aufsucht."[7] Insofern ist es also für Beratung allgemein und auch für berufliche Beratung von entscheidender Bedeutung, daß sie sich inhaltlich und methodisch an den Fragestellungen und Problemlagen ihrer Ratsuchenden ausrichtet.

Allerdings handelt es sich bei beruflicher Beratung immer um ein Beratungsangebot, das sich mit einem bestimmten, eben berufsbezogenen Problembereich befaßt. Ausgehend vom obigen Rahmenziel hat daher die Berufsberatung Ziele ihres Handelns formuliert, die Gegenstand der nachfolgenden Erörterungen sein sollen. Im bereits angesprochenen Grundsatzerlaß werden diese Ziele als Zielakzentuierungen bezeichnet. Dadurch soll auch verdeutlicht werden, daß es sich um keine erschöpfende Aufzählung handelt.

---

7 Dietrich, 1991², S. 5.

– Berufswahlkompetenz

Berufliche Beratung muß auf die Entwicklung individuell angemessener Berufswahlkompetenz hinwirken.

Dieses Ziel ist im Grunde eine inhaltliche Konkretisierung des allgemeinen Beratungszieles, *Hilfe zur Selbsthilfe* zu sein.[8] Ausgangspunkt ist dabei, daß Berufswahl mehr ist als ein einmaliger Entscheidungsakt. Vielmehr sind im Laufe des Berufslebens immer wieder – freiwillige oder auch erzwungene – Berufsentscheidungen zu treffen. Insofern ist es für berufliche Beratung von Bedeutung, inwiefern es ihr gelingt, Berufswählern und Berufswählerinnen die für Berufswahl notwendigen Kompetenzen zumindest exemplarisch zu vermitteln.

Dabei orientiert sich Berufsberatung zumeist an einer möglichst rationalen Vorgehensweise im Zusammenhang mit Berufswahl. Sie muß dabei das Wahlverhalten der Ratsuchenden berücksichtigen. Dieses ist in aller Regel über viele Jahre hin erlernt und eher selten rational.

Es geht immer darum, individuell angemessene Berufswahlkompetenz zu unterstützen, d.h. bewußt am jeweiligen Entscheidungsverhalten anzusetzen. Jugendliche Ratsuchende stehen angesichts der Berufs- bzw. Ausbildungswahl häufig erstmals vor einer Entscheidung, die sie für sich selbst treffen müssen und die mit weitreichenden Konsequenzen verbunden ist. Bisherige Entscheidungen mit vergleichbarer Bedeutsamkeit (z.B. Schulwahl bzw. Entscheidungen über den Besuch weiterführender Schulen) wurden in hohem Maße „für sie" durch die Eltern getroffen. Das Lern- und Übungsfeld für das Entwickeln von Entscheidungskompetenz war in der Hauptsache im Freizeit- und Konsumbereich angesiedelt. Hier wurden unterschiedliche Entscheidungsstile und insofern auch Kompetenzen erlernt.

Es gibt sicherlich auch den rational abwägenden Typ, der seine Entscheidungen auf der Basis möglichst vollständiger Informationen trifft. Es gibt jedoch gleichermaßen den Typ, der nach dem „Lustprinzip aus dem Bauch heraus" entscheidet. Es gibt den Typ, der sich an den Entscheidungen anderer orientiert, der eher einem „mainstream" folgt. Und es gibt schließlich den Typ, der sich von einer Entscheidung zur nächsten „mogelt" bzw. „durchwurstelt" (muddling-through).

Diese Aufzählung ist lediglich beispielhaft. Sie soll verdeutlichen, daß das Ziel beruflicher Beratung, Berufswahlkompetenz zu vermitteln, auf sehr unterschiedliche Ausgangsbedingungen trifft. Konkret bedeutet dies, daß es den Rahmen beruflicher Beratung notwendigerweise sprengen müßte, jeden insbesondere jugendlichen Berufswähler zu einem rational abwägenden Entscheidungsverhalten zu bringen. Im Rahmen der institutionellen Bedingungen wird schon viel erreicht sein, wenn sich die Ratsuchenden ihres individuellen Entscheidungsverhaltens bewußt sind und wenn sie dabei unterstützt

---

8 Dieser Grundsatz steht in Übereinstimmung mit der vom SGB III betonten Eigenverantwortlichkeit der Arbeitsmarktpartner.

werden, dieses Verhalten zu optimieren und möglicherweise teilweise zu ändern. Voraussetzung hierfür ist, daß Beraterinnen und Berater nicht von vornherein ein bestimmtes oder erwünschtes Entscheidungsverhalten unterstellen, sondern ihr Augenmerk auf die Person des Ratsuchenden richten und deren Verhalten zum Ausgangspunkt nehmen.

– Eigenverantwortliche Berufswahl

Im alltäglichen Sprachgebrauch wird Beratung häufig mit Ratgeben im Sinne von Handlungsanweisung gleichgesetzt. Dabei wird eine Beraterpersönlichkeit unterstellt, die kraft ihrer Sachkompetenz in der Lage sein soll, den Ratsuchenden zu raten, was zu tun sei. So etwas mag zwar immer wieder den kurzfristigen Bedürfnissen von Ratsuchenden entsprechen, steht jedoch in einem gewissen Widerspruch zum grundsätzlichen Beratungsverständnis der Berufsberatung. Dies soll bei der Erörterung des folgenden Zieles verdeutlicht werden.

Das Ziel lautet: *Berufliche Beratung fördert eine bewußte, eigenverantwortliche und möglichst rationale Berufswahl, ohne die emotionale Dimension zu vernachlässigen. Dies ist eine Voraussetzung für die Entwicklung tragfähiger, beruflicher Perspektiven.*

Dieses Ziel beinhaltet mehrere Aspekten, die einer eingehenden Betrachtung bedürfen.

Zunächst soll Berufswahl bewußt und eigenverantwortlich vollzogen werden. Bewußte Berufswahl meint dabei mehr als die Kenntnis von relevanten Entscheidungsfaktoren. Berufswahl soll bei allen Problemen und Risiken, die sich aus bestimmten Ausbildungs- und Arbeitsmarktsituationen ergeben mögen – als eine Chance gesehen werden, die eigene persönliche Zukunft zumindest mitzugestalten. Dies bedeutet vor allem für Jugendliche, daß sie sich der Aufgabe Berufswahl aktiv stellen. Sie sollen die Aufgabe und ihre Lösungsmöglichkeiten gestalten und nicht nur erledigen. Diese Sichtweise ist insofern wichtig, als nur auf dieser Basis die angestrebte Eigenverantwortung übernommen werden kann.

Die Übernahme von Eigenverantwortung hat unmittelbare Auswirkungen auf das Geschehen im Rahmen beruflicher Beratung. Eigenverantwortliches Handeln als Ergebnis von Beratung setzt eigenverantwortliches Handeln innerhalb von Beratung voraus, d.h. Ratsuchende sind nicht Gegenstand von Beratung, sondern müssen auch diese aktiv mitgestalten können. Im Grunde sind damit mündige und aktive Ratsuchende angesprochen, die allerdings in der Praxis nicht immer anzutreffen sind. Gleichwohl ist das beraterische Handeln immer darauf auszurichten, daß allen Ratsuchenden ein möglichst aktiver Part in der Beratung zukommt bzw. ermöglicht wird. Auf dieser Basis sollen die Ratsuchenden ermuntert werden, ihre Entscheidung zu treffen. Die Hilfe der Berater besteht in diesem Zusammenhang darin, Entscheidungen vorzubereiten und zu unterstützen. Keinesfalls werden berufliche Entscheidungen durch die Berater getroffen. Der Leitgedanke besteht in diesem Zusammenhang darin, daß nur Entscheidungen, die selbständig getroffen und verantwortet werden,

34

von den Ratsuchenden getragen werden. Andernfalls bestünde die Gefahr, daß Entscheidungen schon angesichts erster Schwierigkeiten wieder in Frage gestellt werden.

Bereits im Zusammenhang mit dem Ziel der Berufswahlkompetenz wurden die unterschiedlichen Charakteristika des Entscheidungsverhaltens angesprochen. Dabei sollte deutlich werden, daß es den Einheitstyp nicht gibt. Dennoch soll berufliche Beratung einen Beitrag zu einer möglichst rationalen Berufswahl leisten, ohne dabei jedoch die emotionale Dimension von Berufswahl zu vernachlässigen. Berufswahl läßt sich weder als rein rationale noch als rein emotionale Entscheidung behandeln. In der täglichen Praxis von beruflicher Beratung geht es immer wieder darum, die für den jeweiligen Ratsuchenden angemessene Gewichtung herauszufinden und auf dieser Basis an einer Entscheidung zu arbeiten. Wenn im Idealfall „Bauch" und „Kopf" zum gleichen Ergebnis kommen, besteht durchaus Gewähr, daß die getroffene Entscheidung auch längerfristig Bestand haben wird.

– Realistische Situationswahrnehmung

Berufsentscheidungen sind immer auch sachliche Entscheidungen, sie sollten auch möglichst sachkundig getroffen werden. Berufliche Beratung zielt daher *auf die Erarbeitung einer möglichst realistischen Wahrnehmung sowohl der individuellen Aspekte als auch der Berufe durch die Berufswählerinnen und Berufswähler. Dabei ist der dynamische Charakter der Entstehung und Weiterentwicklung beider Seiten zu beachten.*

Werden Jugendliche nach ihren Erwartungen an Berufsberatung befragt, dann wird als ein wichtiger Bereich die Unterstützung bei der Suche nach einem passenden Beruf genannt. Damit sind beide Dimensionen angesprochen, die realistisch wahrgenommen werden müssen:

– die Person des Berufswählers und
– die in Frage kommenden Berufe.

Von Jugendlichen wird häufig die berufliche Seite in den Vordergrund gestellt. Dies ist gut nachvollziehbar, da hier gerade der unbekannte Bereich – der weiße Fleck auf der Berufswahlkarte zu liegen scheint. Schließlich ist es auch ein wichtiges Ziel beruflicher Beratung, das notwendige Wissen über die jeweils in Frage stehenden Berufe zu vermitteln. Dabei geht es gleichermaßen darum, Informationen zu geben wie falsche Vorinformationen zu korrigieren oder Vorurteile abzubauen. Der „weiße Fleck" muß für jeden Ratsuchenden plastisch und nachvollziehbar, individuell und sachgerecht ausgemalt werden. Zur ganz persönlichen Orientierungskarte – um das Bild der Berufswahlkarte weiterzuspinnen – wird diese Karte jedoch erst dann, wenn der Betrachter, d.h. der Berufswähler, selbst mit ins Bild genommen wird. Berufswahl ist immer auch Selbsterkundung. Wer sich auf die Suche nach einem zur eigenen Person passenden Beruf macht, muß sich auch ein Bild von der eigenen Person machen können. Gerade für Jugendliche, die sich in ihrer Person entwickeln und verändern, ist der optimistische wie kritische Blick auf die eigene Persönlichkeit mit all ihren Wünschen, Vorstellungen, Möglichkeiten aber auch Grenzen oft genug schwierig und bedarf der beraterischen Unterstützung.

In beruflicher Beratung wird üblicherweise der Blick auf beide Seiten und ihre Beziehungen zueinander zu richten sein, ohne dabei bei einer Momentaufnahme stehen zu bleiben. So wie die Personen der Berufswähler sind auch die Berufe in all ihren Facetten Änderungen unterworfen und auch gestaltbar.

– Angebote beruflicher Qualifizierung

Berufliche Beratung hat unter angemessener Berücksichtigung von Lage und Entwicklung des Arbeitsmarktes und der Berufe Optionen und Angebote zur beruflichen Qualifizierung zu erschließen.

Berufswahlprozesse sind in aller Regel mit der Frage nach der Realisierbarkeit beruflicher Vorstellungen verbunden. Die Formulierung „Optionen und Angebote zur beruflichen Qualifizierung zu erschließen" geht dabei bewußt über die Aufgabe der Ausbildungsvermittlung hinaus, schließt diese jedoch mit ein. Hierfür gibt es mehrere Gründe:

Ausbildungsvermittlung ist auf das Zustandekommen von Ausbildungsverhältnissen im dualen System gerichtet. Damit ist ein quantitativ wie qualitativ wichtiger Ausschnitt der Bildungslandschaft berücksichtigt. Berufliche Beratung muß jedoch die Gesamtheit der beruflichen Qualifizierungsmöglichkeiten einbeziehen. Fragen der Realisierbarkeit beruflicher Vorstellungen im berufsbildenden Schulsystem, in öffentlichrechtlichen Ausbildungsverhältnissen und im gesamten Hochschulbereich sind damit auch Gegenstand der Realisierungshilfen beruflicher Beratung. Angesichts der Weiterentwicklung der europäischen Integration wird die Unterstützung bei Ausbildungswünschen jenseits der nationalen Grenzen zunehmend an Bedeutung gewinnen. Dies gilt für die Wünsche deutscher wie ausländischer Berufswählerinnen und Berufswähler.

Jedoch auch bei Ausbildungswünschen im dualen System muß berufliche Beratung über die Ausbildungsvermittlung hinausgehen. Diese ist notwendigerweise auf die Ausbildungsmöglichkeiten „beschränkt", die von den ausbildenden Institutionen der Berufsberatung als Vermittlungsauftrag gemeldet werden. Gerade das Erschließen von Ausbildungsmöglichkeiten, in die wegen der Auftragslage nicht vermittelt werden kann, ist immer wieder notwendig. Die beraterischen Hilfen können darin bestehen, die Berufswähler bei ihren Eigenbemühungen zu unterstützen, aber auch darin, potentielle Anbieter der gewünschten Ausbildung gezielt anzusprechen.

– Längerfristige Perspektiven

Berufliche Beratung soll auf das Entwickeln längerfristiger beruflicher Perspektiven hinwirken, weil Berufswahl über den Eintritt in das Ausbildungssystem hinausreicht und die volle berufliche Kompetenz nicht schon mit dem Ende der Erstausbildung erreicht wird. Schon bei Fragen der Erstausbildung sind die Vielfalt von Ausübungsformen, Übergängen in andere Berufe und von Weiterbildungsmöglichkeiten in die Beratung einzubeziehen.

Der Begriff des „lifelong-learning" ist auch für berufliche Beratung von Bedeutung. Inhalt und Form beruflicher Erstausbildungen bestimmen die künftige Erwerbsbiographie von Berufswählern schon lange nicht mehr eindeutig. Das bedeutet auch, daß Berufswahl nicht mit der Entscheidung nach Abschluß der allgemeinbildenden Schule abgeschlossen ist. Auch Berufswahl muß als lebenslanger Prozeß gesehen werden. Dabei kann berufliche Beratung keinesfalls alle Risiken und Unwägbarkeiten beruflicher Entwicklungen vorwegnehmen. Auch sind der Berufsberatung im organisatorischen Kontext Grenzen gesetzt. Gleichwohl macht es Sinn, bereits im Zusammenhang mit der Entscheidung für die erste berufliche Qualifikation den Zielhorizont zu erweitern. Idealerweise kann es daher Thema beruflicher Beratung sein, denkbare berufliche Entwicklungen und Ziele in den individuellen Entscheidungsprozeß und alternative Qualifikationsbausteine hierfür einzubeziehen. Insofern muß die Unterstützung auch über die Erstausbildung hinaus Bestand haben. Angesichts erkennbarer Anforderungen an die Flexibilität beruflicher Qualifikation liegt hierin auch eine der großen Anforderungen an die Qualität des Angebotes beruflicher Beratung.

– Berücksichtigung der Eignung

Berufliche Beratung bezieht Fragen der beruflichen Eignung ein; diese gehen über Aussagen zum voraussichtlichen Ausbildungserfolg hinaus.

Die Bedeutung der so formulierten Zielakzentuierung wird erst vor dem Hintergrund des weiterentwickelten Beratungs- und Methodenverständnisses (vgl. unter IV. 2) von beruflicher Beratung verständlich. Daher soll hier kurz auf einen Aspekt der Weiterentwicklung eingegangen werden, deren Ergebnisse sich in den hier dargestellten Zielakzentuierungen in Form eines Grundsatzerlasses und in *Fachlichen Arbeitshilfen zur Praxis beruflicher Beratung* manifestieren.

Zuvor wurden im methodischen Grundkonzept die bereits oben angesprochenen drei Ablaufformen beruflicher Beratung unterschieden:[9]

• Informationsberatung,
• Entscheidungsberatung,
• Realisierungsberatung.

---

9 Vgl. hierzu Schaefer, 1977.

Die Formen der Entscheidungs- und Realisierungsberatung sahen jeweils Phasen der Datenerhebung und Dateninterpretation vor, die auf das Ziel der Eignungsfeststellung gerichtet waren. Bei diesen beiden Formen gehörte es immer zur Aufgabe beruflicher Beratung, Ratsuchende zu diagnostizieren bzw. Eignung festzustellen.

Demgegenüber hebt sich die Zielakzentuierung in zweierlei Hinsicht hiervon ab:

- Eignungsfragen können Gegenstand beruflicher Beratung sein, müssen es aber nicht;
- werden Eignungsfragen im Rahmen beruflicher Beratung besprochen, ist dies nicht notwendigerweise mit einer diagnostisch geprägten Vorgehensweise verbunden.

Also richtet sich die Zielakzentuierung *berufliche Beratung bezieht Fragen der beruflichen Eignung* ein gegen eine vorschnelle diagnostische Vorprägung von beruflicher Beratung.

Der zweite Teil der Zielakzentuierung formuliert den Anspruch, daß Eignungsaussagen über die Feststellung des Ausbildungserfolges hinausgingen. Auch dies ist Resultat der kritischen Auseinandersetzung mit Normen der Berufsberatung und hier konkret solchen, die im Kontext der Ausbildungsvermittlung stehen. Aufgabe der Vermittlung ist es, geeignete Bewerber und geeignete Betriebe „zusammenzubringen". In diesem Zusammenhang wurde Eignung als Wahrscheinlichkeit definiert, den künftigen Anforderungen der Ausbildung und des Berufes gerecht zu werden. Berufliche Beratung soll und kann jedoch mehr leisten als die Feststellung des wahrscheinlichen Ausbildungserfolges. Aus Sicht der Ratsuchenden wird doch nicht nur die Frage gestellt, „Werde ich den Anforderungen gerecht?" Vielmehr sind auch Fragen aufzugreifen und zu behandeln wie:

„Werden mich die Anforderungen zufrieden machen?"

„In welchem Maße werde ich gefordert sein?"

„Welchen Stellenwert wird dieser Beruf im Rahmen meiner Lebensplanung haben?"

„Kann ich den Beruf als dauerhaft interessante Herausforderung begreifen?"

„Welche Gratifikationen (ökonomischer oder sozialer Art) werde ich erhalten und inwieweit können diese dauerhaft zu meiner Motivation beitragen?"

Aus diesem beispielhaften Fragenkatalog wird deutlich, daß mit der Zielakzentuierung letztlich auch eine Erweiterung des zugrundeliegenden Eignungsbegriffs verbunden ist. Zugleich sollte berufliche Beratung aber auch von der Verpflichtung entlastet werden, immer – unabhängig von der Problemlage des Ratsuchenden – die Eignungsfrage aufzuwerfen und zu beantworten.

– Fachübergreifende Qualifikationen

Dabei berücksichtigt sie (die Berufsberatung) auch Aspekte fachübergreifender Qualifikationen sowie die Veränderbarkeit von Chancen und Risiken für den Berufswähler.

Für berufliche Beratung bedeutet das auch, auf die Gemeinsamkeit unterschiedlicher Einzelberufe einzugehen und die Frage der Erstausbildung als Ausgangspunkt weiterer beruflicher Entwicklungsmöglichkeiten anzusprechen.

Diese Zielakzentuierung erweitert ihrerseits die oben angesprochene Eignungsthematik um eine Reihe von Aspekten, die es verdienen jeweils näher beleuchtet zu werden:

Schlüsselqualifikationen

Unterschiedliche Entwicklungen haben dazu beigetragen, daß es immer schwieriger wird, die künftigen Anforderungen an die Qualifikationen von Arbeitskräften zu beschreiben. Bildungspolitik sieht sich zunehmend vor der Frage, wie Bildung inhaltlich wie formal zukünftig zu organisieren sei, um den Anforderungen der Zukunft gerecht werden zu können. Eine der Antworten bestand und besteht in dem, was Mertens bereits 1974 mit dem Begriff der *Schlüsselqualifikationen* beschrieben hat. „Schlüsselqualifikationen sind demnach solche Kenntnisse, Fähigkeiten und Fertigkeiten, welche nicht unmittelbaren und begrenzten Bezug zu bestimmten, disparaten praktischen Tätigkeiten erbringen, sondern vielmehr

a) die Eignung für eine große Zahl von Positionen und Funktionen als alternative Optionen zum gleichen Zeitpunkt, und

b) die Eignung für die Bewältigung einer Sequenz von (meist unvorhersehbaren) Änderungen von Anforderungen im Laufe des Lebens."[10]

Von anderen Autoren wurden diese Qualifikationsdimensionen auch als extrafunktionale oder eben fachübergreifende Qualifikationen bezeichnet. Für die Praxis beruflicher Beratung ist das Thema aktuell und bedeutsam. Mit den genannten Dimensionen sind Qualifikationen angesprochen, die für den einzelnen Berufswähler relevant sind. Sie können – je nachdem inwieweit sie ausgeprägt sind oder auch erworben werden – dazu beitragen, die Anpassungsmöglichkeiten des Einzelnen an künftige Anforderungen im Berufsleben zu verbessern. Daher verdienen sie, bei beruflicher Beratung berücksichtigt zu werden.

Veränderbarkeit von Chancen und Risiken

Berufs- bzw. Ausbildungswahlentscheidungen sind typischerweise auf die Zukunft gerichtet, d.h. ihr Gelingen stellt sich üblicherweise erst mittel- bis längerfristig heraus. Damit läßt sich auch das Ausmaß der Chancen und Risiken zum Zeitpunkt der Entscheidungsfindung meist nicht abschließend ermessen. Trotzdem oder eigentlich gerade deswegen sind Chancen und Risiken beruflicher Entscheidungen ein zentrales Thema für die Berufswählerinnen und Be-

---

10 Mertens, 1974, S. 40.

rufswähler, dem sich berufliche Beratung nicht entziehen kann. Dem Wunsch, einen Blick in die eigene berufliche Zukunft werfen zu können, kann Beratung durchaus kompetent entsprechen, muß sich allerdings immer der Grenzen bewußt sein und dies den Ratsuchenden auch deutlich machen. Auch wenn sich die inhaltlichen wie methodischen Instrumente verbessern, wird immer ein mehr oder weniger großer Unsicherheitsbereich bleiben. Der Umgang mit dieser Unsicherheit ist wiederum ein wichtiges Thema und Ziel beruflicher Beratung. Dabei wird es auch darum gehen, den Ratsuchenden die Einsicht zu vermitteln, daß sie eben nicht der Zukunft hilflos ausgeliefert sind. Probleme und Risiken sollen keineswegs verharmlost werden, allerdings soll durch Beratung auch die individuelle Gestaltbarkeit beruflicher Zukunft vermittelt werden.

Gemeinsamkeit unterschiedlicher Einzelberufe

Ein Blick auf die beruflichen Biographien von Personen, die schon lange im Berufsleben stehen, zeigt, daß der erlernte Beruf die Entwicklungsmöglichkeiten nicht alleine festlegt. Personen in vergleichbaren Positionen und Funktionen haben oftmals sehr unterschiedliche Ausgangsberufe erlernt. Personen, die sich für die gleiche Erstausbildung entschieden hatten, haben sich beruflich in unterschiedlicher Weise entwickelt. Dabei gibt es eine Reihe von Hinweisen, daß sich dieses Phänomen in den letzten Jahren verstärkt hat und in der Zukunft noch verstärken wird. Die Gründe hierfür sind sicherlich komplexer Natur und können hier nicht abschließend behandelt werden. Ein Punkt sei allerdings wegen seiner Bedeutung für Beratung herausgegriffen. Die wachsende Komplexität der Berufslandschaft verstellt manchmal den Blick dafür, daß viele Einzelberufe sich hinsichtlich ihrer Anforderungen nicht wesentlich unterscheiden. Für Berufswähler heißt dies denn auch, daß vergleichbare Qualifikationen in unterschiedlichen Berufsausbildungen erworben werden können. Damit mindert sich letztlich auch die Entscheidungsproblematik. Wenn berufliche Beratung die grundsätzliche Entscheidungsfindung der Berufswählerinnen und Berufswähler unterstützen soll, bietet sich daher eine Betrachtung der beruflichen Möglichkeiten auf der Ebene von Berufsfeldern oder Berufsbereichen an.

Schließlich wird es künftig wohl immer wichtiger werden, daß berufliche Erstausbildungen zwar wichtige Erst- und Einstiegsqualifikationen vermitteln, aber diese Qualifikationen im Laufe des Berufslebens erweitert, ergänzt oder grundsätzlich verändert werden müssen. Auch darin liegen für die individuellen Berufswahlentscheidungen Chancen und Risiken zugleich. Jedenfalls kann im Rahmen beruflicher Beratung aus diesen Gründen auch die Furcht genommen werden, daß eine einmal getroffene Ausbildungsentscheidung die berufliche Zukunft ein für allemal festlegen würde.

– Gesamtlebenssituation

Berufliche Beratung berücksichtigt die Verflechtung der Berufswahl mit der Gesamtlebenssituation und -perspektive der Berufswählerinnen und Berufswähler.

Bezogen auf die jeweils aktuelle Situation gilt es bei beruflicher Beratung – gerade wegen der notwendigerweise geforderten Individualität – immer auch zu berücksichtigen, daß berufliche Wünsche, Vorgehensweisen und Probleme letztlich nur aus ihrem sozialen Kontext heraus verstehbar sind. Allerdings sind dem Versuch, der Komplexität der Beziehungen zwischen dem Individuum Berufswähler und seiner sozialen Umwelt Rechnung zu tragen, in vielerlei Hinsicht Grenzen gesetzt. Für berufliche Beratung bedeutet dies das ständige Bemühen, sowohl die Individualität der Ratsuchenden als auch ihr soziales Umfeld einzubeziehen.

Die damit angesprochene Problematik soll mit einem Fall **beispielhaft** illustriert werden:

Gegenstand beruflicher Beratung in der Berufsberatung für Abiturienten und Hochschüler ist häufig die Auseinandersetzung mit den Studienwünschen von Ratsuchenden und den damit verbundenen Unsicherheiten hinsichtlich der Anforderungen des gewünschten Studienganges. Stellen wir uns zwei Ratsuchende vor, die sich jeweils für den selben Studiengang interessieren. Beide bekunden eine vergleichbare Motivation und unterscheiden sich auch nicht hinsichtlich ihrer schulischen Leistungen. Allerdings sei ihr familiäres und soziales Umfeld unterschiedlich. Der eine stammt aus einer Akademikerfamilie (Fall A), die in der Großstadt lebt, der andere (Fall B) aus einem ländlich strukturierten Gebiet, die Eltern haben keine weiterführende Schule besucht. Diese unterschiedlichen Situationen müssen nicht, aber sie können zum zentralen Thema der Beratung werden.

Im **Fall A** kann der familiäre Hintergrund dazu beitragen, daß der Frage nach den Anforderungen des Studienganges zunächst mit größerer Gelassenheit begegnet wird, da in der Familie insgesamt die Anforderungen eines Studiums bekannt sind. Die Familie selbst wird als Rückhalt erlebt, sie kann bei möglicherweise auftretenden Schwierigkeiten Hilfestellung leisten. Die Normalität der angestrebten Ausbildung kann allerdings auch zur Belastung werden, wenn sie dahingehend erlebt wird, daß sie zum Erfolgszwang wird. Der Jugendliche steht unter dem ständigen Zwang, den Ansprüchen der Familie zu genügen. Im Extremfall geht sogar der eigentliche Studienwunsch darauf zurück, daß mit ihm in der Hauptsache den mehr oder weniger ausgesprochenen Erwartungen der Familie genügt werden soll und damit der Raum für eine eigenständige Ausbildungswahl nicht wahrgenommen wird.

In **Fall B** kann der angehende Student nicht mit einer inhaltlichen Unterstützung durch die Familie rechnen. Die Umgebung Universität ist für ihn wie für die Familie gleichermaßen fremd und insofern verunsichernd. Er braucht also mehr Selbstvertrauen für die anstehende Entscheidung. Dieses kann jedoch gerade aus der familiären und sozialen Situation erwachsen: die Familie ist stolz auf ihren „ersten Studenten" und stützt ihn auch in kritischen Situationen. Die soziale Situation vermag die Motivation dahingehend zu stärken, daß sich durch das Studium die Chance eröffnet, bisherige soziale und ökonomische Grenzen zu überschreiten.

Beide Beispiele ließen sich – gleichermaßen realistisch – jeweils gegenteilig formulieren, eine Vielzahl von Differenzierungen sind in der Wirklichkeit möglich. Letztlich sollte deutlich werden, wie vielschichtig und unterschiedlich scheinbar identische Problemstellungen sich in beruflicher Beratung darstellen können.

Die Gesamtlebensperspektive von Berufswählern zu berücksichtigen, erweitert den Gegenstand beruflicher Beratung auch über das „rein Berufliche" hinaus. Das Beispiel einer alleinerziehenden Berufsrückkehrerin, die nach einer früheren Ausbildung nunmehr ein Studium aufnehmen will, deutet die Vielfalt der Entscheidungskriterien an, die es zumindest teilweise in der Beratung zu berücksichtigen gilt.

Mit den aktuellen Entwicklungen am Arbeitsmarkt, dem Stichwort Globalisierung der Märkte und der wachsenden Bedeutung extrafunktionaler Qualifikationen sind nur einige Aspekte angesprochen, die die Vorstellung „Beruf als Lebensberuf" zunehmend obsolet werden lassen. Auch die Rolle der Erwerbsarbeit insgesamt läßt sich immer weniger deutlich fassen. Umso mehr muß sich daher berufliche Beratung mit diesen Aspekten auseinandersetzen. Soweit die Ratsuchenden dies wünschen, muß berufliche Beratung einen über das Berufliche im engeren Sinne hinausgehenden Beitrag für einen ganzheitlichen Lebensentwurf der Ratsuchenden leisten können.

III. Beratungsverständnis und Handlungs- prinzipien

1. Allgemeiner Beratungsbegriff

Im allgemeinen Sprachgebrauch ist der Begriff Beratung sehr unscharf umrissen und wird in unterschiedlichen Zusammenhängen von „Anlageberatung" bis „Lebensberatung" verwandt. Das gemeinsame Element scheint lediglich zu sein, daß man Situationen meint, in denen eine Person (in ihren eigenen oder den Augen ihrer Umwelt) ein Problem hat und eine andere Person ihr bei dessen Lösung helfen will. Zu wessen Nutzen und mit welchen Methoden bleibt dabei offen. Ohne darauf hier im einzelnen näher einzugehen, werden jedoch zwei große Bereiche unterschieden: die sogenannte „Laienberatung" und die professionelle Beratung.

Für die Laienberatung reicht aus, daß der „Berater" auf bestimmten Gebieten besser informiert ist als der „Ratsuchende", er besitzt also Feldkenntnis oder Sachkompetenz, mehr oder besseres inhaltliches Wissen. Diese Kompetenz erstreckt sich auch auf die Auswahl der für das jeweilige Problem des Ratsuchenden relevanten Informationen aus dem gesamten Sachwissen des Beraters. Häufig geht man davon aus, daß jemand als Berater über ‚Kontaktfähigkeit' verfügen, ‚gut reden' und geschickt argumentieren können sollte, und zu diesem Bereich von Fähigkeiten werden durchaus auch kurze Trainings u.ä. durchgeführt. Darüber hinaus finden sich bei der Laienberatung aber kaum Überlegungen zum Interaktionsprozeß zwischen Berater und Ratsuchendem. Überprüfbare, systematisch aufeinander bezogene Vorstellungen gibt es weder zur Art und Effizienz der Mittel, mit denen ein (Laien)Berater seine manchmal nur implizit formulierten Ziele anstrebt, noch zu dem, was es eigentlich genau ist, was beim Ratsuchenden bewirkt werden soll. (Es sei denn, daß er z.B. etwas kaufen soll oder auf andere Weise etwas tun soll, was der Berater für gut hält, aber das wäre eher Überreden als Beraten). Solche Formen von Beratung können als mehr oder weniger umfangreiche Sonder- oder ‚Neben'-Tätigkeit in verschiedenen Berufen, aber auch in anderen Lebenssituationen vorkommen. Eine eigenständige, besondere Ausbildung ist dazu nicht erforderlich.

Bei professioneller Beratung dagegen tritt die inhaltliche Kompetenz des Beraters in ihrer Bedeutung mehr oder weniger zurück, denn im Extrem geht es um Bereiche (Familie, „Leben"), in denen niemand informierter sein kann als die Person, die beraten wird. Statt dessen oder neben dem Fachwissen wird eine besondere beraterische Qualifikation gefordert, die sich auf die Interaktionen in der Beratung, auf die Gestaltung der Beziehung zwischen Ratsu-

chendem und Berater, auf die Beeinflussung der bei dem Ratsuchenden ablaufenden Problemlösungsprozesse usw. erstreckt. Diese Qualifikation soll gewährleisten, daß im Hinblick auf die vom Ratsuchenden empfundene Problematik überprüfbare Ergebnisse erreicht werden, daß sich tatsächlich etwas ändert, und nicht nur formal einer Rechtspflicht nachgekommen wird, ohne daß
kontrolliert wird, ob der eigentliche Zweck der Beratung erfüllt wird.

In einem einfachen Fall soll das anhand des Begriffs *Information* verdeutlicht
werden. Als gesetzliche Aufgabe einer Institution stellt sie eine auf Richtigkeit
und Vollständigkeit überprüfbare Verwaltungsleistung dar. Genügt eine Auskunft diesen Kriterien, so ist der in der entsprechenden rechtlichen Vorschrift
enthaltene Auftrag erfüllt. Kundenfreundliches Verhalten ist dabei zwar wünschenswert, gehört aber nicht zu den ‚harten‘ Überprüfungskriterien, ist letztlich kaum ‚einklagbar‘. Als beraterische Teiltätigkeit aufgefaßt steht dagegen
der Gesichtspunkt der Verständlichkeit (für den jeweiligen konkreten Ratsuchenden) im Vordergrund, und zwar im Hinblick auf Struktur, Menge, Zeitpunkt, Medium usw. Außerdem spielen Überlegungen zur Notwendigkeit
oder Nützlichkeit der Information eine Rolle, während etwa die Vollständigkeit hier einen anderen, durch den jeweiligen Kontext oder im Hinblick auf
die Aufnahmefähigkeit des Ratsuchenden relativierten Akzent bekommt. Obwohl rein rechtlich scheinbar weniger verantwortlich, sind die Tätigkeiten innerhalb der Beratung erheblich komplexer und anspruchsvoller.

Zur beraterischen Kompetenz existieren eine ganze Reihe wissenschaftlicher
Ansätze und Theorien. Deren Kenntnis (zumindest in den jeweils relevanten
Teilbereichen) und der Erwerb der zu ihrer Umsetzung benötigten Fertigkeiten und Techniken erfordert in der Regel eine eigene, je nach Anspruch längere bis sehr lange Ausbildung. Professionelle Beratung kommt daher vor allem als Hauptaufgabe oder wesentlicher Bestandteil sozialer Berufe vor.

Im Hinblick auf ihre Aufgaben und Bedeutung ist berufliche Beratung, wie sie
in Deutschland in der Bundesanstalt für Arbeit auf der Grundlage der Artikel
2, 6 und 12 des Grundgesetzes durch das Sozialgesetzbuch, Drittes Buch (SGB
III) und näher durch die fachlichen Weisungen (u.a. RdErl. der BA 3/93) definiert wird, prinzipiell der professionellen Beratung zuzuordnen. Schon
durch die nähere Bestimmung der beruflichen Beratung als Hilfe bei der Berufswahl durch ‚Erteilen von Auskunft und Rat‘ im SGB III ist sie im Sinne von
Luhmann[11] nicht als verwaltungsgemäßes ‚Routine- oder Konditionalpro-
gramm‘, sondern als professionelles ‚Zweckprogramm‘ einzustufen, d.h. der
im Gesetz und den Richtlinien nur unspezifisch und abstrakt formulierte
Grundauftrag bedarf zu seiner Umsetzung – zur Erfüllung seines Zwecks – der
Ausführung durch professionell qualifiziertes Personal, nämlich Berufsberaterinnen und Berufsberater. Diese müssen selbständig die richtigen Mittel zur
Erreichung des definierten Zwecks beurteilen und auswählen können. Eine
entsprechende Formulierung findet sich auch im Punkt 7.3 des o.a. Runder-

---

11 Luhmann, 1964.

lasses. Die inhaltliche Kompetenz, z.B. Berufskunde und Kenntnis des jeweiligen Arbeitsmarktes und des Bildungssystems, spielt bei der beruflichen Beratung eine gleich gewichtige Rolle wie die beraterische Kompetenz, sie würde allein jedoch für die Erfüllung der gesetzlich definierten Aufgaben (s. unter II) nicht ausreichen. Schon *Liebenberg*[12], einer der Pioniere der Berufsberatung in Deutschland, betonte ganz im Sinne der heutigen Auffassungen von professioneller Beratung die Wichtigkeit des Geschehens auf der menschlichen Ebene, in der damaligen Terminologie die Wichtigkeit der ‚Persönlichkeit' des Beraters, ohne die die ‚trefflichsten Bestimmungen wertlos und zum Tode verurteilt' seien. Konsequenterweise forderte er eine mehrjährige berufliche Ausbildung für diese Tätigkeit. Dieser Plan wurde bei der zwei Jahre später erfolgenden Gründung der damaligen Reichsanstalt für Arbeitsvermittlung und Arbeitslosenversicherung nicht aufgegriffen. Man stellte bevorzugt ehemalige Lehrer und Sozialarbeiter als Berufsberater ein[13], holte sich die beraterische Qualifikation sozusagen vom freien Markt.

Wenn im folgenden von *Beratung* gesprochen wird, so ist zumeist, sofern nicht aus dem Zusammenhang anders kenntlich, die Tätigkeit des Beratens nach den Prinzipien der professionellen Beratung gemeint.

2. Rollenverständnis des Beraters – Merkmale professioneller Beratung

Hier muß zunächst eine Definition der professionellen Beratung nachgeholt werden. Beratung in diesem Verständnis ist der auf Wunsch und unter möglichst aktiver Mitwirkung eines Ratsuchenden unternommene Versuch eines Beraters, dem Ratsuchenden dabei zu helfen, Einsichten zu gewinnen oder Erfahrungen zu machen, die es ihm ermöglichen, sein Verhalten in einer als problematisch wahrgenommenen Situation gezielt so zu ändern, daß ihm das Problem behoben oder gemildert erscheint.[14]

Verhalten wird dabei in der allgemeinsten Form innerlicher wie äußerlich beobachtbarer Vorgänge definiert. Man versteht darunter alle nur denkbaren Formen kognitiver wie emotionaler Prozesse sowie Handlungen, z.B. auch Kenntnisse, Ansichten, Meinungen, Motive, Wünsche, Bewertungen, Selbstkonzepte, Wahlverhalten, Entscheidungsheuristiken. In der Formulierung ‚behoben oder gemildert' soll zum Ausdruck kommen, daß beraterische Ziele nicht immer einen klar definierten, erwünschten Endzustand darstellen, den man erreicht oder nicht. Häufig wird nur die Richtung von Veränderungen

---

12 Liebenberg, 1925.
13 Vgl. Neubert, 1977.
14 Vgl. dazu auch Dietrich, 1983, 1987.

beschrieben, die als Verbesserung erlebt wird. In angelsächsischen Ländern wird dieser Unterschied durch die Begriffe ‚goals‘ und ‚objectives‘ gekennzeichnet. Ziele in der Bedeutung von ‚objectives‘ werden mehr oder weniger erreicht, es geht um Maximierung oder Optimierung der erwünschten Veränderungen.[15]

‚Gezielt‘ heißt, die Änderungsprozesse sind sowohl beim Ratsuchenden wie beim Berater intentional und nicht zufällig. Auch wenn ein Ratsuchender sein Ziel noch nicht klar formulieren kann, ist es sein Wunsch, daß sich etwas an seiner Problemsituation ändert. Nach einer erfolgreichen Beratung soll etwas wenn möglich besser, zumindest aber klarer geworden sein. Auf keinen Fall soll der Zustand so bleiben wie er ist. Der Berater hilft bei der Erkundung der Möglichkeiten, wo sich etwas ändern läßt und bei der Entwicklung strukturierter Pläne für das Vorgehen, mit dem das anfänglich möglicherweise vage Gesamtziel erreicht werden kann, auch bei der Bestimmung der auf diesem Weg notwendigen Teilziele. Er strebt also keine zufälligen oder beliebigen, sondern je nach den Umständen des Einzelfalls unterschiedliche, aber bestimmte Änderungen an. Die dazu angewandten Methoden sollen so effektiv wie möglich sein, auf wissenschaftlich abgesicherten Erkenntnissen beruhen, um wirklich die angestrebten Ergebnisse in kontrollierbarer Weise zu erreichen. Sie sollen für den Ratsuchenden prinzipiell und im Einzelfall so weit wie möglich transparent und kontrollierbar sein.

Obwohl es verschiedene Ansätze zu einer Theorie professioneller Beratung gibt (vgl. unter IV.1), existiert ein gemeinsamer Grundkonsens bezüglich der folgenden Positionen:

– Probleme, Schwierigkeiten oder Beratungsbedürfnisse sind **individuell.** Sie existieren streng genommen in der jeweiligen Form nur für eine bestimmte, konkrete Person in einer bestimmten, von dieser Person individuell wahrgenommenen Situation. Zwar gibt es Ähnlichkeiten bei den Problemen verschiedener Personen, doch gibt es daneben immer auch jeweils einzigartige Aspekte. Die angestrebten Lösungen sollen möglichst genau auf das individuelle Problem zugeschnitten sein. Das schließt Typisierungen und schematische Lösungen aus. Diese mögen einen vordergründigen Ökonomieeffekt versprechen, verstellen aber möglicherweise den Blick auf das Wesentliche des Einzelfalls. Standardisierungen bringen in manchen Bereichen Vorteile im Hinblick auf die Effizienz, aber unter den Bedingungen einer Beratung vernachlässigen sie die Effektivität. Rationalisierung der Arbeitsabläufe des Beraters darf nicht auf Kosten der Wünsche und Bedürfnisse der Ratsuchenden gehen.

– Beratung hat **Veränderung** zum Ziel: Erleichterung einer Entscheidung, Behebung eines Problems, Verbesserung der subjektiven Situation. Probleme entstehen durch das Zusammentreffen bestimmter Personen mit bestimm-

---

15 Vgl. dazu Anderson u.a., 1981.

ten Situationen: andere Personen hätten in der gleichen Situation das Problem möglicherweise nicht, und dieselbe Person hätte in anderen Situationen das Problem möglicherweise nicht. Bei der Suche nach Lösungen könnte man theoretisch also sowohl bei der Person wie bei den Situationsumständen ansetzen. In der Beratung sind aber die äußeren Umstände der Problemsituation in der Regel weder vom Berater noch vom Ratsuchenden überhaupt oder zumindest schnell genug änderbar. Für eine schlechte Lage am Arbeits- oder Ausbildungsstellenmarkt, fehlende Fördermittel oder ähnliches ist weder der Ratsuchende noch der Berater verantwortlich – genausowenig wie etwa eine gute Lage zu ihren Verdiensten zählt. Die erstrebte Veränderung kann daher nur bei der Person, im Verhalten des Ratsuchenden, in seiner Reaktion auf diese Lage, versucht werden. ‚Schwierige‘ Rahmenbedingungen konstituieren für Ratsuchende häufig, aber nicht notwendigerweise ‚schwierige‘ Probleme (solche, bei denen auf Ansprüche verzichtet werden muß oder Kompromisse erforderlich sind). Eine als belastend empfundene Gesamtsituation muß nicht unbedingt eine schwierige Entscheidung beinhalten und umgekehrt. Manchmal ist schnell zu überblicken, welche Möglichkeiten man hat – aber man mag keine davon. Schwierige Rahmenbedingungen machen Beratung nicht immer schwieriger oder unmöglich, aber manchmal umso notwendiger. Die Art der angestrebten Veränderung beim Ratsuchenden kann vielfältig sein: von veränderter Wahrnehmung seiner Situation, etwa infolge vermehrter oder korrigierter Informationen, über veränderte subjektive Bewertungen seines Problems oder von Teilen davon bis hin zu veränderten Handlungs- und Reaktionsweisen.

– Die durch Beratung erreichbaren Veränderungen sind **psychische** Veränderungen kognitiver oder aktionaler Art. Irgendwelche Hilfen durch materielle oder ähnliche Veränderungen der Situation fallen nicht unter ‚Beratung‘. Man ‚hat‘ hinterher nichts (z.B. eine ‚Stelle‘), sondern man weiß etwas: z.B. wie man etwas anders, besser machen kann als bisher, wie man zu größerer Sicherheit im Hinblick auf Entscheidungen kommt. Möglicherweise ‚sieht‘ und erlebt man seine Situation hinterher anders.

Solche Arten von Veränderung sind letztlich nicht ‚von außen‘ zu bewirken, im Grunde vollzieht sie der Ratsuchende bei sich selbst, so, wie er es will und vermag und in seinem eigenen Tempo. Die Hilfe und Unterstützung des Beraters ist dabei sehr wichtig, aber er greift nur steuernd und unterstützend in Prozesse ein, die auch unabhängig von ihm ihre eigene Dynamik haben. Seine Aufgabe ist um so leichter und seine Hilfe um so wirkungsvoller, je klarer dem Ratsuchenden der damit zu erreichende positive Effekt oder die Notwendigkeit der Veränderung ist. Klare Motivation ist die Basis der innerlichen Bereitschaft des Ratsuchenden zu konkreten Veränderungen und damit der einzige ‚Hebel‘, an dem der Berater mit seiner Arbeit ansetzen kann. Er ist sozusagen nur Lotse und nicht Kapitän des Schiffes.
In der Konsequenz solcher Überlegungen arbeitet professionelle Beratung nie mit bewußt eingesetzten Sanktionen. Verhaltensänderungen, die ohne ei-

gene Motivation nur aufgrund äußeren Drucks zustandekommen, haben nur solange Bestand, wie die reale Möglichkeit von Sanktionen existiert und wahrgenommen wird. Danach wird in der Regel das unterdrückte Verhalten, manchmal mit verstärkter Intensität, wieder aufgenommen. Für längerfristige Veränderungen ohne äußere Kontrolle wäre Druck durch Sanktionen also eine ungeeignete Methode.

Beratungserfolge, die einigen Bestand haben sollen, sind demnach nur zu erwarten, wenn beim Ratsuchenden ein spezifisches Beratungsbedürfnis und ein subjektiver Mindest-Problemdruck vorliegt, der Veränderungsbereitschaft weckt. Werbende Maßnahmen von Beratungsinstitutionen, die über das bloße Bekanntmachen ihrer Existenz hinausgehen, sind daher fachlich nicht unbedenklich. Solange in bestimmten Entscheidungssituationen im Prinzip von den Bürgern eigenständige und selbstverantwortliche Entscheidungen getroffen werden können, kann professionelle Beratung nur unterstützenden Charakter haben. Das heißt, sie kann nur Hilfestellung leisten und keine eigenen Ziele setzen. Nicht nur aus berufsethischen Gründen oder aufgrund bestehender Weisungen kann sie nur Hilfe zur Selbsthilfe sein. Freiwillige Inanspruchnahme und die Bereitschaft des Ratsuchenden, aktiv an der Festlegung und der Verwirklichung der Ziele mitzuarbeiten, sind unabdingbar fachlich notwendig.

Beratung erhält ihre Legitimation erst durch den Wunsch des Ratsuchenden.[16] Freiwilligkeit wird aus diesen Gründen auch in den fachlichen Weisungen der Bundesanstalt für Arbeit besonders hervorgehoben und als Basis der beruflichen Beratung bezeichnet.[17]

Das Freiwilligkeitsprinzip schließt ein, daß ein Beratungsbedürfnis sich nur auf bestimmte Teilaspekte eines Problems erstrecken kann und keinen Blanko-Auftrag für alle möglichen weiteren vom Berater für wünschenswert gehaltenen Aktivitäten darstellt. Selbstverständlich kann ein Berater auch Beratungsangebote machen, aber er muß das jeweilige Problem auch beim Ratsuchenden belassen können und akzeptieren, daß jemand seine eigenen Erfahrungen machen will. Das gilt auch dann, wenn der Berater das für einen Fehler hält.

Eine Beratung, die auf die aktive Mitarbeit der Ratsuchenden angewiesen ist, muß bei aller Bereitschaft, ‚Ratsuchende da abzuholen, wo sie stehen', auch Ansprüche an die Ratsuchenden stellen. Bestimmte Mindestanforderungen müssen außer bei der Motivation und der Bereitschaft zur Interaktion auch bei den verbalen, kognitiven oder kommunikativen Fähigkeiten (je nach theoretischem Ansatz) erfüllt werden. Die zumindest ansatzweise Definition von Grenzen der ‚Beratbarkeit' Ratsuchender ist ebenso ein klares Merkmal professioneller Beratung wie es definierte Kompetenzgrenzen der Berater sind.

---

16 Pöggeler, 1963.
17 Vgl. RdErl. der BA 3/93.

Für die Qualität beraterischen Handelns gibt es Maßstäbe. Sie ist umso besser,

- je genauer und vollständiger alle Aspekte der Problemsituation und der Bedürfnisse des Ratsuchenden wahrgenommen werden,
- je klarer dieses Verständnis dem Ratsuchenden in geeigneter Weise zurückgemeldet wird,
- je angemessener die Notwendigkeit, die Art und der Umfang der erforderlichen Veränderungen erfaßt und mit dem Ratsuchenden abgestimmt werden,
- je präziser und wissenschaftlich begründbarer die im Einzelfall anzuwendenden Methoden ausgewählt werden,
- je transparenter dem Ratsuchenden dieses Vorgehen gemacht wird und je aktiver dessen Rolle dabei ist und
- je exakter die Wahrscheinlichkeit konkreter, operational erfaßbarer Resultate vorher abgeschätzt und später evaluiert werden kann.[18]

Voraussetzung ist eine möglichst konkrete, kognitive Konzeption, eine Vorstellung denkbarer Strukturen, in denen das Problem des Ratsuchenden dargestellt werden kann und aus der sich Hinweise zur Lösung ergeben. Außerdem braucht man das Können, die trainierten Fertigkeiten, um diese Konzeption umzusetzen. Dazu gehört nicht zuletzt eine entsprechende kommunikative Kompetenz und im übrigen ein möglichst breites Methodenrepertoire. Um professionelle Beratungsqualität zu gewährleisten, muß – hier wie in allen Berufen – eine entsprechende Investition in die Qualität der Ausbildung, Fortbildung und Supervision der Berater sowie in förderliche organisatorische Rahmenbedingungen erfolgen. Dabei sind mit Qualität nicht unbedingt besonders anspruchsvolle Konzeptionen gemeint. Ein Mindestniveau wäre – wiederum wie bei jeder Professionalität – daß ein Berater weiß, was er tut, warum er es in dieser konkreten Situation tut und wie er die Resultate kontrollieren kann. Ein rezeptartiges Anwenden einer bestimmten Verfahrensvorschrift würde nicht genügen. Weder Zufälligkeiten noch schematische Routineprogramme sind wirklich professionell, auch wenn sie in gewissem Maße unvermeidlich sind. Wünschenswert ist die Kompetenz, spezielle Verfahren für die individuelle Problemstellung zu entwickeln, auch wenn das nicht in jedem Einzelfall notwendig sein wird.

Ein Beratungserfolg stellt immer das Ergebnis einer gelungenen *Kooperation* zwischen dem Berater und dem Ratsuchenden dar. Ihre Rollen in der Beratung sind prinzipiell gleichrangig, wobei von den Vorbedingungen und den Zielen der beteiligten Personen her eine unterschiedliche Rollenakzentuierung zwangsläufig sein wird.

Für die Zielsetzungen ist in erster Linie der Ratsuchende verantwortlich, er bestimmt, was er als sein Problem ansieht, wie er es benennt und was er zu des-

---

18 Diese Liste ließe sich je nach beraterischem Ansatz noch ergänzen. Zu Qualitätsaspekten beruflicher Beratung siehe auch unter VII.

sen Lösung zu leisten bereit ist. Der Berater ist verantwortlich für konzeptionelle Überlegungen, in welcher der ihm bekannten Theorien sich das Problem am zweckmäßigsten darstellen läßt, so daß Ideen und Pläne zu den Methoden entstehen können, mit denen sich der Veränderungswille des Ratsuchenden wirksam und ökonomisch umsetzen läßt.

Beide oder alle Beteiligten sind in einer professionellen Beratung an diesen Prozessen so weit wie möglich partnerschaftlich mitbeteiligt und können – wenn sie es für erforderlich halten – auch ihr Veto einlegen. Eine im strengen Sinne symmetrische kommunikative Beziehung, in der die Rollen beliebig vertauscht werden können, ist jedoch kaum vorstellbar. Auch der Begriff Neutralität (des Beraters) ist bei der Rollendefinition unpassend. Neutralität reicht nicht, um Vertrauen zu gewinnen. Es darf keine Front zwischen den Beteiligten entstehen. Der Berater kann (bei der Tätigkeit des Beratens) nur Helfer und Alliierter des Ratsuchenden sein, dessen Überlegungen, dessen Versuche zum Erreichen seiner Ziele unterstützen. Dazu gehört durchaus auch eine konstruktive Konfrontation mit Aspekten der Realität, die der Ratsuchende außer acht gelassen hat, denn solche Punkte würden die Zielerreichung ja auch gefährden. Selbstverständlich kann der Berater die Situation mit anderen Augen sehen als der Ratsuchende, aber er muß dessen Sichtweise akzeptieren und aufgreifen. Weder harmonisierende Beschönigung von unterschiedlichen Auffassungen noch dominante oder besserwisserische Betonung des Beraterstandpunkts helfen dem Ratsuchenden, seine eigene Sichtweise weiterzuentwickeln.

Jede andere Rolle als die des partnerschaftlichen Helfers ohne eigene Ziele würde negativ zu bewertende Haltungen beim Ratsuchenden hervorrufen: Unsicherheit, passives Abwarten, Vorbehalte und Distanz, wenn nicht Mißtrauen, vielleicht sogar Abwehr oder eine teils bequeme, teils resignierte Konsumentenhaltung. Falsch verstandene ‚Partnerschaft‘, unkritisches Solidarisieren oder Identifikation mit dem Ratsuchenden ermöglichen aber auch keine wirksame Hilfe. Gefragt ist nicht simple Parteinahme (für oder gegen), aber auch kein passives Sich-heraus-halten, sondern eine aktive, konstruktive Balance.

Es wird deutlich geworden sein, daß Beratung zu den Tätigkeiten gehört, bei denen gezielt auf das Verhalten anderer Menschen Einfluß genommen wird, wenn auch auf deren Wunsch hin und durch deren aktive Mitwirkung. Man könnte daher fragen, wie sich Beratung von anderen professionellen sozialen Tätigkeiten unterscheidet, die das gleiche wollen, die damit vielleicht sogar eher in Verbindung gebracht werden. Vor allem geht es hier um die Bereiche der Therapie und der Erziehung.

Kennzeichnend für die Beratung ist vor allem, daß die grundsätzliche Selbsthilfefähigkeit und Autonomie des Ratsuchenden nicht in Frage stehen. Er bestimmt auch eindeutig die Ziele der Beratung. In der Beratung geht es um einen spezifischen, relativ begrenzten aktuellen Problemzustand. Die Probleme können zwar vielschichtig sein, sind aber eingrenzbar. Sie werden mit vorwiegend kognitiven Methoden, mit rational leicht nachvollziehbaren Überlegungen bearbeitet.

In der **Therapie** geht es dagegen um die Heilung und Behebung meist länger-fristiger Störungen, die vom Klienten als beeinträchtigend bis belastend emp-funden werden. Die Grenze der Freiwilligkeit ist hier weniger scharf festzule-gen als in der Beratung, wie auch die Nachvollziehbarkeit der Methoden schwerer zu erreichen sein wird. Im Hinblick auf die Verantwortlichkeit bei den evtl. tiefergehenden Eingriffen in das Verhalten und die Persönlichkeit der Klienten ist die Ausbildung der Therapeuten länger, eindeutiger, intensi-ver und stärker durch berufsständische Normen kontrolliert.

Erziehung ist demgegenüber meist prophylaktisch orientiert, hat mehr die all-gemeine Förderung der Entwicklung der zu Erziehenden im Auge. Sie setzt dabei stärker als die anderen Tätigkeiten auch eigene Ziele und Normen, und ist auf längerfristige Prozesse hin orientiert.

Die Beziehung von Beratung zu den Nachbardisziplinen entspricht etwa dem *Schaubild 4*:

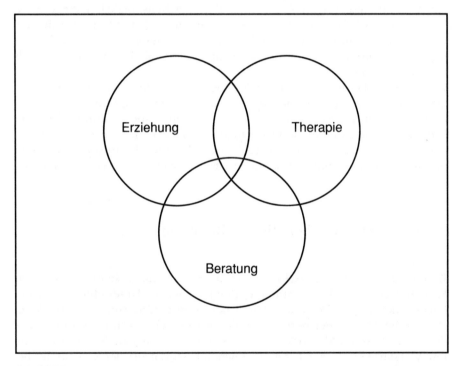

Schaubild 4

51

Auch *Dietrich*[19] sieht Beratung, Therapie und Erziehung bildhaft als die drei eigenständigen Eckpunkte eines Dreiecks. Nach *Kaminski*[20] bietet die Beratung den größten Freiraum der Rollenausgestaltung.

Wie bei der ähnlichen Grundstruktur und den ähnlichen globalen Zielen – nämlich der intentionalen Verhaltensbeeinflussung – nicht anders zu erwarten, können alle vorhandenen Kriterien keine wirklich trennscharfe operationale Abgrenzung zwischen den drei Bereichen leisten. In der Praxis ist zumeist implizit klar, um welche Art von Tätigkeit es sich handelt. Überlappungsbereiche sind da, aber sie sind für das praktische Handeln problemlos.

Außenstehende betonen jedoch manchmal solche Unterscheidungen, meist ohne wirkliche Kenntnis der Zusammenhänge. So werden mit dem Begriff Therapie bisweilen wenig rational begründbare, vorurteilsartige Wertungen verbunden, je nach Zusammenhang auch mit ‚Erziehung‘. Eine in ihren Auswirkungen verhältnismäßig simple Raucher-Entwöhnungs-Therapie wird – wenn man dazu einen Therapeuten aufsucht – emotional anders gewertet als ein Vermittlungsgespräch über einen durch Arbeitslosigkeit nahegelegten Wohnortwechsel, bei dem es um viel gravierendere Veränderungen der Lebenssituation geht. Der Berater sollte diese Meinungen kennen und sich aus diesen und mehr noch aus anderen Gründen weder als Therapeuten noch als Erzieher begreifen.

Er sollte sich aber nicht scheuen, alle Möglichkeiten zu nutzen, die Erfahrungen in den anderen Bereichen zur Kenntnis zu nehmen, kritisch zu sichten und, wo es nützlich ist, auf seine Tätigkeit hin zu adaptieren und zu nutzen. Dies gilt besonders im deutschsprachigen Raum, wo Forschung und entsprechende Veröffentlichungen im Bereich der Beratung kaum vorhanden sind und neuere Entwicklungen fast immer aus den Nachbarbereichen kommen.

3. Besonderheiten beruflicher Beratung

Berufliche Beratung unterscheidet sich in vielen Punkten kaum von anderen Formen professioneller Beratung. Es gibt jedoch auch Unterschiede, meist in Form andersartiger Akzentuierungen oder Gewichtung von Einzelaspekten. Die Besonderheiten der beruflichen Beratung ergeben sich nicht so sehr aus den Zielen, aus der Methodik oder sonstigen prozessualen, fachlichen Faktoren. Viel stärker wirken sich die inhaltlichen Faktoren aus: der Kontext der Berufswahlsituation, die individuelle Entwicklung sowie die jeweiligen wirtschaftlichen, sozialen und kulturellen Verhältnisse. Weitere spezielle Umstände ergeben sich aus der jeweiligen (z.B. öffentlichen oder privaten) institutionellen

---

19 Dietrich, 1983.
20 Kaminski, 1970.

Einbindung der Beratung und den daraus folgenden organisatorischen Rahmenbedingungen. Die in der deutschen Berufsberatung seit ihrem Ursprung bestehende Verknüpfung und Überschneidung beruflicher Beratung mit andersartigen Tätigkeiten (z.B. administrativer Art) und die daraus resultierende wechselnde Rolle des Berufsberaters gegenüber seinem Ratsuchenden formen ebenfalls besondere Bedingungen. Die Diskussion über die fachlichen Vor- und Nachteile verschiedenartiger Organisationsstrukturen, die sich besonders im Hinblick auf die wachsende Verbindung der europäischen Arbeits- und Ausbildungsstellenmärkte anbietet, hat allerdings bis zum gegenwärtigen Zeitpunkt noch kaum begonnen.

Zunächst zu den Besonderheiten, die aus dem inhaltlichen Kontext der Berufswahlsituation in unserer Gesellschaft resultieren.

Die „Aufträge" an die Beratung werden häufig nicht in expliziter, direkt bearbeitbarer Form erteilt, auch nicht in einer Weise, die sie zu einer kleinen Zahl typischer Abläufe zuzuordnen gestattet. Sie müssen in der Regel erst in der Beratung erarbeitet und konkretisiert werden.

Die Probleme der Ratsuchenden in der beruflichen Beratung sind nicht immer – bei näherer Betrachtung eher selten – von anderen Aspekten zu isolieren. Berufswahl ist in hohem Maße ganzheitlich mit anderen Lebensbereichen wie etwa dem Bereich der Sozialbeziehungen verflochten. Die Lebensphase, in der berufliche Erstentscheidungen getroffen werden, stellt in vielfacher Weise eine Übergangssituation dar. Mit der Wahl einer konkreten Tätigkeit und Qualifikationsrichtung ist der Wechsel aus dem Bildungs- in das Beschäftigungssystem verbunden. Eine ganze Reihe bisher funktionierender Anpassungsmechanismen zwischen Individuum und Umwelt müssen hinterfragt und neu geregelt werden.[21]

Für Berufsberater steht die aktuelle Entscheidung, z.B. die Wahl eines Ausbildungsberufs, im Mittelpunkt. Der Ratsuchende sieht die Prioritäten der Dringlichkeit seiner Teilprobleme möglicherweise anders, und ein Berater, der Kooperation und Selbständigkeit des Partners braucht, muß damit verständnisvoll umgehen. Da die anderen Problemaspekte von der „Berufswahl an sich" nicht eindeutig getrennt werden können und für sie auch nicht immer Beratungsstellen existieren oder bekannt sind, bekommt eben zunächst einmal der Berufsberater das Problem ganzheitlich ‚auf den Tisch', er ist ‚Erstanlaufstelle'. Inhaltliche Abgrenzungen, was im Einzelfall zur Berufswahl gehört und in den Kompetenzbereich eines Berufsberaters fällt, sind manchmal schwierig und häufig nur individuell zu treffen, vor allem auch erst, nachdem das Problem in seinen groben Umrissen bekannt ist. Dazu muß der Berater es sich zuerst einmal anhören. Wenn wirkliche, vom Ratsuchenden im Einzelfall als effektiv empfundene Hilfe angestrebt wird, nützen formale Abgrenzungsversuche nur sehr wenig. Eine simple Nichtzuständigkeitserklärung kann im Hinblick auf die weitere Zusammenarbeit am eigentlichen Berufswahlpro-

---

21 Vgl. RdErl. der BA, 3/93; 1.2.7.

blem erhebliche negative Folgen haben, der Berater muß das Gesamtproblem also in jedem Fall zunächst einmal entgegennehmen und kann dann erst mit dem Ratsuchenden absprechen, was er leisten kann und für welche anderen Teilaspekte bei welchen anderen Stellen Hilfe erwartet werden kann.[22]

Das inhaltliche Feld, auf dem berufliche Erstentscheidungen getroffen werden, ist derart komplex und zumindest teilweise in so dynamischer Entwicklung begriffen, daß der Idealzustand vollständiger Informiertheit nicht vorausgesetzt werden kann. Es ist kaum strittig, daß dieser Zustand auch nicht erreichbar ist. Die meisten Entscheidungen müssen daher aufgrund mehr oder weniger unvollständiger Information erfolgen. Die wahrgenommene Komplexität läßt viele Ratsuchende resignieren und in eine passive Konsumentenhaltung oder einen der gelernten Hilflosigkeit ähnlichen Zustand verfallen.

Ratsuchende haben nicht selten selbst unmittelbar vor der Berufswahl keine klaren Vorstellungen von ihren Möglichkeiten und Alternativen sowie von den Chancen, die diese im Hinblick auf die Befriedigung der eigenen Wünsche und Bedürfnisse bieten. Ebensowenig kennen sie die Ansprüche, die dabei an sie gestellt werden und die in ihren Standards häufig von dem abweichen, was sie aus ihren bisherigen Erfahrungsbereichen kennen. Alle diese Kenntnisse müssen dann als Vorbedingung für eine Entscheidung im notwendigen Umfang erst erworben werden. Ob und wieweit das im Einzelfall so ist, stellt sich oft erst in einer Beratung heraus, und ist dann nicht immer unmittelbar in der Situation mit der gebotenen Vollständigkeit und Gründlichkeit nachzuholen. Eine enge Verzahnung der Beratung mit informierenden und beruflich orientierenden Maßnahmen ist daher fachlich unumgänglich und in der Praxis auch etablierter Standard, sowohl in der Zusammenarbeit mit den Schulen als auch mit den Trägern anderer Bildungsmaßnahmen und mit anderen Beratungsstellen, in der Einrichtung von Selbsthilfeeinrichtungen wie Berufsinformationszentren und durch die Nutzung einer Fülle von Informationsmedien.[23]

Ratsuchende verfügen selten über eine vollständige, konkrete, eindeutige, gewichtete Skala von Beurteilungskriterien für die vorhandenen Alternativen.

Hinreichende Kenntnis der beruflichen Möglichkeiten ist eine zwar notwendige, aber nicht ausreichende Vorbedingung für eine berufliche Entscheidung. Eine weitere Voraussetzung sind klare Kriterien, die eine Unterscheidung der einzelnen Alternativen erlauben.

Dazu gehören vor allem möglichst konkret und situationsbezogen formulierte Zielvorstellungen, Erwartungen, Bedürfnisse, die in einer beruflichen Tätigkeit umgesetzt werden sollen, aber auch eine realistische Vorstellung der eigenen Möglichkeiten, den mit einer solchen Tätigkeit verbundenen Anforderungen zu genügen, da davon die Realisierungswahrscheinlichkeiten abhängen. Kurz: es ist für Berufswähler von Vorteil, ein möglichst klares Selbst-

---

22 Vgl. RdErl. der BA, 3/93; 8.2.
23 Vgl. unter 11.2 sowie RdErl. der BA, 3/93; 1.2.3 bis 1.2.5 und 8.2.

konzept entwickelt zu haben. Das ist in der Entwicklungsphase, in der sich die meisten Ratsuchenden befinden, eher selten zu erwarten. Berufliche Beratung wird also immer Hilfe bei der Entwicklung klarerer Selbstkonzepte in den Teilbereichen Vorlieben, Stärken und Schwächen und daraus abgeleiteter beruflicher Zielvorstellungen beinhalten. Diese Aufgabe nimmt sie traditionell zumindest implizit auch war, häufig in Zusammenarbeit mit dem Ärztlichen und dem Psychologischen Dienst.[24]

Selbst wenn die vorhandenen Möglichkeiten bekannt sind und wesentliche Beurteilungskriterien entwickelt wurden, kann nicht damit gerechnet werden, daß systematische, keine großen Unsicherheiten zurücklassende Entscheidungsverfahren gelernt wurden.

Nach Untersuchungen von *Aschenbrenner*[25] sowie *Jeromin*[26] und *Kroh-Püschel*[27] ist nicht gewährleistet, daß Berufswähler die mit Berufsentscheidungen verbundene Fülle von Informationen systematisch ordnen, gewichten, zueinander in Beziehung setzen und zu einer klaren Entscheidung verdichten können. Die Berufswahl ist für viele Jugendliche die erste wichtige Entscheidung in ihrem Leben, die ihnen nicht von anderen Instanzen, vor allem dem Elternhaus, abgenommen wird. Sie können also häufig noch nicht sicher wissen, wie man dabei vorgeht, begreifen das Entscheidungsverfahren selbst noch kaum als lernbares Verhalten oder haben gar angemessene Heuristiken entwickelt. Dazu kommt, daß ihnen die soziale Umwelt scheinbar widersprüchliche Informationen vermittelt: in eher traditioneller Weise über die zentrale Bedeutung der beruflichen Erstwahl, die grundlegend über spätere Lebenschancen entscheide, daneben aber auch über die Notwendigkeit ständiger späterer Anpassung und die Wahrscheinlichkeit mehrfachen Wechsels der beruflichen Tätigkeit. Das kann im Einzelfall massive Ängste und Unsicherheiten hervorrufen. Zur beruflichen Beratung gehört – und das wird von vielen als ihr zentraler Kernbereich angesehen – auf jeden Fall die Hilfe bei Entscheidungsschwierigkeiten, vielleicht sogar so etwas wie ein Entscheidungstraining im kleinen.[28]

Hier wird deutlich, daß die Hilfe bei der Lösung aktueller Probleme oft nur in Verbindung mit der Verfolgung übergreifender Ziele wie der generellen Förderung der Entscheidungsfähigkeit geleistet werden kann.[29]

Unterschwellige Erwartungen an die Beratung gehen manchmal über das Machbare hinaus. Dies ist ein weiterer Teilaspekt des Fehlens hinreichend leistungsfähiger Entscheidungstechniken beim Ratsuchenden.

Die Berufswahlentscheidung bezieht sich nicht nur auf ein konkretes, kurzfristig eintretendes und überschaubares Ergebnis. Sie ist auch Weichenstellung für in der Zukunft liegende, nur zum Teil später korrigierbare Entwicklungen,

---

24 Vgl. dazu RdErl der BA, 3/93, 1.1; 3.3.1; 8.1.1.
25 Aschenbrenner, 1983.
26 Jeromin, 1978.
27 Kroh-Püschel, 1982.
28 Vgl. auch Aschenbrenner 1983, Potocnik, 1990.
29 Vgl. RdErl. der BA, 3/93; 1.1, 1.2.1; 1.2.2; 2.4.

die in ihren konkreten Erscheinungsformen außer durch die eigene Entscheidung noch durch eine ganze Reihe weiterer Faktoren wie etwa die allgemeine Wirtschaftsentwicklung mitbedingt werden. Diese können allenfalls im Hinblick auf ihre Wahrscheinlichkeit eingeschätzt werden.[30] Die Folgen für den Einzelnen erstrecken sich auf viele Lebensbereiche, sind in ihrer positiven oder negativen Bewertung widersprüchlich, betreffen in der Regel auch noch andere Personen – alles Merkmale, von denen schon ein einziges nach *Borcherding*[31] die Einstufung der Entscheidung als ‚komplex‘ rechtfertigen würde. Solche Entscheidungen enthalten oft konflikthafte Momente mit starker emotionaler Beteiligung. Berufswählern werden Gewichtungen von Zielen, Abwägen, Kompromisse, Vor-Entscheidungen mit Konsequenzen in anderen Lebensbereichen u.ä. abverlangt, sie sind darin wenig geübt. Allgemeine Ängste vor den Unwägbarkeiten der Zukunft überlagern die konkrete Problemsituation. Von der Beratung (besonders wenn sie durch eine öffentliche Institution geleistet wird) werden als ein Teil staatlicher Daseinsvorsorge Garantien gegen Fehlentscheidungen bzw. das Aufzeigen leichter Wege zu kaum erreichbaren Zielen erhofft. Solche zwar verständlichen, aber utopisch überzogenen Erwartungen muß der Berufsberater korrigieren. Statt der erwarteten klaren Aussage „Diese Entscheidung ist die richtige für dich!" kann er dem Ratsuchenden in verantwortlicher Weise nur zwar realistische, aber als unbestimmter erlebte Einsichten wie „Dieser Weg könnte zum Erfolg führen, aber etwas anderes könnte auch gehen – und in allen Fällen bleibt ein Restrisiko" als optimales Ergebnis vermitteln.

Ratsuchende haben wenig Erfahrung damit, ihre Risikoschwelle einzuschätzen, zu entscheiden, wieviel Risiko sie sich zumuten können oder wollen. ‚Realismus‘ im Sinne von Skepsis erspart manche Enttäuschungen, verhindert aber in ebensovielen Fällen, daß man es überhaupt versucht.

In mancherlei Hinsicht hat der Berater darauf hinzuwirken, daß Ratsuchende ein realitätsnahes Bild der erreichbaren Ziele sowohl in der Beratung selbst als auch bei der Berufswahl überhaupt gewinnen. Das beinhaltet mehr Probleme, als es auf den ersten Blick scheint: Realismus kann auch zu einer sich selbst erfüllenden Negativ-Prophezeiung werden.[32] Da die Abschätzung des Machbaren selten zu ganz exakten Abgrenzungen von ‚Möglich‘ oder ‚Unmöglich‘ führt, wird in der Grauzone der nicht mit Sicherheit erreichbaren Ziele durch skeptischen Realismus mancher Versuch, gewünschte Ziele zu verwirklichen, unterbleiben. *Bußhoff*[33] hält ‚realistische‘ Erwartungen gemessen am Ziel einer die persönlichen Potentiale ausschöpfenden Entwicklung für ausgesprochen unrealistisch. Die Bereitschaft zu Anstrengung und Wagnis wird verringert. Das wirkt sich auch bei sozialpolitisch gewünschten Veränderungen aus.

---

30 Vgl. RdErl. der BA, 3/93; 1.2.5; 3.3.2; 3.4.
31 Borcherding, 1983.
32 Vgl. Gelatt, 1989.
33 Bußhoff, 1994.

In Bereichen, wo Ziele nur mit erhöhten Schwierigkeiten zu erreichen sind, bleibt dann alles beim Alten, beim status quo. Das gilt besonders bei der Ausweitung der beruflichen Möglichkeiten von Frauen, bei der Eingliederung von Behinderten, der Integration von Ausländern, oder bei Versuchen, Jugendliche, die eine Ausbildung abgebrochen oder nie begonnen hatten, zu erneuten Versuchen zu bewegen.[34] Zeigt der Ratsuchende in diesem Bereich Entscheidungsunsicherheiten, gerät der Berater leicht in Versuchung, die dem Ratsuchenden unklaren Risikoschwellen – ohne es zu wollen – durch seine eigenen Risikovorlieben oder -abneigungen zu ersetzen. Ein solches Vorgehen wäre unverantwortlich.

Die bisherigen Überlegungen zeigen, daß Berufswahlentscheidungen komplex und schwierig sein können, schon wenn man sie als Problem des Individuums betrachtet. Eine weitere Besonderheit der beruflichen Beratung ist jedoch das systemische Eingebundensein des Ratsuchenden. Ratsuchende haben, vor allem sofern es sich um berufliche Erstwähler handelt, Schwierigkeiten und Unklarheiten in Bezug auf die Autonomie ihres Entscheidens und Handelns.

Auf der einen Seite legen sie im Zuge ihrer normalen Entwicklung großen Wert auf ihre Selbständigkeit, und auch die Erziehungsberechtigten vertreten zumindest verbal diesen Standpunkt: „Er/sie soll machen, was ihm/ihr Spaß macht! Wir wollen ihm/ihr ja nicht im Wege stehen!" Auf der anderen Seite ist diese Selbständigkeit von beiden Seiten nicht so einfach herbeizuführen. Die Bereitschaft, den Kindern bei der Berufswahlentscheidung freie Hand zu lassen, ist manchmal das Resultat der von den Eltern empfundenen Hilflosigkeit. Die Jugendlichen haben wenig Übung darin, die Konsequenzen ihrer Handlungen zu überlegen und die Verantwortung dafür zu tragen und hätten manchmal am liebsten den paradoxen Zustand, daß jemand ihnen kompetent sagen würde, was sie wollen und was sie zufriedenstellt. Die Eltern können ihre Kinder manchmal noch nicht so richtig ‚loslassen', projizieren vielleicht, ohne sich darüber völlig klar zu sein, eigene Erwartungen und Zukunftshoffnungen in die Karriere ihrer Kinder usw. Es kommt auch vor, daß sie den Berufsberater gerne zum Schiedsmann bei den über die Berufswahl entstandenen häuslichen Meinungsverschiedenheiten machen würden („Sagen Sie ihm/ihr doch mal, daß das so nicht geht!" – vgl. unter I). All dies ist mehr oder minder normaler Alltag, macht aber die Abgrenzung rein berufswahlbezogener von anderen Aspekten der Probleme schwer. Natürlich soll der Berufsberater sich nicht als Erziehungsberater betätigen und ist dafür auch nicht ausgebildet. Aber er kann auf der anderen Seite auch nicht vergessen, daß der Einfluß der Familie – auch unabhängig vom Erziehungsrecht der Eltern – bestimmt größer ist als alles, was er in der relativ knappen Zeit seiner Beratung bewirken kann. Nach den fachlichen Weisungen[35] muß er die Gesamtlebenssituation

---

34 Vgl. RdErl. der BA, 3/93; Pkt 4.
35 Vgl. RdErl. der BA; 3.93; 1.2.7 und 4.2.6.

und die Bedeutung relevanter Bezugsgruppen, vor allem eben der Eltern, berücksichtigen. Die Eltern vor die Tür zu schicken, wäre in einer solchen Situation keine Lösung. Nach der relativ kurzen Beratung geht der Ratsuchenden in eben dieses Elternhaus wieder zurück. Ein Berater, der an wirklichen Problemlösungen orientiert ist, wird nicht umhin kommen, auch in solchen Fällen mit allen Beteiligten nach einer Lösung zu suchen.

Möglicherweise als Folge negativer gesellschaftlicher Entwicklungen finden sich unter den Kunden beruflicher Beratung in zumindest eindrucksmäßig steigendem Maße auch ‚Problemfälle‘ verschiedener Art. Diese stellen hohe Ansprüche an die Qualifikation der Berater und beeinträchtigen die quantitativen Belastungsspielräume in erheblichem Maße. Wo sich solche Trends kumulieren, können die institutionellen Ressourcen schnell erschöpft sein.

Berufliche Beratung wird wohl zwangsläufig auch zu einer Art Sammelbecken für sogenannte ‚Problemfälle‘, deren Schwierigkeiten sich unter anderem auch auf die Berufswahl auswirken. Hier im beruflichen Bereich werden die Konsequenzen mancher problematischen Verhaltensweisen erstmals in ihrer ganzen Tragweite sichtbar. Zudem scheint berufliche Beratung problemloser zugänglich, ihre Inanspruchnahme weniger stigmatisierend zu sein als andere Formen sozialer Hilfe.

Beeinträchtigungen und Erschwernis der Berufswahl durch ‚klinische‘ und andere Probleme (schulischer, familiärer, entwicklungsmäßiger und vieler anderer Arten) können in mancherlei Form auftreten und hier nicht im einzelnen erörtert werden. Gesicherte Erhebungen über ihren Umfang sind nicht bekannt, vor allem wohl, weil sich die Grenze zwischen dem, was als ‚normal‘ und was als ‚problematisch‘ empfunden wird, ständig verändert. Eindrucksmäßig ist – mit starken regionalen Unterschieden – eine Zunahme zu verzeichnen. Infolge der Veränderung der allgemeinen soziokulturellen Bedingungen und anderer, manchmal schwer faßbarer Einflußfaktoren scheint es in diesem Bereich wechselnde Zeittrends zu geben, die bestimmte Probleme in kaum voraussagbarer Form gehäuft auftreten lassen. Ähnliche Erfahrungen werden aus verwandten sozialen Berufen berichtet. Der Berater wird in vielen Fällen seiner Aufgabe nur nachkommen können, wenn er die jeweils aktuellen Trends mit ihren Folgen für die Eingliederung in das Ausbildungs- und Beschäftigungssystem kennt. Problemgruppen können nicht im voraus erkannt, in ihrem Aufwand kalkuliert oder gar von der Beratung ausgeschlossen werden. Berater müssen damit umgehen und flexibel darauf eingehen können, ihre Qualifikation und ihre zeitlichen Möglichkeiten werden mitunter bis an die Grenze beansprucht. Eine vielleicht in manchen Fällen schon eingetretene Gefahr besteht durch nicht wahrgenommene oder nicht behobene Dauerüberlastungen dieser Art. Das Elend wird zum Alltag, das besonderer Anstrengung bedürftige ‚schwierige Problem‘ zum scheinbaren Normalfall. Fast zwangsläufig werden – im Einzelfall kaum bemerkt, aber mit eindeutigem Trend – die Qualifikationsstandards abgesenkt, bis im Extrem nur eine rein formelle Aufgabenerledigung erfolgt. Es ist ausgesprochen schwierig, solche Entwicklungen dort, wo sie eingetreten sind, wieder rückgängig zu machen.

Eine andere Besonderheit ergibt sich aus der Schere zwischen dem qualitativen Anspruch im Einzelfall, der Berücksichtigung der Individualität jedes Ratsuchenden, und der gleichermaßen erforderlichen Bewältigung großer Zahlen von Ratsuchenden. Beide Aspekte der Aufgabe sind legitim, berechtigt und notwendig. Bei gestiegenen Beanspruchungen mit nichtberaterischen Aufgaben und allenfalls gleichbleibendem Personalbestand lassen sich aber nicht beide in gleichem Maße erfüllen.

In manchen Regionen strebt der ‚Einschaltungsgrad‘ der Berufsberater bei den Schulabgängern gegen 80 bis 90, im Extrem gegen 100%. Kaum eine andere Beratungsinstitution hat einen solchen Bekanntheitsgrad bei ihrer Klientel und kaum eine andere macht direkt oder indirekt soviel ‚Werbung‘ für ihre Dienste, z.B. durch die Zusammenarbeit mit den Schulen. Vereinzelt scheinen sich Meinungen zu bilden, als ob Beratung nicht mehr eine besondere Hilfe für Personen wäre, die ohne Unterstützung mit ihrem jeweiligen Problem nur schwer zurechtkämen, sondern etwas, das jeder braucht – so als ob ohne beraterische Hilfe keine sinnvolle Berufswahlentscheidung getroffen werden könne. Das würde den Charakter beruflicher Beratung aber stark in Richtung allgemeiner erzieherischer oder gesellschaftspolitischer Maßnahmen verschieben.

Für einen großen Teil dieser Zahlen wird die bereits eingangs dieses Kapitels dargestellte, auch bei Ratsuchenden vorhandene unklare Trennung zwischen beruflicher Beratung und anderen Formen administrativer Hilfe bei beruflichen Problemen verantwortlich sein: scheinbare Beratungskunden sind eigentlich Vermittlungskunden oder lediglich Informationssuchende, die ihre Wünsche auch mittels der Selbsthilfeeinrichtungen abdecken könnten. Aber jeder Berater weiß, wie schwierig die Grenzziehung im Einzelfall ist, wie schnell bei Störungen und Schwierigkeiten bei der Vermittlung oder bei Unklarheiten oder Lücken der vorhandenen Informationen beraterische Probleme auftauchen, wie oft Informations- oder Vermittlungswünsche nur eine Art erster Annäherung, eine Oberfläche sind, unter der sich beraterische Probleme zeigen, sobald der Ratsuchende merkt, daß er dafür kompetente Hilfe bekommen kann. Die Nachfrage richtet sich häufig nach dem subjektiv erwarteten und wahrgenommenen Angebot. Vorauswahlverfahren im Hinblick auf den erforderlichen beraterischen Aufwand im Einzelfall etwa durch Anmeldekräfte oder – kompetenter – durch Berater in Sprechstunden sind sinnvoll und vermeiden die zwangsläufigen Nachteile zu unflexibler, starrer Terminierungen. Sie können das Dilemma zwischen Mengen- und Qualitätsanspruch mildern, aber letztlich nicht beseitigen.

Man kann wohl weiterhin davon ausgehen, daß in Zahlen der oben genannten Größenordnung ein Mitnahmeeffekt, ein gewisser Prozentsatz von Ratsuchenden steckt, die im Grunde ihre Probleme selber lösen könnten und die Beratung nur aufsuchen, weil ‚es ja nicht schaden kann‘, weil die Mitschüler es auch tun oder aus anderen Gründen, die jedenfalls nichts mit wirklichem Problemdruck zu tun haben. Eine solche Nachfrage nach der Dienstleistung Beratung könnte man im Hinblick auf die öffentliche Legitimation der beruflichen Beratung als nicht ungünstig ansehen. Überschreitet die Nachfrage jedoch gewisse Größenordnungen, so ist sie in ihrer Verbindung mit organisatorischen Konsequenzen wie verlängerten Wartezeiten für wirklich Ratsuchende, erhöhtem Zeitdruck für die Gesamtheit aller Beratungsfälle und ähnliches fachlich nicht unproblematisch. Sie kann zur Folge haben, daß die Sensibilität des Beraters für die wirklichen Probleme durch die zu häufige fachliche Unterforderung (und – scheinbar widersprüchlich dazu – durch schwierige Fälle, auf die er mangels Zeitdruck nicht eingehen kann) in Verbindung mit organisatorischem Streß auf eine harte Probe gestellt wird und abstumpft. Da die Bereitschaft von Ratsuchenden ohne klares oder drängendes eigenes Anliegen zur aktiven Mitarbeit – eine der Grundvoraussetzungen professioneller Beratung – nicht besonders ausgeprägt ist, fällt es dem Berater häufig schwer, die Notwendigkeit seiner Hilfe im Einzelfall und die tatsächlichen Veränderungen durch seine Hilfe wahrzunehmen. Er erlebt zu wenig unmittelbar sichtbare Erfolge. Möglicherweise wird sein Optimismus im Hinblick auf seine Fähigkeit zu helfen dadurch beeinträchtigt. Eine optimistische Grundeinstellung wurde aber schon in amerikanischen Untersuchungen der 70er Jahre[36] als eine der grundlegenden Voraussetzungen für gute Beratung erkannt.

Die Berufsberatung als Institution begreift sich als Anbieterin von Beratung für alle. Das Gesetz fordert effektive individuelle Hilfe, Eingehen auf die Bedürfnisse eines jeden Ratsuchenden unabhängig davon, wieviel beraterische Hilfe dazu im Einzelfall erforderlich ist. Der Aufwand, den eine solche Hilfe in echten Beratungsfällen erfordert, wird aber weithin nicht verstanden und regelmäßig unterschätzt. Berater erleben im Hinblick auf diese beiden Gesichtspunkte oft einen sie belastenden Konflikt. Ein stabiler Ausgleich zwischen den sich im Extrem gegenseitig behindernden Ansprüchen wird aber nur schwer zu finden sein.

Lange bekannt ist das Problem der ‚unfreiwilligen‘ Ratsuchenden.[37] Es scheint bei der beruflichen Beratung eine besondere Rolle zu spielen. Vor allem in städtischen Regionen berichten Berater, daß bis zu einem Drittel ihrer Ratsuchenden zur Beratung kamen, weil sie von Lehrern, Eltern o.ä. ‚geschickt‘ wurden. Nicht sie selbst, sondern ihre Umwelt hatte mit ihnen oder ihrem Berufswahlverhalten ein Problem. Obwohl sie in den Augen ihrer sozialen Umwelt durchaus Rat-Bedürftige waren, waren sie in ihrem eigenen Erleben zunächst keineswegs Ratsuchende. Auch wenn es eine Reihe von Möglichkeiten gibt, beraterisch darauf zu reagieren,[38] liegen die sich aus der eingeschränkten Freiwilligkeit und den Besonderheiten der Motivation dieser Ratsuchenden ergebenden Schwierigkeiten auf der Hand, wenn man an die Bedingungen für professionelle Beratung denkt.

---

36 Z.B. Jackson und Thompson, 1971.
37 Vgl. Hackney, 1972.
38 Siehe Dyer und Vriend, 1975; Hackney, 1972.

Andere Besonderheiten der beruflichen Beratung ergeben sich aus den Bedingungen ihrer institutionellen Einbindung, in Deutschland traditionell in die Arbeitsverwaltung.

Von ihren historischen Ursprüngen her hatte berufliche Beratung häufig eine enge Verbindung zur Arbeits- und Ausbildungsvermittlung.[39] Während sich diese Verbindung in einigen Ländern (z.B. den USA) wieder lockerte, wurde sie in Deutschland durch das Gesetz über Arbeitsvermittlung und Arbeitslosenversicherung (AVAVG) von 1927 und die Aufnahme der Beratung in den Aufgabenkatalog der zur Ausführung dieses Gesetzes gegründeten Behörde weiter gefestigt. Auch im Rahmen der Folgegesetze werden berufliche Orientierung, Beratung, Ausbildungsstellenvermittlung und die Förderung beruflicher Ausbildung nicht nur als gleichwertige Teile, sondern als integrierte Gesamtaufgabe angesehen.[40]

Diese Regelung bietet für die Ratsuchenden den Vorteil, einen kostenlosen ‚Berufswahlservice aus einer Hand‘ geboten zu bekommen. Den Beratern schafft die Verzahnung sozusagen automatisch einen guten Überblick über die Anforderungen und die Angebotssituation auf dem Ausbildungsstellenmarkt – etwas, das die Ratsuchenden in Deutschland traditionell erwarten. Berater aus Ländern mit anderer Organisationsstruktur der Beratungsdienste erleben die deutsche Aufgabenkoppelung als positiv. Sie finden es gut, Ratsuchende nicht mit einer rein gedanklichen Lösung gehen lassen zu müssen, sondern daran mitwirken zu können, was aus diesen Lösungen wird und wie sie umgesetzt werden.

Diese organisatorische Einbindung hat jedoch nicht nur Vorteile. Sie stellt fachlich gesehen eine delikate Balance dar. Die Möglichkeit und Chance der Vermittlung beinhaltet, daß dieser Teil der Tätigkeit administrativen Gesetzmäßigkeiten unterliegt. Die Vergabe öffentlicher Mittel für Maßnahmen und Förderung hat unausweichlich eine Kontrolle von deren Verwendung und verwaltungstechnische Regelungen zur Folge, die dann leicht mangels Kenntnis der Andersartigkeit auch auf den beraterischen Teil der Arbeit übertragen werden.

Von den weisungsgemäß integriert zu leistenden Aufgaben zeichnet sich jede dadurch aus, daß sie den Berater in eine unterschiedliche Rolle zu verschiedenen Bezugs-Gruppen oder Personen bringt, z.B. bei der Vermittlung in die Rolle des ‚neutralen Mittlers zwischen Berufswähler und Beschäftigungssystem‘ (wie immer das operationalisiert werden mag), bei der Förderung (evtl. auch bei der Orientierung) noch abstrakter in die des ‚Unterstützers einer prophylaktischen Arbeitsmarktpolitik der jeweiligen Bundesregierung‘, und in der Beratung in die des Eigenverantwortung und Handlungskompetenz stärkenden, erst durch den Wunsch des Ratsuchenden legitimierten und auf dessen Vertrauen angewiesenen Helfers. Diese Rollen beinhalten unterschied-

---

39 Vgl. u.a. Neubert, 1977, Müller-Kohlenberg, 1981.
40 Vgl. Meyer-Haupt, 1994².

liche Loyalitäten gegenüber verschiedenen Personen oder Institutionen. Sie sind schon deswegen nicht ohne weiteres zu integrieren, weil die Definition der Positionen nicht allein vom Berater abhängt. Die jeweiligen Rollenpartner – hier vor allem die Ratsuchenden – reagieren auf die verschiedenen Rollen unterschiedlich, und deren Reaktion läßt sich durch organisationsinterne Weisungen kaum beeinflussen.

Nach *Luhmann*[41] stellt der ,Ratsuchende' mit deutlichem Unterschied zu anderen ,Kundenkreisen' einer Behörde ein nicht standardisierbares Element des Verwaltungshandelns dar. Mit behördentypischen Routine- oder Konditional-Verfahrensprogrammen (diese sind sachbezogen, zeitunabhängig und beziehen sich auf standardisierbare Tatbestände) kann man den Anliegen und Bedürfnissen von Ratsuchenden kaum gerecht werden.

Betont man einen bestimmten Teil des Gesamtrollenspektrums zu sehr (und das ist in einer hierarchisch gegliederten Organisation zumeist der organisationskonforme, einer Kontrolle zugängliche Teil), gerät leicht das ganze System aus der Balance und andere Teilaufgaben werden stark erschwert bis unmöglich. Da Beraten die höchsten Anforderungen an die Kommunikation und die menschliche Beziehung einschließlich eines gewissen Vertrauens stellt, bleibt diese Teilfunktion am leichtesten auf der Strecke. Eine solche Entwicklung war z.B. in den letzten Jahren unter den Bedingungen des schlechten Arbeitsmarkts, der Notwendigkeit der Verhinderung von Leistungsmißbrauch und der Belastung durch den Aufbau der Arbeitsverwaltung in den neuen Bundesländern in der Arbeitsberatung der Erwachsenen zu registrieren.

Einige Untersuchungen[42] zeigen denn auch ein skeptisch getöntes Bild der Vereinbarkeit von Beratung mit einer behördlichen Organisationsstruktur. Praxiserfahrungen der letzten beiden Jahrzehnte haben aber gezeigt, daß eine solche Verbindung auch gelingen kann – solange die ,Organisation' die Besonderheiten der Beratung akzeptiert. Vom Berater in der Praxis wird allerdings häufig ein ziemlicher Spagat zur Vereinbarung seiner verschiedenen Rollenverpflichtungen verlangt. Dieser gelingt vor allem gegenüber dem Ratsuchenden nur dann, wenn er in der Lage ist, diesem seine jeweilige Rolle oder deren Wechsel transparent zu machen, sozusagen für verschiedene Teile eines Gesprächs unterschiedliche Spielregeln auszumachen. Beraten und Verwaltungshandeln sind nicht unvereinbar, aber auch nicht beliebig in den Interaktionen derselben Personen miteinander kombinierbar. Das gelänge leichter, wenn die in grundsätzlichen fachlichen Weisungen enthaltenen Ziele und Einsichten in den organisatorischen Richtlinien für die Ausführungsebene besser berücksichtigt und durchgehalten würden[43].

---

41 Luhmann, 1964,1969.
42 Z.B. Francis und Stone in den USA, 1956, Spranger, 1963, Gabriel, 1975).
43 Vgl. Hegner, 1971; Gabriel, 1975.

Auf allgemeiner Ebene, die vom Einzelnen kaum beeinflußt werden kann, hat die organisatorische Einbindung für alle Berater Konsequenzen, die in den letzten Jahren zunehmend stärker beklagt werden. In einer Zeit knapper öffentlicher Mittel steht jede davon abhängige Organisation unter Legitimationsdruck und dem Zwang, wirtschaftlich effizientes Handeln nachzuweisen. Die Effizienz beruflicher Beratung ist in ihrem fachlichen Kern aber nur sehr schwer meßbar und damit auch nicht kontrollierbar. Entsprechende Untersuchungen der letzten Jahrzehnte im internationalen Raum haben zwar deutliche Hinweise für methodische Qualitätsunterschiede, aber keine einfach definierbaren und noch weniger quantifizierbaren Effizienzkriterien gefunden. Dieses Ergebnis ist in keiner Weise überraschend. Es wäre eher verwunderlich, wenn man die oben ausführlich dargestellte Komplexität des Berufswahlgeschehens und der beruflichen Beratung in ein paar handlichen Indizes ausdrücken könnte. Allein der Umstand, daß Effizienz im Hinblick auf die jeweiligen Einzelumstände und die unterschiedlichen Ziele der Ratsuchenden jeweils neu operational definiert werden müßte, erschwert ein solches Vorhaben. Wichtiger ist jedoch der Umstand, daß der Berater nur begrenzten Einfluß auf das Beratungsgeschehen und dessen Ergebnis hat, vordergründige Effizienz daher gar nicht allein in seiner Macht liegt. Gerade wenn er die in den fachlichen Weisungen vorgegebenen Ziele erreichen will, muß er akzeptieren, daß Ratsuchende unterschiedliche Fähigkeiten und Bereitschaft zur Mitarbeit haben. Sie wollen eigene Erfahrungen machen und müssen dazu manchmal auch Umwege ausprobieren, sie müssen an ganz unterschiedlichen Stellen des Berufswahlprozesses ‚abgeholt‘ werden, können bestimmte Dinge nur in ihrem eigenen Tempo und nicht in dem des Beraters begreifen.

Eine fachlich sinnvolle Kontrolle beraterischen Handelns muß die unter VII dargestellten Qualitätsaspekte berücksichtigen. Diese Aufgabe kann nur von beraterisch vorgebildeten Personen wirksam wahrgenommen werden. Im Augenblick und auf absehbare Zeit kann sie sich nur auf Prozeßqualität beziehen, da Maßstäbe für die Ergebnisqualität noch zu wenig entwickelt sind.

Eine behördliche Organisation unter Legitimationsdruck nach außen gegenüber der Öffentlichkeit und nach innen gegenüber anderen Mitarbeitern wird trotz dieser Einschränkungen versuchen müssen, Kontrolle auszuüben, und sie wird das da versuchen, wo etwas quantifiziert werden kann – auch wenn dabei kaum geeignete Indikatoren zur Leistungsbeurteilung im Hinblick auf die eigentlichen Ziele der Organisation in diesem Arbeitsbereich zur Verfügung stehen. Am gebräuchlichsten sind dazu in allen Organisationen Statistiken und die Vorgabe von Zeitpauschalen.

Die eigentliche Problematik solcher Vorgänge besteht darin, daß durch detailliert einschränkende Vorgaben bezüglich der Mittel und Ressourcen der Kern der professionellen Qualität beeinträchtigt wird.[44] Dieser Kern besteht darin, ein nur abstrakt formuliertes Ziel durch fachlich kompetente Wahl der Mittel

---

44 Vgl. dazu Francis und Stone, 1956.

auf jeweils eigene, flexible Art und Weise zu erreichen.[45] Besonders weniger qualifizierte Berater werden unter einschränkenden Bedingungen dazu neigen, sich dem formalen Druck durch Erfüllung formaler Normen, egal auf welche Art, zu entziehen, d.h. sie werden den eigentlichen Sinn ihrer Tätigkeit verändern, zwangsläufig stärker schematisieren und dadurch die beraterische Qualität senken.[46] Das kann in den Augen von Laien möglicherweise sogar als formal lobenswerte Leistung erscheinen. Folgewirkungen bei anderen Mitarbeitern sind dann zu erwarten. Auf diese Weise kann aus Unkenntnis der für eine gute Beratung notwendigen Bedingungen ein unglücklicher, einen Teil der Organisationsziele verhindernder Prozeß in Gang gesetzt werden. Vom fachlichen Inhalt und Ziel einer Leistung losgelöste Kontrollen können sich also ausgesprochen kontraproduktiv auswirken.

4. Kompetenzen und Handlungsprinzipien

Berufliche Beratung wurde als Form professioneller Beratung definiert. Welche Voraussetzungen muß ein Berater erfüllen, um einer solchen Aufgabe gerecht zu werden? Die Spannweite der zu bewältigenden Probleme findet ihren Niederschlag in einem entsprechend umfangreichen Katalog wünschenswerter Kenntnisse und Fähigkeiten oder Fertigkeiten, bei denen eine quantitative Festlegung ihrer Wichtigkeit nicht immer möglich ist. Teilweise kann nur schwer eine Abgrenzung zwischen solchen Qualifikationsmerkmalen und anderen Anforderungen, die sich als handlungsleitende Maximen, als berufsethische Positionen oder Einstellungen beschreiben lassen, getroffen werden. Alle hier angeführten Kompetenzen und Prinzipien haben jedoch keinen Selbstzweck. Ihr Wert und ihre Notwendigkeit zeigt sich in ihrer Funktionalität im Hinblick auf die allgemeinen Beratungsziele.
Bereiche, die nicht die professionelle Beratung im engeren Sinne betreffen, werden im Folgenden nur kurz dargestellt oder nur genannt.
Ein Berater muß wie jeder andere Erwerbstätige das System, in dem er beschäftigt ist, dessen Normen und Regeln kennen. Er muß sich zurechtfinden, wissen, was von ihm erwartet wird und wie er seinen Bedürfnissen Geltung verschaffen kann. Für den Mitarbeiter einer Verwaltungsorganisation ist es nahezu selbstverständlich, Kenntnisse des Verwaltungsrechts und der Verwaltungskunde zu haben. Über den notwendigen Umfang und Vertiefungsgrad bestehen unterschiedliche Meinungen. Da bei den übrigen Mitarbeitern einer Verwaltung allseitige Verwendbarkeit durchgängiges Prinzip ist, werden auch

---

45 Siehe RdErl. der BA, 3/93; Pkt. 7.3.
46 Vgl. dazu Gabriel, 1975.

Berater manchmal mit diesem Kriterium gemessen, obwohl dies den spezifischen Anforderungen ihrer Tätigkeit nicht entspricht.

Zur inhaltlichen Kompetenz gehören allgemeine Kenntnisse der wirtschaftlichen sowie der arbeitsmarkt-, bildungs- und sozialpolitischen Zusammenhänge und Entwicklungen. Diese sollen das Verständnis des konkreten Ausbildungs- und Arbeitsmarkts sowie der konkret im Bildungssystem gebotenen Möglichkeiten erleichtern. Auch die Berufskunde mit Hauptakzent auf der Kenntnis der anerkannten Ausbildungsberufe, Studiengänge und Weiterbildungsmöglichkeiten inklusive ihrer verschiedenen Zugangsmöglichkeiten und ihrer Repräsentanz auf dem jeweiligen regionalen Arbeitsmarkt gehört hierher. Letztlich geht es um eine möglichst umfassende Kenntnis aller sich einem Ratsuchenden jeweils aktuell bietenden beruflichen oder schulischen Alternativen. Die inhaltliche Kompetenz wird in Deutschland traditionell von den Beratern wie der Institution betont. Sie wird auch von den Ratsuchenden erwartet (vgl. unter 4.3). In Amerika hält man dagegen ‚working knowledge‘ (d.h. ‚hinreichende Grundkenntnisse‘) für ausreichend. Die erforderlichen Informationen läßt man aus beraterischen Gründen lieber von Ratsuchenden und Beratern gemeinsam im Verlauf einer Beratung erarbeiten und zusammentragen.[47] Die Gefahr einer Überflutung mit unterschiedlich relevanten Informationen wird dadurch verringert.

Die im engeren Begriffssinne beraterischen Kompetenzen sind eher prozessualer Art. Häufig werden sie in soziale und methodische Kompetenzen unterschieden (vgl. unter 4.1 und 4.2).

Da es auch in der beruflichen Beratung schwierig ist, beraterische Effizienz empirisch zu erfassen, muß im folgenden häufig auf allgemeine Erkenntnisse zur sozialen Interaktion oder auf Ergebnisse im allgemeinen Bereich der Beratung zurückgegriffen werden, was jedoch mit hohem Grad an Plausibilität möglich ist.

4.1 Die soziale Kompetenz des Beraters

Soziale Kompetenz im weitesten Sinne bezeichnet alle Fähigkeiten und Fertigkeiten, die erforderlich sind, sich in einem sozialen Feld zurechtzufinden. Das beinhaltet zunächst einmal die Wahrnehmung der in dem jeweiligen Feld wichtigen Verhaltensmerkmale von Personen, der Beziehungen der Personen eines Feldes untereinander und der sozialen Normen, nach denen sie sich verhalten. Weiter gehört dazu, die eigene Rolle in diesem Feld wahrzunehmen, sich selbst in diesem Feld adäquat verhalten zu können, d.h. die Normen zu

---

47 Vgl. Chartrand, 1991.

beachten, die eigenen Interessen zur Geltung bringen zu können und dabei die Bedürfnisse der anderen zu berücksichtigen.

Soziale Kompetenz darf also nicht mit ‚sozialer Einstellung' oder ‚Bedürfnis zu Helfen' im alltagssprachlichen Sinne verwechselt werden, sie ist davon weitgehend unabhängig und kann, wie die Alltagserfahrung zeigt, auch zu unsozialen Zwecken eingesetzt werden. Es handelt sich eher um eine Form von Können als um Motivation oder Wollen. Zwar ist die Bereitschaft zu Helfen in jedem Fall Bestandteil einer beraterischen Grundhaltung oder ‚Ethik' (schließlich existiert die gesamte Beratungsbeziehung ja nur für diesen Zweck), aber gute Absichten allein bewirken in diesem Bereich selten oder nie etwas, wenn sie nicht durch entsprechende Fertigkeiten umgesetzt werden.

Ein Aspekt der sozialen Kompetenz ist die Wahrnehmung und Mitgestaltung (Definition) der jeweiligen Situation. Eine Beratung ist für die Ratsuchenden in der Regel eine neuartige Situation, mit der sie keine Erfahrungen haben, für die noch keine Normen vorliegen, sondern höchstens vage Erwartungen aufgrund von allgemeinen Meinungen über die Institution oder aus der Erfahrung mit dem Berater in anderen Situationen. Die konkrete Situation muß erst noch definiert werden. Der Berater, der ähnliche Situationen kennt und so etwas wie einen ‚Platzvorteil' hat, besitzt hier ein besonderes Definitionspotential und dementsprechend besondere Verantwortung, nämlich die Situation so zu gestalten, daß dem Ratsuchenden der für das Erreichen der globalen Beratungsziele nötige Raum für Initiative, Spontaneität, ‚angstfreie' Versuche zur Darstellung des Problems und zum Ausprobieren eigener Ideen bleibt.

Jeder, der ein ihn möglicherweise bedrückendes Problem (evtl. mit Teilaspekten, bei denen er in seinen eigenen Augen nicht so gut dasteht), mit einem Berater besprechen möchte, wünscht sich wohl implizit oder explizit, die folgenden Bedingungen anzutreffen:

• der Berater sollte ihm Gelegenheit geben, sich in der neuen Situation zu orientieren und auszuprobieren, wie er sich hier verhalten kann, aber auch zu erfahren, was von ihm erwartet wird;
• der Berater sollte ihm genügend Raum zur eigenen Entfaltung lassen und Interesse für ihn zeigen;
• er sollte verstehen, was der Ratsuchende auszudrücken versucht;
• er sollte dessen Sichtweise so zur Kenntnis nehmen, wie der Ratsuchende sie meint;
• er sollte nicht den Eindruck machen, daß er in Wirklichkeit anders über das Geschehen denkt, als er ausdrückt.

Die Liste solcher Hoffnungen und Erwartungen ließe sich beliebig detaillierter gestalten. Solche oder ähnliche Erfahrungen mit den Wünschen von Ratsuchenden haben Berater unterschiedlicher fachlicher Richtung aus allen möglichen Bereichen berichtet. Man kann wohl davon ausgehen, daß sie die allgemeine Basis für eine beraterische Interaktion darstellen, entsprechende Bezeichnungen dafür sind z.B. auch ‚Vertrauensverhältnis‘, ‚Rapport‘, ‚partnerschaftliche Beziehung‘. In sehr markanter, idealtypischer Form hat *Rogers*[48] beschrieben, welche Merkmale eine solche Situation schaffen:

1. Zwei Personen müssen echten psychologischen Kontakt zueinander haben.
2. Der erste, der Ratsuchende, ist unsicher, beunruhigt oder besorgt – er empfindet sich als nicht im Reinen mit seiner Situation.
3. Der zweite, der Berater, fühlt sich mit sich selbst im Reinen, was die beraterische Beziehung betrifft (Er ist ‚echt‘/authentisch).
4. Der Berater empfindet positive Wertschätzung für den Ratsuchenden, so wie er ist.
5. Der Berater kann die Ansichten und Bewertungen des Ratsuchenden nachempfinden und versucht, das dem Ratsuchenden zu vermitteln.
6. Der Versuch, dem Ratsuchenden dieses Verständnis und diese Wertschätzung zu vermitteln, ist mindestens bis zu einem gewissen Grad erfolgreich.

Die Bedingungen drei, vier und fünf sind als sogenannte Berater-Basisvariablen unter den Namen Echtheit oder Selbstkongruenz, Akzeptanz und Empathie allgemein bekannt geworden.
Sie sind – losgelöst aus ihrem Zusammenhang – allerdings auch oft fehlinterpretiert worden. So ist z.B. Akzeptanz nicht so zu verstehen, daß der Berater jede Äußerung des Ratsuchenden für ‚objektiv wahr‘ halten muß. Akzeptiert wird lediglich das Recht des Ratsuchenden, die Dinge in seiner Weise zu sehen und zu bewerten, überhaupt so zu sein, wie er ist. Echt und selbstkongruent muß der Berater vor allem innerhalb der beraterischen Beziehung sein, und nicht in allen seinen Lebensbezügen (obwohl *Rogers* das für günstig hält), und empathisches Verständnis bedeutet nicht, daß der Berater die Situation so empfinden muß wie der Ratsuchende, er muß nur einfühlendes Verständnis dafür aufbringen, wie dieser sie erlebt.
Die Basisvariablen sind eher als eine Form von Grundeinstellungen denn als konkrete Verhaltensweisen aufzufassen. Schon *Rogers* selbst betont allerdings in der Bedingung sechs, daß es nicht bei Einstellungen bleiben darf, daß dem Ratsuchende diese in entsprechendem Verhalten des Beraters sichtbar werden müssen. Insofern gehören sie also sowohl zum Wahrnehmungs- wie zum Handlungs-Aspekt der sozialen Kompetenz des Beraters. Akzeptanz verlangt z.B. vom Berater, daß dieser auch über wichtige, vom Ratsuchenden jedoch möglicherweise als ‚heikel‘ (da ihn in ungünstigem Licht erscheinen lassend) empfundene oder normalerweise ‚tabuisierte‘ Themen ohne Peinlichkeit und mit einer gewissen Selbstverständlichkeit zu sprechen in der Lage ist. Die im alltäglichen Umgang übliche Scheu vor solchen Themen (schon bei schlechten Schulnoten) könnte den Eindruck entstehen lassen, der Berater würde den Ratsuchenden nur akzeptieren können, wenn dieser nicht so wäre, wie er ist, sondern wenn er sozial erwünschtere Merkmale aufwiese.

---

48 Rogers, 1957.

Auch wenn man den *Rogersschen* Formulierungen nicht in jedem Punkt zustimmt, so wird doch klar, daß eine für berufliche Beratung günstige Situation nicht durch einseitige oder gar gewollte Dominanz eines der Gesprächspartner entstehen kann. Ein partnerschaftliches, bei aller Unterschiedlichkeit die wechselseitigen Rollen prinzipiell als gleichwertig begreifendes Verhältnis der Gesprächspartner wird dem eher gerecht. Schon eine zu starke Betonung der (in Teilbereichen durchaus vorhandenen) Expertenrolle läßt den Berater Gefahr laufen, die Situation einseitig aufgrund seines vermeintlich besseren Wissens vorzustrukturieren und damit andere, ebenso wichtige Aspekte nicht wahrzunehmen, vielleicht sogar aktiv zu unterdrücken.

Die Bezeichnung ‚Einstellungen‘ weist implizit darauf hin, daß es um nur längerfristig beeinflußbare Merkmale des Verhaltens geht. Entsprechende Untersuchungen in benachbarten Bereichen[49] haben gezeigt, daß solche Merkmale selbst durch eine Beraterausbildung nur schwer und nur in bestimmtem Maße verändert werden können. Dieser Punkt ist für die Beraterauswahl sehr wesentlich: ein wichtiger Teil der sozialen Kompetenz als Berater muß als Produkt früherer Sozialisierungsvorgänge mitgebracht werden und kann selbst in einer mehrjährigen Ausbildung nicht mit hinreichender Effizienz nachgeholt werden. Lernerfahrungen in sozialen Bereichen, die den beraterischen Grundeinstellungen zuwiderlaufen, sind schwer zu korrigieren.

Rogers hielt die obigen sechs Bedingungen für notwendige und hinreichende Voraussetzungen beraterischen Erfolgs.[50] Bis zu einem gewissen Grade wurde er darin durch die Ergebnisse der Untersuchungen von *Truax*[51] bestätigt, in denen festgestellt wurde, daß allein schon echtes, wohlwollendes Interesse des Beraters für den Ratsuchenden und dessen Wahrnehmung dieser Einstellung zu positiven Veränderungen infolge der Beratung führte. *Rogers* interessierte sich allerdings wenig für das Feld der beruflichen Beratung, und diejenigen seiner Schüler, vor allem *Patterson*,[52] die sich auf diesem Gebiet betätigten, formulierten auch Zusatzbedingungen. Es existiert eine Reihe von Untersuchungen,[53] welche nahelegen, daß im Bereich der beruflichen Beratung die Basiskompetenz allein nicht zu hinreichenden Erfolgen führt, sondern daß andere, stärker steuernde, methodische Komponenten hinzukommen müssen.

Einen weiteren Aspekt sozialer Kompetenz stellt die kommunikative Kompetenz dar. Sie überlappt inhaltlich weitgehend mit dem oben geschilderten, betrachtet aber die soziale Interaktion unter einem anderen Blickwinkel.[54] Hier geht es nicht nur und möglicherweise noch nicht einmal in erster Linie um die (verbale oder schriftliche) Sprache. In allgemeinster Form könnte man

---

49 Vgl. Jackson und Thompson, 1971.
50 Vgl. auch Hansen, Stevic und Warner, 1977.
51 Truax, 1961, 1963.
52 Patterson, 1980.
53 Z.B. O'Leary, 1969.
54 Als vertiefende Einführungen dazu können Watzlawick et. al., 1969, 1974, sowie Schulz von Thun, 1981, 1989, empfohlen werden.

kommunikative Kompetenz definieren als die Fähigkeit, die Gesamtheit aller verbalen und nonverbalen Signale wahrzunehmen, mit denen ein Mensch seine gesamte Befindlichkeit (natürlich inklusive seiner Gedanken u.ä.) zum Ausdruck bringt. Dabei müssen auch die dem Partner selbst kaum bewußten Nuancen sicher, rasch und differenziert ‚verstanden‘ werden. Die eigene Befindlichkeit und die eigenen Absichten muß man, wenn man es will, auf unterschiedliche, situationsangemessene Art differenziert, präzise, aber auch möglichst verständlich zum Ausdruck bringen können. Die wechselseitige Rollenbeziehung sollte man rasch und eindeutig gemeinsam abstimmen können. Vorhandene Kommunikationsnormen müssen in ihrer Wirkung erkannt und, falls erforderlich, neu vereinbart werden. Entstehende Störungen müssen bemerkt und durch geeignetes Feedback oder Metakommunikation beseitigt werden. Kurz: kommunikative Kompetenz heißt sicherer Umgang mit und die Fähigkeit zu einer bewußten Gestaltung der Inhalts-, aber vor allem der Beziehungsebene von Gesprächen. Bei dieser Aufzählung wird klar, daß außer der verbalen Sprache auch und vor allem das gesamte nonverbale bzw. paralinguistische, sprachbegleitende Kommunikationsverhalten sowie der Situationskontext berücksichtigt werden müssen.

Die kommunikative Kompetenz soll im Falle der beruflichen Beratung dazu beitragen, daß möglichst rasch eine Situation geschaffen wird, in der die zum Verständnis und zur Lösung des Problems wichtigen Informationen klar, offen und unverzerrt ausgetauscht werden können, also z.B. möglichst wenig Fassaden- oder auch Imponiertechniken von den Beteiligten als nötig empfunden werden, möglichst wenig verdeckte Appelle an die Stelle klar geäußerter Wünsche treten. Der Berater als der in dieser Hinsicht wesentlich geübtere Partner muß dafür sorgen, daß hinreichende Bedingungen für offene Kommunikation geschaffen werden. Unter Umständen muß er modellhaft entsprechende Gesprächsverhaltensweisen in die Kommunikation einbringen. Das setzt ein hohes Maß an persönlicher Sicherheit voraus, um nicht seinerseits auf verzerrende Techniken zurückzufallen.

Alle diese Prozesse finden unter im Verhältnis zu Alltagssituationen schwierigeren Umständen statt. So können Berater unter sogenannten ‚Agenturbedingungen‘, also als Angestellte einer Organisation, sich in der Regel weder ihren Gesprächspartner noch die Art der zu besprechenden Themen auswählen, von einer Art Vetorecht in extremen Fällen einmal abgesehen. Sie können weder den Zeitpunkt noch die Dauer des Gesprächs noch die äußere Situation frei wählen, und auch nach einer unbeabsichtigten Reihe schwieriger, anstrengender Gespräche würde der nächste eingeladene Ratsuchende kaum verstehen, warum der Berater jetzt nicht für ihn da ist. Auch das Ergebnis des Gesprächs ist nicht dem Belieben des Beraters überlassen, nach Möglichkeit soll ein für den Ratsuchenden positives Ergebnis erzielt werden.

Im Hinblick darauf, daß in der beruflichen Beratung in der Regel in kurzer Zeit eine Art von Kontakt und eine Kooperations- oder Vertrauensbasis hergestellt werden müssen, zu der unter Alltagsbedingungen eine vielfach längere Zeit erforderlich wäre, kann der Fähigkeit zur bewußten Gestaltung der Beziehungsebene keine zu geringe Bedeutung beigemessen werden. Ehe der Eindruck entsteht, daß bei all diesen doch sehr hohen Anforderungen im menschlichen Bereich kaum jemand die Anforderungen einer Beratertätigkeit erfüllen könne, sei daran erinnert, daß alle obigen Überlegungen Ziele im Sinne von ‚objectives' beschreiben, also angestrebte Zielrichtungen, aber keine erreichbaren Zustände definieren. Konkrete Berater in der Praxis sind denn auch mehr oder weniger vom idealtypischen Verhalten entfernt. Die angestrebte Wirkung wird aber schon zum Teil erreicht, wenn der Gesprächspartner das Bemühen um Verständnis, Offenheit usw. wahrnimmt.

Die Größenordnung der Belastungen sollte jedoch nicht unterschätzt werden, die Sicherheitsmarge ist keinesfalls zu groß. Unter ungünstigen Rahmenbedingungen verlaufen durchaus Beratungsgesprächen nicht optimal. Berater wie Ratsuchende reagieren mit Irritation auf zusätzliche Erschwernisse wie Störungen durch Anrufe oder andere Personen. Es ist gewiß kein Zufall, daß auch Berufsberater vor der Berufskrankheit der sozialen Berufe, dem Burnout, und anderen Reaktionen auf Dauerstreß nicht verschont bleiben.

So wichtig die Gestaltung der Beziehungsebene ist, so soll doch nicht der Eindruck entstehen, die sprachlich-inhaltliche Ebene sei belanglos. Mittels der Sprache kann die Realität sozusagen in das Beratungsgespräch hineingeholt werden. Mit ihrer Hilfe kann diese Realität in den Gedanken des Ratsuchenden auch (symbolisch und antizipierend) umstrukturiert werden. Erst mit Hilfe der Sprache ist es möglich, Erfahrungen über nicht gegenwärtige und sogar unzugängliche Dinge und Prozesse aktuell verfügbar und kommunizierbar zu machen und symbolische Lernprozesse zu ermöglichen.[55] Dies alles kann nur geschehen, wenn dem Beratungsgespräch in den Augen des Ratsuchenden Relevanz für die Erhellung der Probleme zugemessen wird.[56] Auch hier tauchen also wieder die Aspekte der Freiwilligkeit, des Problemdrucks oder der entsprechenden Gestaltung der Beziehungsebene auf.

Auch für den Umgang mit der Sprache gilt der Gesichtspunkt der Funktionalität. Nützlich wäre ein breites Repertoire an Möglichkeiten. Ein Berater müßte je nach Situationserfordernissen und Gesprächspartnern Sprache entweder veranschaulichend oder abstrakt strukturierend und ordnend einsetzen können. Selten ist in Beratungsgesprächen Eloquenz und geschliffene Rhetorik angebracht. Ein Beratungsgespräch ist kein Streitgespräch, der Berater soll weder aktiv jemanden überzeugen noch gar überreden. Die Rolle des Beraters beinhaltet keine Zielautonomie. Der Ratsuchende soll angeleitet werden, im Rahmen seiner Möglichkeiten selbständig seine Ansichten zu erarbeiten. Dazu ist unter Umständen ein bewußt unfertiger und suchender, dem Ratsuchenden eigene Überlegungen und Schlußfolgerungen überlassender und ihn nicht mit druckreifen Formulierungen überwältigender Sprachstil des Beraters geeigneter. Weitere Wünsche an die sprachliche Kompetenz des Beraters

---

55 Vgl. Luhmann, 1973.
56 Berger und Luckmann, 1969.

wären natürlich möglichst hohe Verständlichkeit nach den Kriterien der Kommunikationstheorie,[57] adressatengerechte Codierung ohne unechten Jargon, situationsangemessene Redeanteile der Beteiligten.[58] Aber wie schon bei der Gestaltung der Beziehungsebene ist auch bei der sprachlichen Kompetenz Perfektion weder nötig noch möglich. Günstig wäre ein ständiges Bemühen um Verbesserungen auf der Basis einer nur schwer operationalisierbaren, aber möglichst guten Grundkompetenz.

Der Berater muß sein eigenes Kommunikationsverhalten als Werkzeug begreifen und auf dessen Funktionalität achten. Er muß bereit und bemüht sein, diese Verhaltensweisen kritisch zu reflektieren und sich entsprechendes Feedback einzuholen. Da das in der Beratungssituation selbst nicht immer paßt, sollte er in der Aus- und Fortbildung sowie in der Supervision sein professionelles Verhalten offen (einer fachlichen, sachkundigen Öffentlichkeit) zur Diskussion stellen. Er sollte sich aktiv um Veränderungen bemühen. Er sollte auch bereit sein, Kollegen in ähnlichen Bemühungen durch entsprechendes Feedback zu unterstützen.

Nirgendwo wird so deutlich wie bei der kommunikativen Kompetenz, daß alle guten Ideen nutzlos bleiben, solange sie nur auf dem Papier stehen. Erst in der Anwendung durch einen konkreten Berater gewinnen sie an Leben. Sie werden dabei durch die persönliche Eigenart dieses Beraters in bestimmtem Umfang verändert werden, aber ihre Essenz wird zur Wirkung kommen.

Berufswahlentscheidungen beinhalten häufig konflikthafte Momente sowohl intra- wie interpersoneller Art. Solche Konflikte können nicht einfach ignoriert werden, ihre Bewältigung gehört zum Problemlösungsprozeß. So wenig sie in angstmachender Weise überbewertet werden dürfen, so wenig sollten sie harmonisierend beschwichtigt oder heruntergespielt werden. Zur sozialen Kompetenz des Beraters gehört die Fähigkeit, mit unterschiedlichen Konflikten umzugehen.

Obwohl jedem Beispiele vor Augen stehen, bei denen er schon einmal konstruktives Konfliktmanagement erlebte, ist schwer operational zu beschreiben, worin die entsprechende Fähigkeit besteht. Auch die vorliegenden Untersuchungen ergeben ein buntes Mosaik, je nach der Art der untersuchten Konflikte stehen andere Aspekte im Vordergrund.

Zwei Gesichtspunkte können mit einer gewissen Plausibilität als günstige Vorbedingungen für den Umgang mit Konflikten angesehen werden. Zum ersten sind konflikthafte Situationen häufig emotional ‚aufgeladen‘, und zwar von Ärger und Zorn über Unsicherheit und Ängstlichkeit bis zu Resignation und Enttäuschung. Diese Emotionalität muß zunächst einmal ausgehalten werden, ohne daß man zu ausweichenden oder abwehrenden Mechanismen greift. Der

---

57 Siehe Schulz von Thun, 1981.
58 Hier ist keineswegs ein gegen Null gehender Anteil des Beraters anzustreben. Untersuchungen, z.B. Howard et. al.1987, Rounds und Tracy, 1990, u.v.a. ergeben dazu ein differenzierteres Bild.

Berater muß zwar einfühlendes Verständnis aufbringen, muß aber gleichzeitig zwischen den Gefühlen seines Ratsuchenden und seinen eigenen Reaktionen unterscheiden können, er muß seine eigene Position bestimmen und sich weder unreflektiert mitreißen noch in eine Gegenposition provozieren lassen. Zum zweiten wird eine gewisse kognitive Differenziertheit in Verbindung mit innerer Sicherheit ihm dabei helfen, Dinge, Personen und Sachverhalte nicht in möglicherweise konfliktverstärkender Art nur vereinfachend als ‚entweder/oder‘, ‚schwarz oder weiß‘ zu sehen und zu bewerten. Die Fähigkeit, Widersprüchlichkeiten und Unklarheiten zu ertragen, jeweils auch die andere Seite zu sehen und Mehrdeutigkeiten stehen zu lassen, ohne sie in der einen oder anderen Richtung künstlich ‚klären‘ zu müssen *(Ambiguitätstoleranz)*, könnte die realistische Wahrnehmung konflikthafter Situationen unterstützen und mit zu situationsgerechtem Handeln beitragen.

Soziale Kompetenz ist nicht die Fähigkeit zum Gestalten einer harmlos-freundlichen Gesprächsatmosphäre. Eine berufliche Beratung, bei der es um komplexe Entscheidungen mit als wichtig erlebten Resultaten geht, bei der viel überlegt und möglicherweise auf Wünsche verzichtet werden muß, ist intellektuell wie emotional für den Berater wie den Ratsuchenden anstrengend, ist harte Arbeit. Sie kann nur effektiv unternommen werden, wenn auch ein hinreichend großes und sicher beherrschtes methodisches Repertoire zur Verfügung steht.[59]

4.2 Die methodische Kompetenz des Beraters

Methodische Kompetenz ist die Fähigkeit, Ziele mittels geplanter Vorgehensweisen sicher und ökonomisch, effektiv und effizient zu erreichen. Ein Berater kann sich nicht darauf beschränken, einfach zu tun, was er ‚natürlich‘, mit einer gewissen Selbstverständlichkeit und unreflektiert im Alltag tun würde, wie es seiner persönlichen Art entspricht. Auch da, wo er sich ganz normal zu verhalten scheint, muß er wissen, was er tut. Zwar wird er kaum in der aktuellen Beratungssituation jede seiner Verhaltensweisen reflektieren und bewußt einsetzen können (es ginge ihm sonst wohl wie dem Tausendfüßler, der gefragt wurde, wie er seine vielen Beine koordiniert, und der dann nicht mehr weitergehen konnte), aber im Verlauf seiner Ausbildung oder seiner Praxis sollte er

---

59 Weitere Ausführungen zu einzelnen Punkten der sozialen Kompetenz von Beratern finden sich in der Fachlichen Arbeitshilfe der Berufsberatung, Kap. 1.2 und 1.3. Vertiefendes Material z.B. zum Thema ‚Verstehen‘ findet sich bei Bullmer, 1978, zur Konfliktbewältigung bei Thomann und Schulz von Thun, 1988 oder Zuschlag und Thielke, 1989.

sich ein Bild seiner normalen Reaktionsweisen und deren Wirkung auf andere verschafft haben sowie über das Spektrum bewußt von ihm in bestimmten Situationen einsetzbarer anderer Verhaltensmöglichkeiten. Er verhält sich auf keinen Fall ‚naiv‘ und unreflektiert. Sein Verhalten entspricht dem Standard einer ‚systemischen Rationalität‘:[60] die Regeln für sein Verhalten haben sich in einem längeren Prozeß als Ergebnis früherer Erfahrungen und deren Reflektion herausgebildet. Der Berater weiß, daß eine rationale Begründung für sein Verhalten existiert und daß er sie bei einigem Nachdenken geben könnte, auch wenn sie ihm im jeweiligen Moment nicht in allen Einzelheiten präsent ist.[61] Der Berater verhält sich also nicht zufällig, er kann sein Verhalten im Prinzip begründen und ist bereit und bemüht, dies auch dem Ratsuchenden in situationsangemessener Weise zu verdeutlichen. Nur so kann er auf dessen aktive Mitarbeit rechnen.

Eine weitere Überlegung unterstreicht, daß ‚normales‘ Alltagsverhalten für die Gestaltung von Beratungssituationen nicht ausreicht. Der Berater muß damit rechnen, daß er vielleicht der erste professionelle Helfer, aber kaum jemals die erste Person ist, mit der der Ratsuchende sein Problem bespricht. In aller Regel wird dieser mit Personen aus der alltäglichen sozialen Umgebung, mit Familienmitgliedern, Freunden, Mitschülern, Bekannten der Eltern o.ä. seine Berufswahl oder Teile davon besprochen haben. Alle diese Personen werden vermutlich in der Weise reagiert haben, wie es der Alltagslogik in der einen oder anderen Form entspricht, und alle diese Ratschläge, Hinweise, Empfehlungen usw. haben im jeweils konkreten Fall nicht die erhoffte Wirkung gehabt (wie aus dem Umstand, daß jetzt bei einem professionellen Berater Rat gesucht wird, geschlossen werden kann). Ein Berater, der lediglich in der gleichen Weise reagieren kann, wie es sich im jeweiligen Fall schon als wirkungslos herausgestellt hat, wird kaum mehr Aussicht auf erfolgreiche Veränderungen als seine Vorgänger haben. Er sollte also in der Lage sein, anders vorzugehen. Ein möglichst breites Verhaltensrepertoire und die Bereitschaft und Fähigkeit, sich auch einmal in ungewöhnlicher Weise zu verhalten, sind dafür Voraussetzung. Entscheidend für die Bewertung des Beraterverhaltens ist seine Funktionalität und nicht seine unauffällige Übereinstimmung mit Alltagserwartungen. Standardisierte Normalität wird kaum jemals Erfolge bei schwierigen Problemen bringen, eher ist hier eine gewisse Art sozialer Kreativität von Nutzen.

Der Berater sollte in der Lage sein, das eigene Verhalten situationsgerecht zu variieren, ohne dabei grundsätzlich seine Authentizität zu verlieren. Das kann er nicht automatisch aufgrund bestimmter Grundeinstellungen, sondern das verlangt entsprechendes Training. Wiederum ist ein breites Verhaltensrepertoire, das auch initiativ eingesetzt werden kann, dazu unumgänglich und besser als routinemäßiges, häufig stereotypes Verhalten. Am unwirksamsten ist in

---

60 March, 1978.
61 Vgl. dazu auch Hammond, 1980.

den meisten Situationen nicht bewußt kontrolliertes, ‚natürliches‘ Reagieren auf das Verhalten des Partners. Die Beratung kann um so besser gestaltet werden, je mehr bewußte Erfahrungen und je mehr persönliche Ressourcen in Form von gezielt einsetzbaren Verhaltensweisen der Berater in bestimmten Situationen mobilisieren kann.

Es ist nicht ausgeschlossen, daß ein gutes beraterisches Gespräch auch ‚intuitiv‘ zustandekommen kann, aber die Wahrscheinlichkeit guter Ergebnisse ist erheblich größer, wenn das Vorgehen von operationalen Theorien und entsprechenden Methoden bestimmt wird. Die methodische Kompetenz des Beraters ist auch davon abhängig, ob er über hinreichend klare und handlungsbezogene kognitive Vorstellungen zu den Vorgängen in einer Beratung verfügt. Diese erlauben ihm, seine Wahrnehmungen in eine zweckmäßige Ordnung zu bringen und daraufhin seine Handlungen zu planen. Dazu müssen Konzepte oder Theorien von Beratung vorhanden sein. Sie sind um so besser, je klarer die Ziele formuliert sind, je genauer einzelne Lösungsschritte geplant werden können und je vorhersagbarer die Resultate sind. Für professionelle Beratung reichen die ‚impliziten Alltagstheorien‘, die auch scheinbar intuitivem Alltagsverhalten zugrundeliegen, nicht aus. Die in einer Beratung angestrebten Veränderungen stellen sich weder von selbst noch zufällig noch auf mysteriös unerklärliche Art ein. Verhalten – auch problematisches oder defizitäres Verhalten – ist gelernt und kann durch in der Beratung induzierte neue Lernprozesse wieder geändert werden, wenn auch häufig nicht ‚auf Knopfdruck‘. Verhalten ist zweckgerichtet und funktional, selbst wenn der Zweck oder die Zusammenhänge nicht in allen Fällen hinreichend klar wahrgenommen und definiert werden können.

Die Veränderungen, welche das Beratungsziel darstellen, können durch die Berücksichtigung der Erkenntnisse der Verhaltenswissenschaften je nach Problem erleichtert, unterstützt oder grundsätzlich erst ermöglicht werden. Für die berufliche Beratung erscheinen vor allem die Entscheidungstheorie, die Kommunikationstheorie, die Verhaltenstheorie sowie systemtheoretische Ansätze hilfreich. Grundsätzlich können aber Erkenntnisse aus allen Bereichen der Sozialwissenschaften dem Berater helfen, die Strukturen der jeweiligen Problematik zu erkennen und auf oftmals neue, in ihrer Wirkung geplante und zumindest im Prinzip voraussagbare Art zu einer Lösung zu kommen. Unter pragmatischen Gesichtspunkten – u.a. schon, weil es eine genügend operationale universale Theorie des menschlichen Verhaltens nicht gibt und aus bestimmten Gründen nie geben wird – verbietet sich jede dogmatische Festlegung auf einen bestimmten wissenschaftlichen Ansatz. Das schließt nicht aus, daß bestimmte theoretische Orientierungen für bestimmte Situationen ‚praktischer‘, d.h. leichter und umfassender anwendbar sind. Es ist hier ähnlich wie bei vielen Aspekten der Beratung oder bei komplexen Situationen: zwar gibt es fast nie nur einen richtigen Weg, aber nicht alle Wege sind gleich gut. Vielfalt der Möglichkeiten heißt nicht Beliebigkeit. Für professionelle Beratung ist die Begründung der gewählten Vorgehensweise das entscheidende Kriterium.

Ein gewisser Eklektizismus ist in der Beratung keinesfalls schädlich, solange er kalkulierte Auswahl aus verschiedenen Möglichkeiten und nicht zufällig, nicht beliebig ist. Der gute Berater ist in der Lage, seine Vorgehensweise aus verschiedenen problemgerechten Rahmenüberlegungen abzuleiten. So kann es z.B. bei eingegrenzten, klar beschreibbaren Problemen praktisch sein, das Problem intraindividuell als etwas zu beschreiben, was der Ratsuchende nicht kann, nicht gut genug kann oder nicht weiß *(Defizit-Modell)*. Hier müßte ein gezielter Lernprozeß (höchst unterschiedlichen Umfangs) eingeleitet werden, um das festgestellte ,Defizit' oder die ,Schwäche' zu beheben. Maßstab wäre ein definiertes erwünschtes Verhalten. Diese Vorgehensweise wird z.B. von verhaltens- oder entscheidungstheoretischen Konzepten nahegelegt.

Bei einer komplexen, schlecht eingrenzbaren oder stark durch soziale Bezüge mitbestimmten Problematik könnten die Schwierigkeiten eher beschrieben werden, wenn die Interaktionen und Beziehungsmuster des Individuums zu seiner Umwelt und die dort vorhandenen Verhaltensnormen untersucht werden. Ein kommunikationstheoretischer oder systemischer Rahmen würde dann die Funktionalität des Verhaltens besser erfassen. Ein Berater könnte so z.B. seinen Ratsuchenden in einem systemischen Übergang von einer Lebenssituation in eine andere sehen: etwa aus der Situation, die durch Elternhaus und Schule bestimmt wird, in eine noch weitgehend unbekannte Situation, die durch das Ausbildungs- und Beschäftigungssystem sowie größere Selbständigkeit, aber auch Eigenverantwortlichkeit gekennzeichnet ist. Er könnte versuchen, seinen Ratsuchenden dabei zu unterstützen, die eigenen persönlichen Ressourcen, das, womit er gelernt hat, seine Probleme zu meistern, auch im Kontext der neuen Situation zu nutzen. Er würde also auf vorhandene Stärken und Bewältigungskompetenzen aufbauen.

Geht es in erster Linie um mangelnde Klarheit des Ratsuchenden über sich selbst und seine Bedürfnisse oder um sein Selbstkonzept, wäre möglicherweise ein entwicklungsorientierter Ansatz wie beispielsweise auch die klientenzentrierte Beratung geeignet.

Ein Wechsel des theoretischen Orientierungsrahmens innerhalb des Beratungsverlaufs, etwa für verschiedene Teilprobleme, ist zwar grundsätzlich möglich, verlangt vom Berater aber ein sehr hohes Ausmaß theoretischer und methodischer Kompetenz und wird für den Ratsuchenden schwierig nachvollziehbar sein. Auch besteht die Gefahr, daß Berater, die ihr Vorgehen nicht bewußt kontrollieren oder die die zu kombinierenden Ansätze nur unvollkommen beherrschen, den konstruktiven Eklektizismus in eine Art Durchwursteln verwandeln. Das Erlernen jedes einzelnen Ansatzes ist mit erheblichem Aufwand verbunden.

Sieht ein Berater in einer gegebenen Situation mehrere für ihn mögliche Vorgehensweisen, die dem Problem im Prinzip gerecht werden, so sollte er die wählen, die einfacher oder für den Ratsuchenden transparenter, klarer strukturiert, ökonomischer, von erprobteren und operationalisierbareren Theorien geleitet ist oder mehrere dieser Kriterien erfüllt.

Innerhalb dieser allgemeinen Gesichtspunkte methodischer Kompetenz in der beruflichen Beratung wird eine pragmatischere Ebene von Fertigkeiten oder Interventionstechniken definiert. Dazu existiert eine große Zahl von Untersuchungen und Veröffentlichungen, die aber schwer strukturierbar und kaum eindeutig begrifflich zu ordnen sind. Da jede soziale Verhaltensweise – bewußt und zielgerichtet eingesetzt – zu einer ‚Technik' wird, kann das Feld kaum eingegrenzt werden. Zu diesem Bereich gehören:

- die bewußte Gestaltung bestimmter beratungsförderlicher ‚Settings', angefangen bei der Wahl günstiger und störungsfreier Räume und deren Gestaltung unter vielerlei Aspekten[62] oder der beraterische Umgang mit DV-Geräten, die in ihrer ergonomischen Gestaltung noch auf Einzelarbeitsplätze zugeschnitten sind, ebenso Sitzarrangements bei Anwesenheit mehrerer Personen und viele ähnliche Aspekte;
- die Kenntnis und Gestaltung der Wirkung bestimmter ‚Neben-' oder Hilfstätigkeiten wie Protokollieren, Visualisieren oder Einsatz von Medien;
- das Beherrschen bestimmter Grundfertigkeiten (‚basic skills') wie: aktives Zuhören, Formulieren jeweils der Gesprächssituation angemessener Fragen, Verbalisieren emotionaler Vorgänge, Feedback geben, gezieltes Verstärken, Aufgreifen wichtiger Hinweise, Themen abschließen, Zusammenfassen, Hypothesen klären, Informationen geben und vieles andere mehr;
- Fertigkeiten und Techniken eher strukturierender, weniger operationaler Art wie: Erwartungen klären, Fokussieren, Absprachen treffen, Kompromisse finden, Ziele oder Teilziele setzen oder herausarbeiten, Transparenz schaffen (bei konkreten Einzelthemen), neue Sichtweisen anregen, zirkuläres Fragen, Motive klären, Entscheidungskriterien entwickeln, zusätzliche Ideen und Alternativen generieren (zum Beispiel Fantasiearbeit unter realitätsentlasteten Bedingungen), aber auch positive Konnotation, ‚Seeding' (Ideen wachsen lassen), Widersprüche der Logik erleben lassen (zum Beispiel durch ‚Wörtlichnehmen'), Zusammenhänge erkennen, Gewichtungen vornehmen, Teilergebnisse evaluieren;
- Anwendung relativ komplexer Handlungsstrategien für Teilziele wie: Selbstkonzept klären, systematisches Vorgehen trainieren, paradoxe Intervention oder Symptomverschreibung, Eigenverantwortung fördern, Notwendigkeiten akzeptieren lernen und anderes.

Wie schon erläutert, ist die Anzahl möglicher Techniken, Fertigkeiten oder Strategien nahezu unendlich. Neue Methoden entstehen in der Regel zunächst im Kontext bestimmter Modelle. In Anbetracht der Ähnlichkeit der Ziele ist es kaum verwunderlich, daß sie selten sehr spezifisch sind und meist auch im Rahmen anderer Modelle angewandt werden können (wo sie dann manchmal einen neuen Namen und eine andere theoretische Begründung bekommen). Die Bindung an eine bestimmte theoretische Orientierung steigt

---

62 Vgl. auch Haase und DiMattia, 1970.

mit der Komplexität der Methoden. Einzeltechniken oder Skills sind in der Regel sehr universell einsetzbar.[63]

Es liegt auf der Hand, daß gerade in diesem Bereich nützliche Ideen auch in der pädagogischen und therapeutischen Literatur gefunden werden können. Je nach Zielsetzung und konkreter Situation lassen sich auch Techniken aus dem Bereich der betrieblichen Personalführung adaptieren.

4.3 Die inhaltliche Kompetenz des Beraters

Wie bereits einleitend gesagt wurde, hat die fachlich-inhaltliche Kompetenz von Beratern in der deutschen Berufsberatung einen hohen Stellenwert, der sich nicht zuletzt aus deren historisch gewachsenen organisatorischen Anbindung an die Bundesanstalt für Arbeit herleitet. Freilich richten sich auch die Erwartungen von Ratsuchenden sehr stark auf eine ausgeprägte inhaltliche Kompetenz von Berufsberatung. Im folgenden soll daher der Rahmen dieses Kompetenzbereiches abgesteckt werden. Dieser ist dabei immer vor dem Hintergrund eines möglichst fundierten Grundlagenwissens insbesondere im sozial- und wirtschaftswissenschaftlichen Bereich zu sehen.

– allgemeinbildendes Schulsystem

Viele der Ratsuchenden befinden sich noch im allgemeinbildenden Schulsystem. Für Berufsberater ist es einerseits wichtig, dieses Schulsystem genau zu kennen, da es einen zentralen Erfahrungsbereich der Ratsuchenden darstellt und daher einen wichtigen Anknüpfungspunkt für die gemeinsame Behandlung des jeweiligen Berufswahlproblems anbietet. Für die Ratsuchenden steht dabei zwar die subjektive Einschätzung ihrer Leistungsmöglichkeiten im Vordergrund, sie bedarf jedoch immer wieder der ergänzend-objektivierenden Betrachtung vor dem Hintergrund der konkreten Bedingungen des schulischen Umfeldes und Schulsystems.

Andererseits verlaufen Bildungsbiographien häufig nicht nach dem einfachen Schema „Schulabschluß – Ausbildung – Beruf". Immer wieder entwickeln Ratsuchende berufliche Zielvorstellungen, die sich auf dem bisher erreichten Bildungsstand nicht verwirklichen lassen. Dann müssen passende Wege gesucht werden, um die notwendigen Bildungsvoraussetzungen zu erreichen. Neben den individuellen Möglichkeiten des Ratsuchenden müssen dazu die vielfälti-

---

63 Genauere Ausführungen zu einzelnen Punkten der methodischen Kompetenz des Beraters finden sich in der Fachlichen Arbeitshilfe der Berufsberatung, Kap. 2 und 3, sowie in der umfangreichen Fachliteratur. Beispielhaft seien hier nur Hackney und Nye, 1973, Dyer und Vriend, 1975 sowie Ivey, 1983 genannt.

gen Wege betrachtet werden, die das allgemeinbildende System bietet, wenn beispielsweise ein Bildungsgang gesucht wird, um auf der Basis eines Hauptschulabschlusses die Hochschulzugangsberechtigung erwerben zu können.

– betriebliches und schulisches Berufsbildungssystem

Fülle und Vielfalt der Möglichkeiten, in betrieblicher oder schulischer Form einen anerkannten Berufsabschluß zu erreichen, lassen Berufswahl oft wie die berühmte Suche nach der Nadel im Heuhaufen erscheinen. Nun hieße es, die inhaltliche Kompetenz von Berufsberatern zu weit zu fassen, wollte man verlangen, jede dieser Möglichkeiten hinsichtlich ihrer aktuell gültigen Voraussetzungen, Anforderungen und Inhalte bis ins Detail zu kennen. Über die Bedingungen und Möglichkeiten wesentlicher Bereiche müssen Berufsberater laufend informiert sein, sie müssen beispielsweise in der Lage sein, mit den Ratsuchenden Gemeinsamkeiten und Unterschiede verschiedener Berufe und ihrer jeweiligen Zugangswege zu erarbeiten. Dabei wird vor allem ihre Kompetenz gefordert sein, für sich selbst und/oder für ihre Ratsuchenden geeignete und zuverlässige Informationsquellen zu erschließen. Damit leisten sie einen Beitrag, den scheinbar unüberwindlichen Berg der Möglichkeiten für den einzelnen Ratsuchenden individuell gangbar zu machen.

– Hochschulsystem

Die Bemühungen vieler Hochschulen, ihr Studienangebot den Anforderungen des Arbeitsmarktes anzupassen oder auch in Konkurrenz zwischen den Hochschulen zu bestehen, verdeutlichen die Komplexität dieses Kompetenzbereiches. Im Rahmen beruflicher Beratung stellen sich Fragen nach den Inhalten und Anforderungen einzelner Studiengänge, nach den Unterschieden bestimmter Studiengänge an den diversen Studienorten. Es werden Fragen nach der Gestaltung des Studienganges, nach individuell angemessener Schwerpunktbildung mit Blick auf die Person und auf die künftigen Vermarktungsmöglichkeiten aufgeworfen. All diese Fragen und Problemstellungen werden einerseits von künftigen Studierenden, aber auch von Ratsuchenden eingebracht, die bereits mitten im Studium stehen. Bei beiden Gruppen von Ratsuchenden sind genaue Kenntnisse der Berufsberater über die jeweiligen Studiengänge eine wichtige Voraussetzung, um der Entscheidungsunsicherheit zu begegnen. Die inhaltliche Kompetenz wird zu einem der Merkmale von Berufsberatern, als hilfreicher Gesprächspartner akzeptiert zu werden.

– Arbeitsmarkt und Beschäftigungssystem

Eine typische und immer wiederkehrende Frage im Rahmen beruflicher Beratung ist die Frage nach Berufen „mit Zukunft". Diese Frage steht für die verständliche Unsicherheit der Ratsuchenden bzw. für den naheliegenden Wunsch, die Investition in Aus- oder Weiterbildung so zu gestalten, daß am

Ende auch der Ertrag im Sinne einer erfolgreichen Erwerbstätigkeit bzw. eines beruflichen Aufstiegs steht. Angesichts der ausgeprägten Arbeitslosigkeit ist dieser Fragenbereich seit Jahren brennend aktuell und bedeutsam. Hier werden Berufsberater auf der inhaltlichen Ebene von ihren Ratsuchenden gefordert, trotz aller Unwägbarkeit verläßliche Einschätzungen und Bewertungen in das Beratungsgespräch einzubringen. Begründete und differenzierte Aussagen über die jeweils aktuelle und die voraussichtliche Situation und auch über die qualitative Entwicklung von Berufen können eine wichtige Grundlage bilden für das gemeinsame Erarbeiten von aussichtsreichen Entscheidungsmöglichkeiten. Dabei muß es für alle Beteiligten klar sein, daß es in jeder beruflichen Entscheidungssituation darauf ankommt, die persönliche Seite, das heißt die konkreten individuellen Bedingungen, die Chancen und Risiken der einzelnen Person, zu berücksichtigen und sie mit den Entscheidungsfaktoren im Rahmen und vor dem Hintergrund einer möglichst fundierten Einschätzung von Situation und Entwicklung des Beschäftigungssystems in Beziehung zu setzen.

– Weiterbildungssystem

Begriffe wie „lifelong-learning" oder „Halbwertzeit des Wissens" stehen für die Tatsache, daß berufliche Bildung mit der Erstausbildung längst nicht als abgeschlossen betrachtet werden darf. Insofern rücken Fragen der Weiterbildung auch in den Blick beruflicher Beratung. Dies gilt für Ratsuchende, die vor der beruflichen Erstwahl stehen und bereits zu diesem Zeitpunkt die Frage aufwerfen, wie sie ihr berufliches Wissen ergänzen und erweitern können. Dies gilt jedoch auch für Ratsuchende, die in der Ausbildung stehen oder diese bereits abgeschlossen haben. Hier geht es dann häufig darum zu klären, wie bestimmte berufliche Ziele durch zusätzliche Formen der Weiterbildung erreicht werden können oder auch wie das persönliche Qualifikationsprofil den aktuellen Anforderungen des Arbeitsmarktes angepaßt werden kann.
Berufsrückkehrerinnen suchen in beruflicher Beratung oft Unterstützung bei der Überlegung, ob sie ihre beruflichen Perspektiven in einer Weiterentwicklung ihrer früher erworbenen Qualifikation oder in einer grundsätzlichen Neuorientierung sehen können. All diese Fragen und Problembereiche setzen grundlegende Kenntnisse des weit verzweigten und recht unüberschaubaren Weiterbildungssystems voraus.

– System der finanziellen Förderung

Aus- und Weiterbildung kosten Geld, das nicht jede Familie aus eigener Kraft aufbringen kann. Berufliche Beratung soll Fördermöglichkeiten erschließen, damit berufliche Bildung nicht an den hierfür notwendigen Kosten scheitert. Es ist selbstverständlich, daß Berufsberater die Förderinstrumente des Arbeitsamtes in die Beratung einbringen können. Einem drohenden Ausbildungsabbruch kann beispielsweise durch das Instrument der ausbildungsbegleitenden

Hilfen begegnet werden. Die Entscheidung für eine betriebliche Ausbildung, die am Wohnort des Ratsuchenden nicht angeboten wird, fällt möglicherweise leichter, wenn die Möglichkeiten des Bezugs von Berufsausbildungsbeihilfe mit in die Überlegungen einbezogen werden. Beim individuellen Planen beruflicher Weiterbildung beziehen sich regelmäßig entscheidende Fragen auf die Kosten. Wer übernimmt die Lehrgangsgebühren? Und gibt es das Weiterbildungsangebot auch in berufsbegleitender Form oder ausschließlich in Vollzeitform? Wird also Unterhaltsgeld benötigt und in welcher Höhe kann damit gerechnet werden?

Aber auch externe Förderungsmöglichkeiten wie BAföG oder der Bezug von Stipendien für bestimmte Studierende können ein wichtiger Teil der Entscheidungskriterien sein, die zumindest in ihren Grundzügen in berufliche Beratung eingebracht werden.

– strategisches Wissen

Es gibt nicht den für alle Ratsuchenden passenden Königsweg, wie berufliche Entscheidungen getroffen werden. Jeder Ratsuchende wird den für ihn passenden Weg finden müssen. Ihn dabei zu begleiten und manchmal auch anzuleiten, gehört zu den Aufgaben beruflicher Beratung. Dies setzt voraus, daß Berufsberater selbst über Berufsfindungsstrategien Bescheid wissen und Wege kennen, wie sich Überlegungen zur Berufswahl durch praktisches Handeln ergänzen, unterstützen oder eventuell auch korrigieren lassen. Dies gilt gerade dann, wenn diese Handlungsschritte nicht unmittelbar im Rahmen der Beratung selbst vollzogen werden, sondern sich als von den Ratsuchenden zu erledigende Aufgaben aus der Beratung ergeben.

– Verweisungskompetenz

Grundsätzlich gilt für Beratung, daß es den Ratsuchenden möglich sein muß, ihr Problem in der von ihnen gewünschten Breite und Tiefe zu besprechen. Freilich kommt es schon gelegentlich einmal dazu, daß Berufsberater mit Problemstellungen konfrontiert werden, für die sie weder formal zuständig noch inhaltlich ausreichend qualifiziert sind. Berufliche Entscheidungsschwierigkeiten können beispielsweise in massiven Beziehungsproblemen der Familie des Ratsuchenden begründet sein. Ein beabsichtigter Wechsel der Ausbildung hängt möglicherweise mit schwerwiegenden Lernstörungen zusammen. Zur Kompetenz von Berufsberatern gehört es, solche Problemstellungen grundsätzlich zu erkennen und den Ratsuchenden angemessene Beratungs- und Hilfsangebote kompetenter anderer Stellen anzubieten. Hierzu zählen außer den inneramtlichen Fachdiensten auch externe Beratungsdienste und Kooperationspartner. Solche Angebote in die Beratung einzubringen, wird für die Ratsuchenden umso hilfreicher sein, je eher der Berufsberater ein Bild davon vermitteln kann, auf welches Leistungsspektrum sich der andere Beratungsdienst bezieht.

– Organisationskompetenz

Dieser Bereich ist sicherlich nicht typisch für berufliche Beratung, er gilt vielmehr für jede Form professionellen Handelns. Allerdings kommt der Fähigkeit, die eigene Arbeit zu organisieren, angesichts der Fülle und Vielfalt von Arbeitsanforderungen an Berufsberater besondere Bedeutung zu. An anderer Stelle wurde bereits dargestellt, daß es im Rahmen beruflicher Beratung darauf ankommt, für jeden Ratsuchenden ein Angebotspaket zu schnüren, das seiner individuellen Problemstellung entspricht. Das bedeutet für Berufsberater, daß sie Beratungsprozesse für und mit ihren Ratsuchenden gestaltend organisieren müssen. Berufsberater verfügen hierzu über relativ große inhaltliche Gestaltungsfreiräume. Wachsende Ratsuchendenzahlen, nachhaltige Schwierigkeiten am Ausbildungs- und Arbeitsmarkt, steigende Komplexität der Bildungslandschaft, Informationsflut an Druck- und EDV-Medien, Umsetzung von Förderungsprogrammen, administrative Vorgaben und breit gestreute Erwartungen der Partner im Ausbildungs- und Bildungssystem, all diese Punkte stehen für die Notwendigkeit, berufsberaterische Arbeit ökonomisch und im Interesse der Ratsuchenden zu organisieren.

4.4 Handlungsprinzipien

Weitere Aspekte sind weniger als Kompetenzen sondern eher als Handlungsmaximen formulierbar.

Berater müssen in der Lage sein, eine Balance zwischen sozialer Nähe und Distanz zu ihren Ratsuchenden zu halten. Damit ist keinesfalls eine unengagierte Neutralität gemeint. Eine gewisse Nähe ist nötig, um sich in die Situation und das Problem des Ratsuchenden eindenken zu können und dieses zu verstehen. Der Berater muß dem Ratsuchenden als vertrauenswürdig erscheinen und als Stütze oder Helfer erfahrbar sein. Auf der anderen Seite muß eine gewisse Distanz erhalten bleiben, damit der Berater das Problem des Ratsuchenden nach wie vor als dessen und nicht als sein eigenes erlebt. Das ermöglicht ihm die zur Strukturierung und Bearbeitung der Schwierigkeiten nötige Ruhe und den erforderlichen inneren Abstand. Würde ein Berater sich im Extrem vollkommen in die Situation des Ratsuchenden versetzen können, so hätte er vermutlich auch dessen Probleme, eine neuartige Sicht der Dinge würde ihm schwerer fallen.

Ein Berater muß das Problem seines Ratsuchenden zunächst so akzeptieren, wie es sich diesem darstellt. Man ,holt den Ratsuchenden da ab, wo er steht‘ und nicht da, wo es für die eigenen Arbeitsmöglichkeiten am einfachsten ist. Auch in der beruflichen Beratung darf das Problem des Ratsuchenden nicht von vornherein ausschließlich im Raster der institutionell-administrativen Handlungsmöglichkeiten gesehen werden. Der Berater läßt sich also beispielsweise nicht schon bei der Wahrnehmung eines Problems und seiner Facetten vom Gedanken an eine spätere Vermittlung bestimmen. Er ist bereit, auch andere als inhaltliche Probleme, z.B. Schwierigkeiten bei der Realitätsanpassung, der Selbstfindung, der Festlegung auf eine Entscheidung, der Ängste vor Veränderungen in den Lebensumständen und ähnliches im Rahmen seiner Kompetenz als Beratungsthema zu akzeptieren. Änderungen der Problemsicht im Verlauf der Beratung und Verschiebungen der Ziele z.B. im Hinblick auf ihre Erreichbarkeit werden gemeinsam erarbeitet und abgestimmt.

Der Berater muß sich bewußt sein, daß er nicht die alleinige Verantwortung für das Beratungsergebnis trägt, selbst wenn er den Ratsuchenden als relativ hilflos einschätzt und die jeweilige Situation das wohl bei den meisten Beratern latent vorhandene Helfer-Syndrom aktiviert. Das kann ihn vor einer Reihe von Dingen bewahren, die einer guten Lösung häufig eher im Wege stehen, z.B. dem inneren Zwang, unbedingt so schnell wie möglich eine Lösung des Problems parat haben zu müssen, vor übermäßigem Erfolgsdruck und -ehrgeiz (evtl. auf Kosten der genauen Wahrnehmung der Wünsche des Ratsuchenden oder sogar mit patronisierender ‚Nachhilfe‘), aber auch vor Selbstüberschätzung und der (uneingestandenen) Meinung, ohne ihn könne der Ratsuchende keine vernünftige Lösung für seine Berufswahlprobleme finden. Das Wissen über die Grenzen seiner Verantwortung sollte ihn befähigen, Ratsuchende, die ihn nur bei Teilproblemen oder gar nicht mehr beanspruchen wollen, auch ‚gehen zu lassen‘.

Grundsätzlich versucht der Berater zu helfen, soweit es ihm möglich und er vom Ratsuchenden sowie seiner Institution dazu legitimiert ist. Er nimmt dem Ratsuchenden dabei aber nichts ab, was dieser auch selbst kann. Er kennt und akzeptiert die eigenen Grenzen und überfordert sich nicht – schon im Interesse der eigenen Psychohygiene und um nicht vorzeitig dem Burn-out-Syndrom zu erliegen. Er glaubt prinzipiell an seine Fähigkeit und Möglichkeit zu beraterischer Hilfe.

Der Berater in der beruflichen Beratung sollte im Hinblick auf die vielfältigen Bezüge der Berufswahl zu anderen Lebensbereichen realisieren, daß auch er Teil eines größeren sozialen Hilfe-Systems ist. Werden in der Beratung Problemaspekte berührt, deren Bearbeitung die Lösung im engeren Sinne beruflicher Probleme erleichtert oder dafür erforderlich ist, für die er selbst aber nicht kompetent oder zuständig ist, so initiiert oder unterstützt er aktiv die Inanspruchnahme anderer Hilfsinstitutionen. Er sollte dabei den Eindruck vermeiden, den Ratsuchenden mit seinem Problem abzuschieben. Dabei wird er seine weitere Hilfe bei der beruflichen Problematik parallel zu oder nach der Bearbeitung der anderen Probleme anbieten.

IV. Methodik der beruflichen Beratung

1. Theoretische Konzepte von Berufswahl und Beratung sowie deren Anwendbarkeit in der Praxis der beruflichen Beratung

Die Zahl der wissenschaftlichen Ansätze und Konzeptionen zum Thema Beratung kann mittlerweile nicht mehr genau genannt werden. Eine Analyse von *Frey*[64] kam 1972 zu 16 klar unterscheidbaren Formen. *Corsini*[65] benennt (allerdings einschließlich der therapeutischen Theorien, von denen nicht alle auf die Beratung adaptiert werden können) schon ca. 250, wobei eklektische Mischformen nicht mitgerechnet sind. Neuere Auflistungen sind nicht bekannt. Nur ein kleiner Teil davon wurde in der beruflichen Beratung erprobt, noch weniger in nennenswertem Umfang angewandt. Bei einem solch umfangreichen Feld von Theorien drängt sich für den Praktiker die Frage nach deren Nützlichkeit und Verwendbarkeit, evtl. sogar nach deren Notwendigkeit auf.

Bei den Grundpositionen der professionellen Beratung (vgl. unter III) wurde bereits dargestellt, daß das Vorhandensein einer möglichst klaren kognitiven Konzeption eine der Voraussetzungen für Verständnis und Analyse von Problemen sowie gezielte Planung der Lösungsschritte und deren Evaluation ist. Die Art und Qualität dieser Konzeption ist ein wesentliches Merkmal der Qualität des beraterischen Vorgehens.

Es wäre ein Irrtum, zu glauben, daß es im Bereich der beruflichen Beratung ein ‚theoriefreies‘ Handeln gäbe. Auch ‚intuitives‘ und gewohnheits- oder erfahrungsgeleitetes Vorgehen beruht auf Annahmen über Zusammenhänge verschiedener Art, auf Annahmen über Handlungsmöglichkeiten und auf Erwartungen bezüglich der Resultate der Handlungen. Diese Annahmen und Erwartungen sind dem ‚intuitiven Praktiker‘ selten klar bewußt, er erlebt sie eher als nicht weiter in Frage zu stellende Selbstverständlichkeiten, als alltäglich, als Hintergrundwissen. Bei näherem Hinsehen sind sie aber kaum weniger komplex als die Annahmen einer wissenschaftlichen Theorie. Der Nachteil solcher ‚impliziten Alltagstheorien‘ ist, daß sie in der Regel nur unvollständig und kaum systematisch ausformuliert sind. Sie sind daher in den Einzelheiten nur schwer kontrollierbar, selten kritisch reflektiert und systema-

---

64 Frey, 1972.
65 Corsini, 1983.

tisch aufeinander bezogen, so daß sie durchaus auch in sich widersprüchliche Teilannahmen enthalten können. Man weiß z.B. intuitiv, daß die Wirklichkeit nicht so einfach ist, als daß es nicht nebeneinander die Erfahrungen: ‚Gleich und gleich gesellt sich gern‘ und ‚Gegensätze ziehen sich an‘ gäbe, aber die Alltagstheorie macht keinen Versuch, die Bedingungen zu definieren, unter denen das eine oder das andere gilt, und kann daher kaum voraussagen, welcher Regel die Ereignisse im Einzelfall folgen werden. Pointiert ausgedrückt: auch der ‚theorieabstinente‘ Praktiker hat eine Theorie – er nennt sie nur nicht so und sie ist ihm auch nicht immer klar bewußt. Auch ist sie meist recht unpräzise und wenig abgesichert.

Der Vorteil wissenschaftlicher Theorien liegt also in erster Linie in der besseren Formulierung ihrer Bedingungen und der besseren Systematik, dem konsequenten und widerspruchsfreien Bezug ihrer Teilaussagen sowie dem Bemühen um möglichst umfassende empirische Kontrolle. Dadurch kann praktisches Handeln ökonomischer geplant und die Resultate mit einem relativ höheren Grad an Wahrscheinlichkeit vorhergesagt werden, wenn auch nicht mit absoluter Gewißheit. In diesem Zusammenhang wird schon *Lewin* der Ausspruch zugeschrieben, es gäbe ‚nichts Praktischeres als eine gute Theorie‘.

Wenn man nun aufgrund höherer Qualitätsansprüche bewußt theoriegeleitet vorgehen will, so wäre als nächstes zu klären, welche Theorie aus der Fülle der vorhandenen Ansätze für die Verbesserung der eigenen Arbeit brauchbar ist. Dazu soll in Anlehnung an *Krumboltz*[66] zunächst einmal geklärt werden, welche Funktionen eine Theorie erfüllt.

Ausgangsprämisse ist, daß die Wirklichkeit einen so hohen Grad an Komplexität aufweist, daß sie für das menschliche Erkenntnis- oder Informationsverarbeitungsvermögen nicht vollständig zu erfassen ist. Trotzdem streben Menschen in dieser Wirklichkeit zielgerichtetes Handeln an, auch ohne ‚vollständige Informationsbasis‘. Um zu einer (reduzierten) Darstellung der Realität und geplantem Handeln zu kommen, muß die Komplexität zunächst einmal vermindert werden.

Eine Theorie versucht, einen begrenzten Ausschnitt oder besser Aspekt der Wirklichkeit mit Hilfe von Wörtern, Symbolen, Zahlen oder Abbildungen wiederzugeben. Sie ist nicht die Wirklichkeit selbst, sondern nur deren Modell – so wie eine Landkarte nicht die Landschaft selbst ist. Die jeweiligen Wörter und Symbole wurden gewählt, um den Wirklichkeitsausschnitt in einer verstehbaren Weise darzustellen.

Jeder Darstellungsversuch erfolgt zu einem bestimmten Zweck – z.B. um bestimmte Arten praktischen Handelns zu erleichtern. Das ermöglicht eine gezielte Reduktion: alles für diesen Zweck Überflüssige wird weggelassen. Eine Theorie ist also immer eine im Hinblick auf bestimmte Ziele hin vorgenommene bewußte Vereinfachung der Realität so, wie eine Autokarte weder

---

66 Krumboltz, 1990.

Bäume noch Fußpfade enthalten muß. Der Versuch einer vollständigen Universaltheorie wäre paradox: eine solche Theorie wäre genauso komplex und genausowenig erfaßbar wie die Wirklichkeit selbst. Theorien müssen nur so detailliert wie nötig, aber im übrigen so einfach wie möglich sein.

Um die Wichtigkeit bestimmter Umstände zu verdeutlichen, kann eine Theorie bestimmte Merkmale bewußt hervorheben, übertreiben und verzerren. Kriterium ist die Funktionalität, z.B. die rasche und zuverlässige Orientierung in diesem Wirklichkeitsausschnitt, nicht die äußerliche Ähnlichkeit. Im Vergleich kann eine Autokarte graue Straßen rot oder gelb darstellen, kleinere Kurven ‚begradigen‘, unterschiedlich große Wirklichkeitsausschnitte in unterschiedlichem Maßstab darstellen usw. Eine Theorie kann selbst in der Wirklichkeit unbeobachtbare, aber für das Handeln wichtige Gegebenheiten oder Konstrukte darstellen, z.B. Konventionen, Normen, aber auch Hilfsvorstellungen, so wie eine Karte etwa Staatsgrenzen enthalten kann. Für alle, die diese Konvention teilen, hat sie quasi Realitätscharakter.

Theorien haben verschiedene Zwecke, und sie sind so gut, wie sie diesen Zweck erfüllen. Jede Theorie kann eine bestimmte Art von Fragen gut beantworten, andere dagegen kaum, je nachdem, was die Absicht ihrer Konstrukteure war. Theorien zum gleichen Gegenstand werden aber einen bestimmten Überlappungsgrad aufweisen, aufgrund dessen können sie in Grenzen auch hilfreich sein zur Beantwortung von Fragen, für die sie ursprünglich nicht konstruiert wurden, so wie eine Reliefdarstellung einer Landschaft zu geologischen Zwecken bis zu einem gewissen Grade der Groborientierung eines Wanderers dienen kann.

Wenn eine gewisse Bandbreite möglicher ‚Verwendungszwecke‘ oder Ziele existiert, kann keine einzelne Theorie als universell beste Theorie bezeichnet werden. Für bestimmte Zwecke werden bestimmte Spezialtheorien am besten geeignet sein, für andere Zwecke sind diejenigen Theorien, mit denen die größte Bandbreite von Zielen zufriedenstellend erreicht werden kann, am praktischsten. Jeder Integrationsversuch von zu vielen Theorien wird aber unvermeidlich auch Nachteile beinhalten, da das Grundproblem der Notwendigkeit der Reduktion von Komplexität bestehen bleibt.

1.1 Berufswahltheorien und Beratungstheorien

Auf dem inhaltlichen Feld der beruflichen Beratung sind verschiedene Arten von Theorien bekannt: Berufswahl- und Beratungstheorien. Der Unterschied zwischen ihnen kann nach den obigen Vorüberlegungen leicht dargestellt werden: die beiden Arten von Theorien verfolgen unterschiedliche Zwecke. Berufswahltheorien wollen Berufswahlprozesse allgemein erklären, Beratungstheorien wollen dem Berufsberater ein Gerüst für sein konkretes Handeln geben. Die Unterscheidung wird jedoch in der Literatur nicht immer konsequent durchgehalten. Beispielsweise wird das *Trait-and-Factor-Beratungsmodell,* das kaum etwas über die realen, konkreten Prozesse bei der nicht durch Berater unterstützten Berufswahl von Jugendlichen oder Erwachsenen aussagt, mitunter bei den Berufswahltheorien aufgeführt.[67] Es könnte vermutet werden, daß Beratungstheorien auf Erklärungsmodellen der Berufswahl aufbauen, doch ist dies nur selten der Fall. Ausnahmen stellen bis zu einem gewissen Grade die Theorien von *Holland, Super und Krumboltz*[68] dar.

Viel häufiger leiten sich sowohl die Berufswahltheorien wie auch die Beratungstheorien direkt aus allgemeinen Verhaltenstheorien ab, ohne aufeinander Bezug zu nehmen. So kann z.B. das Verhalten von Menschen bei der Berufswahl allgemein wie auch speziell in einer Beratungssituation als Sonderfall der allgemeineren Kategorie ‚Entscheidungsverhalten' angesehen werden, so daß in beiden Fällen auf allgemeine Entscheidungstheorien zurückgegriffen wird.

Die Berufswahltheorien streben eine möglichst genaue Beschreibung und Analyse des Berufswahlverhaltens vor allem von Erstwählern an. Gesucht wird nach allgemeinen Gesetzlichkeiten dieser Prozesse und einer allgemeinen Erklärung dafür. Die Berufswahl wird so etwa als längerdauernder Entscheidungsprozeß oder als besondere Station in der persönlichen Entwicklung oder der Sozialisation aufgefaßt.

Berufswahltheorien sind prinzipiell deskriptiver Art, auch wenn man aus ihren Aussagen zum Teil präskriptive Vorgehensanleitungen für eine Beratung ableiten kann. Konkrete Modelle für das praktische Handeln in einer Beratungssituation werden aufgrund der Wahltheorien jedoch selten entwickelt. Das erscheint bei einigen Theorien auch schwierig, da ihre in erster Linie der nachträglichen Analyse dienenden Aussagen nur schwer in aktuelle Prozeßentscheidungen umformbar sind.[69] Eine praktische Anwendung finden Berufswahltheorien bei der Planung pädagogischer Maßnahmen im Bereich der beruflichen Orientierung[70].

Bei Beratungstheorien dagegen fällt die Analyse häufig nur so genau wie nötig aus, so, wie es für das konkrete Vorgehen während einer Beratung erforderlich ist und so, wie es im Streß der aktuellen Interaktion zwischen Berater und Ratsuchendem machbar erscheint. Beratungstheorien streben eher die Ableitung und Entwicklung wirksamer pragmatischer Handlungsstrategien für den Berater an, sie sind in ihrer Grundstruktur präskriptiv, empfehlen bestimmte Vorgehensweisen und können sich nicht auf bloße Beschreibung beschränken. Ihr Ziel ist die effektive Intervention im Hinblick auf das vom Ratsuchenden eingebrachte Problem. Wie bereits dargestellt läßt sich das Problem dabei häu-

---

67 Z.B. Scheller und Baker, 1976.
68 Holland, 1985[2], Super, 1957, Krumboltz, 1973.
69 Z.B. die Theorie von Roe, 1956.
70 Ausführlichere Ausführungen zu Berufswahltheorien finden sich bei Bußhoff, 1989[2].

fig als nicht optimales Verhalten verstehen, gemessen am Standard unproblematischen oder idealen Verhaltens in ähnlichen Situationen.

Die Strukturen der von den Ratsuchenden erlebten Probleme sind in verschiedenen Bereichen professioneller Beratung recht ähnlich. Man kann z.B. in vielen Lebensbereichen Angst vor den Konsequenzen des Festlegens auf eine Handlungsalternative haben, besonders wenn man sich nur zum Teil informiert glaubt. Beraterische Theorien oder Grundmodelle sind daher zum Teil recht universell anwendbar, der Berater benötigt je nach Tätigkeitsbereich nur eine andere Art von Feldkenntnis oder ‚Fachkunde', bei beruflicher Beratung eben berufskundlicher und ausbildungsmarktkundlicher Art. So betrachtet treten auch die Unterschiede zwischen verschiedenen Zielgruppen der Beratung etwas in den Hintergrund. Zwar wird es mit Sicherheit Besonderheiten bei der Beratung von Jugendlichen oder Erwachsenen, Männern oder Frauen, bei Rehabilitanden, Ausländern usw. geben. Die Grundstruktur des beraterischen Prozesses kann aber unabhängig von der Zugehörigkeit des Ratsuchenden zu einer solchen Gruppe die gleiche sein. Niemand wird leugnen wollen, daß bestimmte Aspekte einer beruflichen Problemsituation für die Angehörigen verschiedener ethnischer oder soziokultureller Gruppen eine andere Bedeutung haben, anders gesehen und anders gewichtet werden. Aber das stellt lediglich weitere Varianten der Situationsbesonderheiten und der Subjektivität der Problemwahrnehmung von Ratsuchenden dar. Diese zu akzeptieren gehört – wie unter III bereits dargestellt – zu den grundsätzlichen Handlungsprinzipien der beruflichen Beratung.

Beratungsmodelle gewinnen aus der Ableitung aus allgemeinen Verhaltenstheorien einen höheren Grad von Allgemeinheit und universeller Anwendbarkeit.

1.2 Überblick über einige Beratungsmodelle

1.2.1 Geschichtliche Trends in der Entwicklung von Modellen für die berufliche Beratung

Das Feld der Beratungstheorien und Modelle, die Anwendung im Bereich beruflicher Beratung gefunden haben, war bis in die letzten Jahrzehnte hinein verhältnismäßig übersichtlich. Vom Beginn der Geschichte dieser Modelle zu Anfang dieses Jahrhunderts bis in die 50er Jahre wurde es vom Monopol einer einzigen Theorie, der später so genannten Trait-and-Factor-Theorie, bestimmt, in Deutschland sogar bis in die 70er Jahre. Diese Theorie betrachtete berufliche Beratung im wesentlichen als angewandte Eignungsdiagnostik. Der Berater als Experte für die Diagnose berufsrelevanter Personenmerkmale und beruflicher Anforderungen gab dem weniger informierten Ratsuchenden einen Ratschlag. Er suchte quasi stellvertretend für den Ratsuchenden nach einer rationalen Lösung, die er diesem dann mehr oder weniger begründete und zur endgültigen Entscheidung vorschlug, mitunter auch empfahl.

Danach erfolgte eine Art ‚Pendelschlag‘ zu einem anderen beraterischen Extrem. Die *klientenzentrierte Beratung* versuchte jede direktive Einflußname auf das Beratungsgeschehen und dessen Ergebnis zu vermeiden. Ihr Hilfsangebot bestand vor allem darin, dem Ratsuchende eine für dessen persönliche Entwicklung förderliche soziale Sondersituation zu bieten, im Vertrauen darauf, daß dieser nach einem entsprechenden Fortschritt in seiner allgemeinen Persönlichkeitsentwicklung auch seine aktuellen Probleme besser lösen könne. Diesen letzten Standpunkt vertrat mit anderem theoretischen Hintergrund auch *Super*[71] in seinem entwicklungspsychologisch orientierten Beratungskonzept. Es ging bei den entwicklungspsychologischen Ansätzen nicht mehr allein und nicht vordringlich um die Lösung eines aktuellen Einzelproblems, sondern um Förderung der Entscheidungsfähigkeit des Ratsuchenden. Nach teilweise mit weltanschaulicher Überzeugung in den 50er und 60er Jahren geführten Grundsatzdiskussionen im internationalen Raum[72] trat auch hier eine gewisse Ernüchterung bezüglich der Anwendbarkeit im beruflichen Bereich ein.

Alle Modelle verschwanden jedoch nach ihrem mehr oder weniger langen Boom nicht, sondern wurden nur relativiert, in ihrer Anwendbarkeit auf bestimmte Situationen mit bestimmten Bedingungen eingeschränkt. Teilweise wurden sie in andere Ansätze integriert. Besonders das *Trait-and-FactorModell* erlebt in letzter Zeit – teilweise unter verändertem Namen als *Person-Environment-Fit-Ansatz* – in Amerika eine gewisse Renaissance.

In den 80er Jahren wurden im Zuge des allgemeinen Trends zu einer ‚kognitiven Wende‘ in der Psychologie vor allem die Erkenntnisse der Entscheidungstheorie sowie der sozial-kognitiven Lerntheorie in die berufliche Beratung einbezogen. Beratung besteht in dieser Sicht im Auffinden suboptimaler Heuristiken oder in der Diagnose von Schwachstellen des Entscheidungsverhaltens und danach in symbolisch-modellhaftem Hinführen zu für den Ratsuchenden befriedigenderen Vorgehensweisen bei der Berufswahlentscheidung (sowohl durch verbale Information wie durch konkretes Vormachen im Vorgehen in der Beratung).

Konnte man die Trait-and-Factor-Theorie als Extrem einer objektiven Betrachtungsweise der Beratungsvorgänge – gleichsam von außen, durch die Augen eines neutralen Beobachters – ansehen, so stellte die klientenzentrierte Beratung das Extrem einer subjektiven Betrachtungsweise von innen, durch die Augen des Ratsuchenden, dar. Die auf Entscheidungstheorien gegründete

---

71 Super, 1957.
72 in Deutschland erst in den 70er Jahren, von größerer Bedeutung in der beruflichen Beratung nur bei der Berufsberatung für Abiturienten und Hochschüler.

Beratung konnte in beiden Richtungen ausgestaltet werden: so akzentuierte das *SEU-Modell* (Subjective-Expected-Utility) etwas stärker den ‚objektiven‘ Aspekt, das *Konfliktentscheidungsmodell* etwas stärker die subjektiven Momente. Auch die Überlegungen von *Gelatt, Miller, Bußhoff sowie Schulz und Bußhoff,* welche die Entscheidungstheorien relativieren und neue Ansätze etwa über Konzepte der Identitätsentwicklung suchen, sind nicht frei von solchen Innen-Außen-Polarisierungen.[73]

In der Zukunft könnten möglicherweise systemische Überlegungen, die durch die Betrachtung größerer Wirkungseinheiten diese Trennung überflüssig machen, in der beruflichen Beratung eine größere Rolle spielen. Hier wird die Ursache für Probleme nicht nur im Verhalten des Ratsuchenden gesucht, sondern auch und vor allem in den Besonderheiten der Beziehungen in und zu seiner sozialen Umwelt. Er wird als funktionaler Teil eines größeren Systems betrachtet, das unabhängig von seiner jeweiligen konkreten Realisierung aufgrund der formalen Merkmale seiner Komponenten und der Art ihres Zusammenspiels beschrieben werden kann. Die Entwicklung in diesem Bereich ist noch nicht endgültig überschaubar. Der deskriptive Teil ist ausgesprochen interdisziplinär und geht schon auf die Kybernetik *Wieners*[74], auf *Bertalanffy*[75], in der soziologischen Richtung auf *Luhmann*[76] sowie in letzter Zeit auch wieder auf die deutsche Ganzheits- und Gestaltpsychologie der Zeit um den zweiten Weltkrieg[77] zurück. Einen besonderen Aufschwung erlebte dieser Ansatz durch die kommunikationstheoretischen Überlegungen z.B. von *Watzlawick u.a.*[78] in der Folge von *Bateson,*[79] sowie die Familientherapie[80] und Überlegungen der Organisationsentwicklung. Die hier vorgeschlagenen präskriptiven Interventionsmethoden sind trotz guter Erfolge im klinischen Bereich und in der Organisationsberatung noch sehr intuitiv und in der herkömmlich empirischen Weise wenig gesichert. Für den Bereich der beruflichen Beratung kann noch nicht von einem ausgeformten Modell gesprochen werden.

Eine ganze Reihe weiterer Modelle zur beruflichen Beratung, darunter einige, die im Ausland viel Beachtung und zum Teil in der praktischen Anwendung größere Verbreitung fanden, haben für die Praxis der beruflichen Beratung in Deutschland nie eine nennenswerte Rolle gespielt und sollen daher hier auch nicht näher dargestellt werden.[81]

---

73 Gelatt (1989), Miller (1983) Bußhoff (1992, 1994) und Schulz und Bußhoff (1991).
74 Wiener, 1968.
75 Bertalanffy, 1950.
76 Luhmann, 1987.
77 Z.B. Köhler, 1933, 1971, Lewin, 1936, 1969, Krüger 1953.
78 Watzlawick u.a., 1969, 1974.
79 Bateson, 1972.
80 U.a. Haley, 1978 und Selvini, 1987.
81 Dazu gehören u.a. die Ansätze von Holland, 1985², Crites, 1981, Super, 1957, Krumboltz, 1976 sowie Roe, 1956 und Tiedemann und O'Hara, 1963.

1.2.2 Kognitive Beratungsmodelle

Wegen ihrer gegenwärtigen Bedeutung in der beruflichen Beratung sollen im folgenden die kognitiven Modelle etwas näher dargestellt werden. Um etwaigen Mißverständnissen zu begegnen, wird die Klienten- oder personenzentrierte Beratung vorgestellt, obwohl sie in der deutschen Berufsberatung eigentlich eher eine Wunschvorstellung war als ein tatsächlich und mit einer gewissen Konsequenz angewandtes Modell.

Allgemeine kognitive Verhaltenstheorien, aus denen entsprechende Beratungsmodelle abgeleitet wurden, gehen davon aus, daß menschliches Verhalten keine mechanische oder reflexartige Reaktion auf objektive Umweltreize ist. Solche Reize werden vielmehr als Informationen aufgefaßt, aus denen ein Organismus oder ein Individuum aktiv ein Bild seiner Umwelt konstruiert. Dieses Bild entsteht zwar aus Informationen, ist aber nicht sachlich-neutral, sondern hat für das Individuum eine funktionale Bedeutung. Bedeutungen machen sich nicht an Einzelinformationen fest, sondern an Mustern, Strukturen, Konstellationen oder Gestalten. Die Bestandteile eines solchen Bildes nennt man Kognitionen. Dazu gehören z.B. Wissensinhalte über Dinge, über Zusammenhänge, und auch über sich selbst (Selbstkonzept), ferner Erfahrungen, Erwartungen, Bewertungen usw.

Was unser Verhalten bestimmt, ist nicht die objektive Umwelt an sich, sondern ihre kognitive Repräsentation. Wir handeln nicht, weil dieses Handeln richtig ist, sondern weil wir der Meinung sind, es sei richtig. Unser kognitives Aufnahme-, Repräsentations- und Speichersystem entwickelt Strukturen, sogenannte kognitive Schemata oder kognitive Landkarten' (cognitive maps), die das Bild der Umwelt organisieren und für aktuelle Handlungen verfügbar machen. Sie bestimmen, was wir denken können, was Bedürfnisse oder Emotionen wach ruft, was Handlungen in Gang setzt und diese leitet. Zu den im kognitiven Bereich stattfindenden Verarbeitungsprozessen zählen z.B. Erinnern, Vorstellen, Denken.

Für eine Theorie der Beratung sind die kognitiven Prozesse Beurteilen, Wählen, Entscheiden und Problemlösen von besonderem Interesse. Diese spielen bei allen Entscheidungen von einiger Tragweite eine Rolle. Die Wahl eines Berufs oder Arbeitsplatzes ist ein Spezialfall dieser allgemeinen Verhaltensweisen.

Ein kognitives Beratungsmodell ist ein System von Vorstellungen darüber, wie man die Kognitionen – also die Wissensinhalte, Meinungen, Wertungen, Denkgewohnheiten – eines Ratsuchenden über sich selbst und seine Situation beeinflussen kann. Das versucht man z.B. durch Vermittlung von Informationen in verschiedener Form und von verschiedener Art: Informationen über Fakten aller Art, Informationen über die Art und Weise, wie man mit diesen Fakten umgehen kann, Informationen, wie man eine Situation gedanklich umarrangieren kann, wie man etwas in symbolischer Form antizipieren kann, wie andere solche Fakten bewerten, wie man sich selbst Erfahrungen verschaffen kann,

wie man die eigenen Verarbeitungsprozesse im Hinblick auf bestimmte Maßstäbe wie Konsequenz oder Logik überprüft und vieles andere mehr.

Die beraterische Intervention hat zum allgemeinen Ziel, beim Ratsuchenden
einen kognitiven Zustand – also ein Bild von sich und seiner Welt – herzustel-
len, in dem dieser die angestrebte Entscheidung treffen kann, ohne daß
größere Konflikte, Dissonanzen o.ä. entstehen oder daß diese jedenfalls ver-
arbeitet werden können. Über die innere Entscheidung hinaus sollen auch
entsprechende Handlungen ermöglicht werden.

– Entscheidungstheoretisch orientierte Modelle

Diese Modelle orientieren sich an den Ergebnissen der Entscheidungsfor-
schung. Beraterisch interessant sind vor allem Untersuchungen, deren Ziel es
ist, Hilfen zum Vermeiden von Fehlern anzubieten, also die Güte der Entscheidungen zu verbessern.

Es scheint nahezuliegen, Entscheidungen nach ihren inhaltlichen Ergebnissen oder ihren Folgen zu beurteilen. Das ist aber nur sinnvoll, wenn es eindeutige Kriterien gibt, nach denen man die Entscheidungskonsequenzen bewerten und in eine Rangreihenfolge (besser- schlechter) bringen kann. Ferner
muß nachgewiesen sein, daß das Ergebnis in einem eindeutigen Zusammenhang mit der jeweiligen Entscheidung stand, also nicht etwa unabhängig von
der Entscheidung in jedem Fall eintrat oder zufällig oder aufgrund von Ein-
flüssen zustande kam, von denen der Entscheidende nicht wußte. Diese Bedingungen können in den meisten Fällen nicht erfüllt werden. Die Güte von
Entscheidungen wird daher heute zumeist nicht im Hinblick auf ihre Folgen,
sondern anhand von bestimmten Merkmalen des Entscheidungsprozesses bestimmt. Eine Beurteilungsmöglichkeit wäre der Grad der Abweichung von einem normativen Modell. Die Entscheidung wäre um so besser, je mehr sie mit
der Idealnorm übereinstimmt. Da normative Modelle jedoch meist vollständige Erfassung der relevanten Informationen fordern, sind sie nur ansatzweise
in relativ geschlossenen, abgegrenzten Systemen (z.B. bei bestimmten Arten
von Rechtsentscheidungen) zu verwirklichen. Im alltäglichen Fall von Entscheidungen in offenen, komplexen Feldern findet sich häufig als Gütekrite-
rium prozedurale Rationalität,[82] womit so etwas wie logische Konsistenz oder
Vernünftigkeit bei einem vertretbaren (meist mehr intuitiv bestimmten) Aufwand an Genauigkeit und Vollständigkeit bei der Verarbeitung der Informationen gemeint ist. Die Maßstäbe für Vernünftigkeit sind innerhalb gewisser
Grenzen durchaus unterschiedlich. Die Güte der Entscheidung entspricht also letztlich einer subjektiven Bewertung. Einige empirische Ansätze versuchen
dem durch Formulierung subjektbezogen operationalisierter Kriterien Rechnung zu tragen. *Toda*[83] hält eine Entscheidung für um so besser, je weniger Be-

---

82 Simon, 1978.
83 Toda, 1984.

dauern sie beim Wähler hervorruft. Hier werden also Gefühle zum Maßstab für die Entscheidungsgüte gemacht. *Janis und Mann*[84] wählen als Kriterien die subjektive Zufriedenheit des Wählers sowie die Stabilität der Entscheidung, gemessen an der Zeit, die diese Entscheidung aufrechterhalten wird. Etwas vereinfacht gesagt: Würde man in der genau gleichen Informations-Lage wie zum Zeitpunkt der Entscheidung wieder ebenso wählen?

Die Güte einer Entscheidung scheint eine multifaktorielle, komplexe, nur subjektiv und im jeweiligen Systemkontext erfaßbare Größe zu sein. Auch die Güte einer Berufswahlentscheidung kann wohl nur prozedural beurteilt werden. Das Fehlen einfacher, handlicher Beurteilungsgrößen darf aber nicht dazu verführen, alle Entscheidungen für gleich gut zu halten.

Eine deutliche Unterscheidung muß zwischen der Güte und der Richtigkeit einer Entscheidung vorgenommen werden. Richtigkeit kann nur beurteilt werden, wenn eine verbindliche Norm oder Entscheidungsregel vorliegt, von der nur innerhalb festgelegter Toleranzgrenzen abgewichen werden darf, wie z.B. bei administrativen Entscheidungen. Richtigkeit ist ein binäres Kriterium (entweder/oder), während Güte ein skalares Merkmal ist und viele unterschiedliche Grade annehmen kann (mehr oder weniger/besser oder schlechter).

In der Sichtweise der Entscheidungstheorie befindet sich ein Mensch, ein Wähler, in einer durch kognitive Repräsentation gegebenen subjektiven (nie objektiven) Situation, in der er verschiedene Handlungsalternativen wahrnimmt, aus denen er die den Umständen entsprechend beste ergreifen möchte. Die vorausgesehenen Konsequenzen jeder Möglichkeit bestimmen ihre subjektive Erwünschtheit oder ihren (psychologischen) Nutzen. Die Konsequenzen können daher als Entscheidungskriterien für die Auswahl der Alternative dienen. Ihre subjektive Gewichtung richtet sich nach ihrer Relevanz für das Gesamtziel der jeweiligen Entscheidung. Da z.B. bei einer Berufswahl nie alle Merkmale einer Situation genau bekannt sind, läßt sich das Eintreffen bestimmter Konsequenzen nicht hundertprozentig vorhersagen, sondern nur schätzen. Die subjektiven Schätzungen – und nur diese beeinflussen die konkrete Handlung – der Eintretenswahrscheinlichkeiten sind ebenfalls wichtige Entscheidungskriterien. Sie hängen von der wahrgenommenen Schwierigkeit der Situation, aber auch der Einschätzung der eigenen handlungsrelevanten Fähigkeiten sowie von der subjektiven Wirksamkeitseinschätzung oder Kausalattribuierung ab.

Entscheidungen können unterschiedlich schwierig sein. Den einfachsten Fall stellen Routineentscheidungen zwischen zwei Alternativen dar, von denen jede jeweils nur eine, klar unterscheidbare Konsequenz hat. Berufswahlentscheidungen entsprechen leider nie diesem Typus. Bei ihnen führt in der Regel jede Alternative zu mehreren Konsequenzen, die sich auf verschiedene Entscheidungskriterien beziehen. Meist müssen wegen der Vorteile bei einem Kri-

---

84 Janis und Mann, 1977.

terium Nachteile bei anderen Kriterien in Kauf genommen werden, wodurch die Entscheidung konflikthafte Züge erhält. Die Bewertungen sind häufig nicht stabil, sondern ändern sich möglicherweise relativ kurzfristig nach nicht immer rational erfaßbaren Gesichtspunkten. Häufig sind von den Konsequenzen nicht nur der Wähler selbst, sondern noch weitere Personen betroffen, deren Bewertung der Konsequenzen aber nur zum Teil bekannt ist. Die Berufswahl und ebenso die Prozesse in einer Beratung stellen sogenannte Entscheidungen in komplexen Situationen dar.

In vielen empirischen Untersuchungen[85] wurde nachgewiesen, daß Menschen in komplexen Situationen nur sehr begrenzt in der Lage sind, die günstigsten Handlungsalternativen herauszufinden. Das gilt selbst dann, wenn sie dabei nicht unter Zeitdruck stehen und die Entscheidung für wichtig genug halten, sich um die beste Möglichkeit zu bemühen.

Wie meist in schwierigen Situationen wurde daher auch im Falle komplexer Entscheidungen versucht, Werkzeuge zu entwickeln, die die Bewältigung erleichtern sollen. Die einfachste Form sind Entscheidungshilfen wie die aus der Erfahrung von Risiken spontaner Wahlen entstandenen Entscheidungsregeln oder Heuristiken.

Dabei handelt es sich häufig um auf tradierten Vorstellungen basierende kognitive Strategien zur Vereinfachung der Entscheidungsfindung (im weiteren Sinne erfüllen auch viele Arten sozialer Normen diese Funktion). Wenn man in der durch die Norm definierten Weise handelt, verringert man – so wird gehofft, aber so ist nicht unbedingt nachgewiesen – das Entscheidungsrisiko. Auch wenn das Ergebnis nicht gut ist, ist man, wenn man sich regelgerecht verhalten hat, von der Verantwortung entlastet.

Heuristiken können vom Münzwurf oder der Bauernregel über eine formale Entscheidungsmatrix bis zur Ziel-Mittel-Analyse reichen.

In vielen weniger bedeutsamen Fällen ist es bei komplexen Entscheidungen unvernünftig, manchmal sogar unmöglich, ein Entscheidungsverfahren anzuwenden, das den Anspruch hat, die beste Lösung zu finden und dazu alle existierenden Möglichkeiten durchzuspielen, alle relevanten Informationen zu verarbeiten. Man braucht daher rasch durchführbare Vorentscheidungsverfahren, um bestimmen zu können, wieviel Aufwand man treiben sollte oder will. Vorentscheidungsverfahren vereinfachen die Situation, sie reduzieren die Komplexität und erhöhen die Wahrscheinlichkeit, innerhalb einer vertretbaren Zeit mit verantwortbarem Aufwand zu einer relativ guten Lösung zu kommen. An deren Güte dürfen dann natürlich nicht so hohe Ansprüche gestellt werden. Es geht darum, eine zufriedenstellende, nicht unbedingt die optimale Wahl zu treffen. Das empfiehlt sich besonders in Fällen, in denen es wichtiger ist, überhaupt eine Entscheidung zu treffen, als die allerbeste Alternative herauszufinden.[86]

---

85 Vgl. dazu Borcherding, 1983.
86 Ein Überblick zu diversen Formen von Heuristiken findet sich bei Potocnik, 1990.

Formalisierte Entscheidungshilfeverfahren beziehen sich auf die Erkenntnis, daß Entscheidungen unabhängig von ihrem jeweiligen Inhalt eine bestimmte Struktur aufweisen. Gelingt es, in der jeweiligen Entscheidungssituation diese Struktur herauszuarbeiten, so wird der Grad von Ordnung und Vollständigkeit der Überlegungen verbessert, die Qualität der Entscheidung steigt. Dadurch können auch unter quantitativen Aspekten die einzelnen Elemente leichter bewertet und die Bewertungen angemessener aggregiert, zu Gesamturteilen zusammengefaßt, werden. Insbesondere die Aggregationsvorgänge finden ansonsten meist intuitiv in kaum reflektierter Weise im Kopf des Wählers statt. Ein häufig angewandtes Strukturierungsmittel formalisierter Art ist die Entscheidungsmatrix, andere Möglichkeiten sind Zielhierarchien.[87] Vielfach werden auch Entscheidungstrainingsverfahren entwickelt, zumeist für Bereiche, wo häufig komplexe Entscheidungen zu treffen sind. *Potocnik*[88] entwickelte ein speziell auf Berufswahlsituationen bezogenes Entscheidungstrainingsprogramm.

Entscheidungstheorien sind also systematisierte Annahmen über die kognitiven Prozesse bei der Auswahl, der Bewertung bestehender Optionen. Man unterscheidet zwischen deskriptiven und präskriptiven Entscheidungsmodellen. Als deskriptiv werden diejenigen bezeichnet, die – meist aufgrund empirischer Untersuchungen – tatsächliches Entscheidungsverhalten beschreiben. In diese Kategorie fallen Berufswahltheorien, die sich auf Entscheidungsmodelle stützen. Präskriptive Modelle stellen dagegen dar, wie Entscheidungen getroffen werden sollten. Manchmal wird in diesem Bereich noch unterteilt in präskriptive Modelle im engeren Sinne und normative Modelle. Normative Modelle beziehen sich auf allgemein anerkannte bzw. normativ vorgeschriebene Handlungsziele. Sie beschreiben Möglichkeiten, wie man die in solchen Fällen meist als objektiv feststehend empfundenen Entscheidungskriterien bestmöglich erfüllen kann. Ihre konsequente Anwendung in der beruflichen Beratung würde bedeuten, daß man davon ausgeht, es gäbe allgemeingültige Vorstellungen über den besten Beruf oder auch nur darüber, welche Ziele mit der Wahl eines Berufs anzustreben sind.

Die präskriptiven Modelle im engeren Sinne zeigen auf, wie individuelle, subjektive Handlungsziele erreicht werden können oder wie im Einzelfall festzulegende subjektive Nutzen- oder Erfolgskriterien maximiert werden könnten. Beide Arten von präskriptiven Modellen haben für eine rational handelnde, die günstigste Möglichkeit suchende Person in entsprechenden Situationen den Charakter von Entscheidungsvorschriften oder zumindest -empfehlungen. Beide Arten dienten als Leitstruktur für Beratungskonzepte.

Als Beispiel für ein normatives Modell wird hier das sog. SEU-Modell dargestellt. Als Beispiel für ein präskriptives, ursprünglich sogar deskriptiv orientiertes Modell dient der Decision Counseling Ansatz von *Janis und Mann*.[89] Dieser

---

87 Aschenbrenner, 1982, Borcherding, 1983.
88 Potocnik, 1990.
89 Janis und Mann, 1977.

geht von einer Beschreibung von Entscheidungsverhalten (Konflikt-Entscheidungs-Modell) aus, leitet daraus jedoch Empfehlungen für konkrete Hilfen bei bestimmten Entscheidungsschwierigkeiten ab.

– Das SEU-Modell oder die ‚rationale Wahl‘

Das Modell der rationalen Wahl ist ein normatives Modell. Es beschreibt, wie man vorgehen soll, um die beste Lösung für ein Problem zu finden. Ein Berater, der sich an diesem Modell orientiert, wird darauf achten, daß sein Ratsuchender möglichst wenig von rationalem Vorgehen abweicht, daß er die in der Idealnorm vorgegebenen Schritte systematisch, vollständig und richtig ausführt. Grundannahme ist dabei, daß durch rationales, also alle Informationen berücksichtigendes und die Gesetze der Logik beachtendes Vorgehen am sichersten die jeweiligen Ziele erreicht werden können. Das setzt in der beruflichen Beratung voraus, daß Berufswähler alle für ihre Entscheidung relevanten Informationen aufnehmen, speichern und verarbeiten können. Wenn diese Bedingungen hinreichend erfüllt sind, läßt sich eine relativ einfache Heuristik formulieren:[90]

1. man listet alle vorhandenen Alternativen auf,
2. man überlegt alle möglichen Konsequenzen sämtlicher Alternativen,
3. man bestimmt die Attraktivität/Nachteiligkeit jeder Konsequenz,
4. man bestimmt die Wahrscheinlichkeit jeder Konsequenz,
5. man bestimmt den erwarteten subjektiven Nutzen jeder Konsequenz, etwa durch Multiplikation von Attraktivität und Wahrscheinlichkeit,
6. man gewichtet den ermittelten Nutzen jeder Konsequenz im Hinblick auf die persönliche Bedeutung,
7. man addiert die Gewichtung der Konsequenzen zu einem Gesamtwert für jede Alternative,
8. man wähle die Alternative mit dem höchsten erwarteten Wert.

Das oben beschriebene Verfahren wird auch – weil es auf Maximierung des erwarteten Nutzens mit dem geringsten Aufwand ausgelegt ist – ‚Subjective-Expected-Utility-‘, kurz SEU-Modell genannt. Seit der Entwicklung der Vorstellungen vom ‚homo oeconomicus‘ im 19. Jahrhundert stellt es die klassische ‚vernünftige‘ Entscheidungsregel dar. Die rationale Wahl ist ein verhältnismäßig einfaches, lineares Konzept. Es erweckt den Anschein, stark zu versachlichen, scheint der Turbulenz emotional mitbestimmter Entscheidungsunsicherheit Struktur und Objektivität, Klarheit entgegenzusetzen. Das macht es vielleicht gerade für solche Personen attraktiv, die mit der Unbeständigkeit, Unbestimmtheit, aber auch geringen Steuerbarkeit der affektiven Aspekte von Entscheidungen schlecht umgehen können. Die ‚rationale Wahl‘ berücksichtigt aber durchaus auch affektive Komponenten. Sowohl die Attraktivität wie

90 Vgl. dazu Potocnik, 1990.

die Wahrscheinlichkeit der Konsequenzen sind in diesem Modell subjektive Größen, in denen sich auch Emotionales auswirkt. In der Attraktivität schlagen sich Vorlieben, Interessen, Abneigungen, funktionaler Wert für die Erreichung anderer Ziele usw. nieder. Die geschätzte Wahrscheinlichkeit ist das Resultat der subjektiven Einschätzung der eigenen Leistungsfähigkeiten und Anstrengungsbereitschaft, aber auch der Risikobereitschaft und der Einschätzung der Schwierigkeit der Situation. ‚Rational' ist am Modell der rationalen Wahl nicht die Art oder das Zustandekommen der Ausgangsgrößen: auch ein Gefühl, etwa eine starke Abneigung, ist ein Faktum. Rational sollte aber die Art sein, wie man mit diesen Fakten umgeht.

Eine Berufs- oder Arbeitsplatzwahl würde nach diesen Vorstellungen optimal etwa folgendermaßen ablaufen:

Der Berufswähler wird sich bewußt, daß er eine berufliche Entscheidung treffen muß. Er wird diese Situation vielleicht anfangs nicht als klar und übersichtlich, sondern als zumindest teilweise vage und verschwommen empfinden. Er geht also daran, so konkret und genau wie möglich beschreiben, was er von einer beruflichen Tätigkeit alles erwartet, und zwar sehr umfassend (kurz- und langfristig, direkt und indirekt). Er legt auch fest, wie wichtig ihm die Ziele dieser Erwartungen sind, was er nach Möglichkeit erreichen will und was er lieber vermeiden möchte. Nach Möglichkeit sollte er seine Ziele in eine Rangreihenfolge bringen. Dann muß er sich über alle existierenden beruflichen Alternativen einschließlich verschiedener Zugänge zum selben Beruf, über deren Anforderungen und den dabei von ihm zu erbringenden Aufwand – auch im Hinblick auf mögliche Konkurrenz – informieren. Ob er sich zuerst über seine Kriterien oder über seine Alternativen Klarheit verschafft, ist im Prinzip austauschbar. Beides hat in der Praxis aber spezielle Vor- und Nachteile. Aus einer Gegenüberstellung der Anforderungen der Alternativen mit seinen persönlichen Voraussetzungen – über die er eventuell bei Fachleuten genaue Informationen einholt – schätzt er seine Erfolgschancen in den einzelnen Alternativen ab. Er beurteilt dann alle Alternativen nebeneinander im Hinblick auf seine Erfolgsaussichten sowie auf den Grad, in dem er in ihnen seine Wünsche und Zielvorstellungen realisieren kann. Schließlich wählt er den Beruf oder den Ausbildungsplatz, der die meisten Vorteile, die wenigsten Nachteile und die besten Erfolgsaussichten bei gegebener Anstrengungsbereitschaft und gegebenen Fähigkeiten auf sich vereint.

Ein daraus abgeleitetes Beratungsmodell gestaltet sich theoretisch verhältnismäßig einfach. Der Berater läßt sich vom Ratsuchenden dessen bisheriges Vorgehen schildern und überprüft mit diesem zusammen, ob es den einzelnen Schritten der Heuristik konsequent entspricht und ob die entscheidungsrelevanten Informationen wirklich vollständig und richtig waren. In der Regel wird der Ratsuchende vom Berater Hilfe bei der Beschaffung der Informationen wünschen, z.B. Auskunft über die Alternativen oder schwer zugängliche Informationen über die eigene Person (Fähigkeitsvergleiche, ‚Eignung'). Der Berater muß ferner auf vom Ratsuchenden unbeabsichtigte Unvollständigkeit der Informationsbasis, d.h. auch der Entscheidungskriterien achten. Er muß die Berücksichtigung der Informationen im abschließenden Bewertungsprozeß überprüfen und vielleicht Ratschläge zur Vervollständigung des Kalküls einbringen – und zwar sowohl inhaltlicher wie auch prozeduraler Art, das heißt zur Art des Vorgehens.

Man könnte bei diesem Prozeß die Rolle des Ratsuchenden darauf reduzieren, daß dieser lediglich ein Hilfebedürfnis bei einem beruflichen Problem artikulieren muß. Läßt man dann den geschilderten Prozeß stellvertretend für ihn von einem Experten (dem Berater) vollziehen, so gelangt man zu dem historisch ältesten Modell für berufliche Beratung überhaupt, der Grundform des im folgenden genauer darzustellenden Trait-and-Factor-Modells. Schon dessen Begründer *Parsons*[91] sah diese Vorgehensweise als vernünftig an, als das, *what the thinking man would do.*

Eine in der einen oder anderen Form dem SEU-Modell nahestehende Grundkonzeption bildete bis in die 80er Jahre hinein die implizite kognitive Basis der in den fachlichen Weisungen für die berufliche Beratung in der Bundesanstalt für Arbeit formulierten Beratungsauffassung, sowohl im Hinblick auf logische Abläufe wie auf die inhaltliche Gestaltung einzelner Beratungsphasen.

Gegen das SEU-Modell und ähnliche Konzepte wurde oft eingewandt, sie seien zu einseitig auf die bewußten, kognitiven Prozesse eines isoliert gedachten einzelnen Wählers bezogen. Dieser Einwand ist im Prinzip nicht von der Hand zu weisen. Viele solcher rationalen Konzepte stammen aus algorithmischen Modellen für geschlossene Systeme. Sie dürfen nur begrenzt auf Entscheidungsverläufe in offenen Systemen, wie es die Berufswahl etwa eines Jugendlichen in Interaktion mit seiner Umwelt darstellt, ausgedehnt werden. Dennoch wird die Anwendbarkeit der Modelle dadurch nur relativiert und nicht generell unmöglich gemacht. Es wäre jedoch von Vorteil, je nach Problemlage auch andere Modelle zur Verfügung zu haben.

Weiter wurde kritisch angemerkt, die Einflüsse der sozialen Umgebung, internalisierte Normen, Rollenvorstellungen, durch die Sozialisation erworbene affektive Bewertungen usw. würden dabei nicht berücksichtigt. Das trifft jedoch nicht zu. Diese Faktoren sind unmittelbar in den individuellen Zielvorstellungen und in den subjektiven Bewertungen der Konsequenzen enthalten. Sind soziale Normen erst einmal internalisiert, so gehören sie losgelöst von ihrer Entstehungsgeschichte zu den persönlichen Entscheidungskriterien. Die Wirkung sozialer Beziehungen wird im SEU-Modell aber nicht gerade betont. Systemische Ansätze machen solche Zusammenhänge stärker deutlich, im Modell der rationalen Wahl muß auf die Vollständigkeit der Entscheidungsprämissen viel Sorgfalt und Mühe verwandt werden.

Störender wirkt sich die Zeitdimension der Entscheidung, die Veränderlichkeit der Kriterien aus. Da sich Entscheidungsprozesse immer dann, wenn eine Vielzahl von Informationen berücksichtigt werden muß, zwangsläufig über einen längeren Zeitraum erstrecken, können sich die zuerst erhobenen Daten

---

91 Parsons, 1909.

bereits wieder verändert haben, wenn die letzten erhoben werden. Jeder Berater kennt dieses Phänomen: die in Folgeberatungen genannten Vorlieben sind manchmal sehr verschieden von den ursprünglich genannten Interessen. Entscheidungsprämissen sind keine statischen Größen. Das gilt auch für das Einschätzen ihrer subjektiven Bedeutung. Gewichtung und Verrechnung der Kriterien sind im SEU-Modell zwar formal operationalisiert, aber empirisch wenig gesichert. Nach den vorliegenden Forschungsergebnissen erlauben einfache Modelle wie die ,rationale Wahl' aber nur, wenn die Entscheidungskriterien so vollständig wie möglich erfaßt und gemessen werden können, gute Vorhersagen von Entscheidungen.

In der Literatur[92] besteht weitgehende Einhelligkeit der Meinungen darüber, daß das Modell der rationalen Wahl nicht die tatsächlich ablaufenden Prozesse bei den Berufsentscheidungen der meisten Menschen widerspiegelt. Die Annahme einer Entscheidung aufgrund vollständiger Information ist in Anbetracht der kognitiven Komplexität von Berufswahlsituationen unhaltbar. Die Kapazität des Berufswählers zur Informationsverarbeitung ist begrenzt, zudem interindividuell sehr unterschiedlich. Der Trainingsstand der Informationsverarbeitung, der Aufnahme, sinnvollen Ordnung und Auswertung relevanter Daten ist ebenfalls nicht gleich. Ein großer Teil der Wähler erlebt daraus resultierende Frustrationen und Inkompetenzgefühle. Resultat ist eine Vielfalt nicht-rationalen, aber psychologisch nachvollziehbaren Entscheidungsverhaltens.

Das SEU-Modell erfaßt diese Prozesse nur unzulänglich. Es bietet weder Beschreibungen noch Erklärungen von Störungen und in der Konsequenz auch keine Hinweise zu deren Behebung durch gezielte Interventionen. Es eignet sich kaum zur Darstellung konflikthafter Entscheidungen angesichts von Risiken oder in Bereichen, die mit großen Unsicherheiten behaftet sind – und das ist bei Berufsentscheidungen die Regel. Das Modell hat den Charme aber auch die Nachteile einer Idealvorstellung.

Trotz allem betonen viele Autoren, die das *SEU-Modell* als deskriptives Berufswahlmodell kritisieren, seine pragmatische Verwendbarkeit in der Beratung. *Brown*[93] weist darauf hin, daß es Hilfen zur Strukturierung unübersichtlicher Probleme bietet, ferner, daß es auf die Wichtigkeit der Klärung der subjektiven Werteskala verweist, ohne die kaum eine Chance zu optimalen Entscheidungen besteht. Jede Nachlässigkeit in dieser Hinsicht beinhaltet Risiken für die Güte der Entscheidung. *Pitz und Harren*[94] sowie *Wright*[95] halten das Modell für nützlich, wenn man es in der richtigen Weise anwendet. So muß zum Beispiel ein Berater darauf achten, daß die vermittelten Informationen nicht im Sinne irgendwelcher abstrakter, als objektiv hingestellter Gesichtspunkte strukturiert

92 Katz und Martin, 1962, Lindblom, 1964, Mitchell und Beach, 1976, Dawes, 1979, Pitz und Harren, 1980, Fischhoff u.a., 1983.
93 Brown, 1990.
94 Pitz und Harren, 1980.
95 Wright, 1984.

werden, sondern persönliche Relevanz für den Ratsuchenden besitzen. In erster Linie muß das besprochen werden, was sich auf die Entscheidungskriterien des Ratsuchenden bezieht und erst danach das, was der Berater für wichtig hält. Informationen sollten nicht mit Betonung der in den Augen des Beraters machbarsten Lösung, sondern zu allen beruflichen Alternativen in gleicher Weise angeboten werden. Ratsuchende erleben es oft als unbefriedigend, wenn nur positive oder neutrale Aspekte beruflicher Alternativen besprochen werden können. Sie vermissen die offene Diskussion befürchteter Nachteile, die der Berater als heikel erlebt. Ratsuchende profitierten am meisten von diesem Modell, wenn sie bereits ein relativ klares Selbstbild entwickelt hatten. Zu ähnlichen Ergebnissen kamen *Slovic und McPhillamy,*[96] *Katz, Norris und Pears,*[97] in Deutschland *Irle u.a.*[98]

Unberührt von der empirischen Wirklichkeit kann rationale Berufswahl für Berater wie Ratsuchende ein normatives Ziel, eine idealtypische Vorgehensweise darstellen, der man sich annähern will. Kein Autor stellt in Frage, daß eine solche Wahl mit größter Sicherheit zum relativ günstigsten Ergebnis führt. Lediglich die Machbarkeit in der strengen Form wird angezweifelt. Wenn schon in einer Beratung die eine optimale Lösung nicht gefunden werden kann, so könnte eine pragmatische Alternative darin bestehen, dem Ratsuchenden zu einer etwas rationaleren Entscheidung als ohne die Beratung zu verhelfen, die Chancen für ein günstiges Ergebnis so gut wie unter den gegebenen Umständen machbar zu verbessern. Dabei könnte das *SEU-Modell* eine nützliche Orientierungshilfe sein.

– Das Trait-and-Factor-Modell

Dieses Konzept hat, wie schon erwähnt, in seinen Ausgangsüberlegungen viel Ähnlichkeit mit der rationalen Wahl, heute würde man es als eingeschränkt rationale Wahl bezeichnen. Der eigentliche Entscheider, der Berufswähler, sieht seine Informationsgewinnungsmöglichkeiten und seine Verarbeitungskapazität überfordert und verfährt deshalb nach der Entscheidungsregel, sich in solchen Fällen von einer kompetenteren Person, einem Experten, einen oder einige fertige Lösungsvorschläge erarbeiten zu lassen und einen davon am Ende mittels einer viel simpleren Prozedur, im Extrem intuitiv, zu akzeptieren. Diese Vorgehensweise kann durchaus rational sein. Auch die teilweise Veränderung eines solchen fertigen Lösungsvorschlags wäre noch viel einfacher als das Suchen nach einer eigenen Lösung.

Der Experte, der Berater, akzeptiert das Problem des Ratsuchenden und macht dessen Lösung gewissermaßen zu seiner Aufgabe, obwohl er natürlich nicht der direkt Betroffene ist und deshalb – wenn er verantwortlich vorgeht –

---

96 Slovic und McPhillamy, 1974.
97 Katz, Norris und Pears, 1978.
98 Irle et al., 1982.

die endgültige Entscheidung nicht manipuliert. Dabei verhält er sich ebenfalls rational oder zumindest quasirational. Er bemüht sich in der Beratung vor allem um die Erarbeitung und Gewichtung von Entscheidungskriterien und wertet diese dann – mehr oder weniger transparent für den Ratsuchenden – in einer rationalen Entscheidungsmatrix aus. Um gut zu funktionieren, setzt eine solche Aufgabenteilung zwischen Berater und Ratsuchendem entweder sehr gute Kommunikation oder, wo diese naturgemäß an Grenzen stößt, eine möglichst perfekte Diagnostik voraus. Die immer noch verbleibenden Unterschiede der Sichtweisen des Ratsuchenden und des Beraters stellen einerseits ein Handicap dar, können sich in bestimmter Hinsicht aber auch vorteilhaft auswirken, etwa durch Einbeziehen von Gesichtspunkten, auf die der jeweils andere nicht gekommen wäre.

Die *Trait-and-Factor-Theorie* war sozusagen der Ursprung jeder professionellen beruflichen Beratung. Die ersten Überlegungen zu einem solchen Konzept werden üblicherweise *Frank Parsons* zugeschrieben, dessen Buch ‚Choosing a Vocation‘ 1909 in den USA veröffentlicht wurde. Parsons war einer der früher nicht seltenen Generalisten: ein Rechtsanwalt, Techniker und Sozialreformer, der in Boston einen Beratungsdienst für arbeitslose Jugendliche gründete. Seine Überlegungen, für ‚den richtigen Mann den richtigen Beruf‘ oder Arbeitsplatz zu finden, und ähnliche Konzepte einer Reihe späterer Autoren in Deutschland, Großbritannien und den USA blieben bis in die 40er Jahre hinein für die berufliche Beratung bestimmend und ohne Konkurrenz.

Die Überlegungen, die der Berater anzustellen hatte, gingen von den folgenden – zu Beginn der Entwicklung eher impliziten – Grundannahmen aus:

• Verschiedene Menschen besitzen verschiedene Merkmale: Eigenschaften, Wesenszüge (traits) usw. in unterschiedlichem Ausmaß.
• Eigenschaften oder traits können sinnvoll unterschieden und in ihrem Ausprägungsgrad genügend zuverlässig festgestellt werden.
• Berufliche Tätigkeiten erfordern zu ihrem Erlernen und zu ihrer erfolgreichen Ausübung diese Eigenschaften in unterschiedlichem Ausmaß, d.h. sie stellen unterschiedliche Anforderungen an die Menschen, die sie ausüben.
• Die Anforderungen beruflicher Tätigkeiten können ebenfalls sinnvoll unterschieden und in ihrer Höhe genügend zuverlässig festgestellt werden.
• Es ist möglich – wenn nötig mit Hilfe von Experten – für den Einzelnen den Beruf zu finden, in dem seine Eigenschaften und Fähigkeiten optimal den Anforderungen entsprechen. Dies wäre die günstigste dauerhafte Lösung für das Berufswahlproblem.

Diese Grundannahmen führen mit einer gewissen logischen Zwangsläufigkeit zur folgenden schon von *Parsons* vorgeschlagenen konkreten Vorgehensweise eines Beraters:

• Der erste Schritt ist eine möglichst genaue Analyse von Berufen, d.h. von für bestimmte Berufe typischen Tätigkeiten und von speziellen Merkmalen beruflicher Umweltsituationen. Daraus werden Art und Höhe der Anforderungen der Berufe abgeleitet.

- Als zweites werden die berufsrelevanten persönlichen Eigenarten und Merkmale der Berufswähler nach Art und Ausprägungsgrad festgestellt (in den historischen Anfängen durch ‚menschenkenntnisgeleitete' Gespräche, später professioneller mittels psychologischer Diagnostik).
- Als drittes werden per Vergleich die richtigen Individuen mit den richtigen Berufen zusammengepaßt.

Einen Teil der für die dargestellten Schritte notwendigen Informationen, nämlich genaue Kenntnisse über seinen Ratsuchenden zugängliche Berufe, verschafft sich der Berater (in seiner Ausbildung und später fortlaufend parallel zu seiner Tätigkeit) vorab, d.h. vor einer konkreten Beratung. Das entspricht ökonomischen Überlegungen sowie eingebürgerten Erwartungshaltungen, ist im Prinzip aber nicht unbedingt zwingend. Solche Kenntnisse könnten auch fallbezogen je nach dem Stand der Überlegungen von Berater und Ratsuchendem gemeinsam im Verlauf des Beratungsprozesses eruiert werden. Die berufskundlichen Kenntnisse umfassen außer formalen Rahmenbedingungen (Regelungen wie Zugangsvoraussetzungen, Ausbildungsdauer) vor allem Art und Ausprägungsgrad der Anforderungen sowie auch alle die Aspekte, die der Beruf bietet, worin also jemand, der ihn ausübt, Befriedigung finden und was ihn stören könnte. Auf diese Weise wird der Grundstock für die Liste beruflicher Alternativen in der Matrix späterer konkreter Entscheidungen erarbeitet. Eine qualitativ und auch quantitativ befriedigende Berufskunde, die die Informationsbedürfnisse aller Ratsuchenden und die Interessen aller anderen beteiligten Stellen berücksichtigt, ist jedoch bis heute eine – möglicherweise unerfüllbare – Wunschvorstellung geblieben.

Informationen dieser Art hat der Berater also im Regelfall in irgendeiner Form als Speicherwissen verfügbar oder er weiß zumindest, wie und wo er an diese Informationen kommen kann. Den anderen Teil – die Informationen über den Ratsuchenden und dessen Merkmale – muß er sich jeweils aktuell in der Beratung verschaffen. Das geschieht in einer Art diagnostischen Interviews. Für diese Diagnostik gab und gibt es selbstverständlich so etwas wie ‚Regeln der Kunst', oder anspruchsvoller einen sich ständig weiterentwickelnden wissenschaftlichen Qualitätsstandard. Dennoch schrieb das Trait-and-Factor-Modell früher keine bestimmte Vorgehensweise vor. Der Berater war in seiner Methodik – wenn auch mit erheblichem Qualitätsrisiko – verhältnismäßig frei. Als Haupt-Datenquellen hatte er die direkte eigene Beobachtung, die Aussagen des Ratsuchenden über sich selbst, Beobachtungen Dritter (z.B. Beurteilungen durch Lehrer oder Vorgesetzte) sowie in besonderen Fällen standardisierte Verhaltensstichproben in Form von Tests zur Verfügung.

Vermutlich, weil die persönlichen Merkmale im Rahmen einer Beratung erheblich leichter feststellbar waren als die Merkmale eines so abstrakten und wenig greifbaren Konstrukts wie ‚Beruf', rückte die Klärung der Person-Merkmale in den Mittelpunkt der Beratung. Im Laufe der Entwicklung wurden –

unter anderem durch sehr enge Ankopplung an die differentielle Psychologie – eine Fülle diagnostischer Methoden entwickelt, die sich nicht nur auf Fähigkeiten und Fertigkeiten, sondern schon seit der Zeit vor dem zweiten Weltkrieg auch auf Interessen, Bedürfnisse, kurz auf die Motivation erstreckten. Eignungsaussagen als Erfolgs-und Zufriedenheitsprognosen wären ohne Berücksichtigung der Motivation sehr ungenau, eine Trennung der Erfolgs- von der Zufriedenheitskomponente gelingt nur in extremen Ausnahmefällen.

Soweit sie noch nicht vorverarbeitet waren (z.B. Gutachten), formte der Berater die erhaltenen Informationen durch Interpretation zu Aussagen über persönliche Merkmale um. Die auf diese Weise gewonnene Merkmalsliste oder, wenn quantitative Abstufungen darin enthalten waren, das Merkmalsprofil stellte er gedanklich den bereits bekannten Anforderungsprofilen der Berufe gegenüber. Informationsgewinnung wie -verarbeitung und vergleichende Gegenüberstellung konnten ganz oder teilweise formalisiert werden, z.B. durch Fragebögen, Verrechnungsblätter, DV-Programme (in der Bundesanstalt für Arbeit: STEP, Berufswahltest).

Der Berater überprüfte jetzt, ob Anforderungen und persönliche Merkmale genügend gut zueinander paßten bzw. zu welchen Anforderungen die Voraussetzungen am besten paßten. Das erforderte eine Analyse und Beschreibung beider Bereiche nach identischen Kriterien, die dann als Vergleichsdimensionen dienen. Prinzipiell war das möglich, da ja die beruflichen Anforderungen ebenfalls eine Spiegelung menschlicher Verhaltensmerkmale darstellen. Sie waren so etwas wie der Standard der in einem Beruf hinreichend erfolgreich und zufrieden tätigen Personen. Berufe mit Anforderungen, die nicht von genügend vielen Personen erfüllt werden können, verändern sich oder verschwinden. Paßten die Dimensionsprofile der Anforderungen und der Voraussetzungen relativ gut zusammen, so sprach man von Eignung der Person für einen Beruf oder des Berufs für eine Person.

Oft wird über Eignung gesprochen, als ob sie so etwas wie eine dem Individuum zugeordnete Größe, eine Art Meta-Persönlichkeitsmerkmal sei. Es muß daher betont werden, daß Eignung ein reiner Relationsbegriff ist. Es gibt keine Eignung an sich, sondern immer nur Eignung für bestimmte Bezugssituationen. Konkret festgestellte Eignungen lassen sich nur begrenzt auf ähnliche Situationen oder Berufe übertragen.

Die Übereinstimmung von Merkmals- und Anforderungsprofilen konnte und kann in der Praxis schon aufgrund von Meßfehlerstreuungen u.ä. höchstens zufällig vollkommen sein. Konkret vorkommende Passungen oder Eignungen stellen daher immer einen Wert auf einer kontinuierlichen Skala möglicher Profilübereinstimmungen zwischen 0 und 100% dar.

Der festgestellte Grad der Profilübereinstimmung kann nun in Beziehung gesetzt werden zu den Erfahrungen, die in der Vergangenheit mit solchen Ratsuchenden gewonnen wurden, die ähnliche Grade von Profilübereinstimmung aufwiesen und von denen bekannt ist, ob sie in den jeweiligen Berufen angenommen wurden und erfolgreich und zufrieden sind. Prinzipiell ermöglicht erst ein solcher Vergleich dem Berater eine Aussage über die Wahrscheinlichkeit, mit der ein Ratsuchender in bestimmten Berufen zurecht kommt. Eignungsaussagen sind also ihrem Wesen nach Prognosen möglichen Berufserfolgs bzw. möglicher Berufszufriedenheit.

Konkrete Erfolgsprognosen – oder deren Spiegelbild: Risikoeinschätzungen – sind in der Praxis selten so exakt, daß etwa ganz präzise Wahrscheinlichkeitsprozentzahlen auf einer 100er Skala angegeben werden könnten. Den Beratungserfordernissen genügt oft schon die Einstufung auf einer 5er-Skala etwa der folgenden Art:

1	2	3	4	5
Mißerfolg sehr wahrscheinlich	Mißerfolg wahrscheinlich	Erfolg ungewiß	Erfolg wahrscheinlich	Erfolg sehr wahrscheinlich

Häufiger und in der Beratung stärker eingebürgert ist es jedoch, die Bereiche 1 und 2 als Nichteignung, die Bereiche 4 und 5 als Eignung zu bezeichnen. Hier wirken sich die Gepflogenheiten administrativer Entscheidungen bis in die Beratung aus.

Der Bereich 5, die größten realistisch zu erwartenden Übereinstimmungen zwischen Anforderungen und persönlichen Voraussetzungen, wird oft *Optimaleignung* genannt – da *Maximaleignung* als 100%ige Profilübereinstimmung ja nicht vorkommt. Der Bereich, in dem ein Erfolg zumindest wahrscheinlicher ist als ein Mißerfolg, wird meist als *Minimaleignung* bezeichnet. Auf der Skala entspräche dem – soweit abgrenzbar – der obere Teil des Bereichs 3.

Nebenbei sei hier vor Verwechslungen gewarnt. Außer dieser eher beraterisch-psychologischen Definition gibt es im administrativen Bereich (etwa bei der Vermittlung oder der gesetzlich geregelten Vergabe öffentlicher Leistungen) auch formal-rechtliche Auffassungen des Eignungsbegriffs. Eignung ist hier ohne direkten empirischen Bezug auf Erfolgsprognosen o.ä. an das Vorliegen bestimmter formaler Kriterien gebunden, z.B. an bestimmte Schulabschlüsse oder Beschäftigungszeiten. In der Rechtsprechung wird meist vorsichtig formuliert, daß bei Vorliegen solcher in der Regel leicht feststellbarer Kriterien von Eignung auszugehen sei. Zu den Formalkriterien können in bestimmter Weise auch Gutachteraussagen gerechnet werden, wenn bei ihnen nur das Endergebnis berücksichtigt wird. Trotz anderer Feststellungsmethoden und anderer Darstellung der Resultate (nicht als empirisch ermittelten Punkt auf einer kontinuierlichen Skala mit Ungewißheitszonen sondern als alternative Entweder/oder-Entscheidung) ist Eignung auch im formal-rechtlichen Bereich als Verhältnisbegriff aufzufassen und nicht als individuelles Merkmal.

Das *Trait-and-Factor-Modell* hat im Zuge seiner über 80jährigen Geschichte etliche Wandlungen mitgemacht. Zwar steht im Mittelpunkt des Konzepts immer noch der Gedanke, daß bei einer guten Berufswahlentscheidung die Person und die berufliche Umwelt im weiten Sinne zueinander passen müssen, jedoch sieht man das heute nicht mehr als eine statische Passung, die Abstimmung nicht mehr als ein punktuell auftretendes und mechanisch zu lösendes Problem. Die Berufswahlentscheidung wird als fortdauernder Interaktionsprozeß wechselseitiger Angleichung gesehen. Beratung ist nicht mehr das einmalige Herstellen einer Passung, sondern der Versuch, beim Prozeß der Entscheidung in einer Weise zu intervenieren, daß die Chancen für wechselseitige Anpassungen verbessert werden. Dabei muß natürlich auch die Interaktion zwischen Berater und Ratsuchendem zum Thema werden.

– Theoretische Entwicklungen

Die Grundüberlegungen blieben im Prinzip erhalten. Das Modell hat aber sein Spektrum theoretisch wie methodisch so erweitert, daß dem auch durch einen Namenswechsel Rechnung zu tragen versucht wurde: statt *Trait-and-Factor-Theorie* ziehen neuere Autoren die Bezeichnung *Person-Environment-Fit-Approach (PxE-fit-approach)* vor, ein Name, der sprachlich nicht viel glücklicher ist als Trait-and-Factor. Die Eignungsdiagnostik, früher tragende Säule der Trait-and-Factor-Theorie, ist nach wie vor sehr wichtig, aber sie ist nur noch ein Teil des Gesamtkonzepts. Dieser Relativierung tragen Autoren wie *Eckardt* und *Hilke*[99] durch Begriffe wie ‚beratungsunterstützende Eignungsdiagnostik' Rechnung.

Die Erweiterung des Ansatzes kommt auch in den theoretischen Grundpositionen zum Ausdruck. Zwar sind die zu Anfang dargestellten Grundannahmen in ihrem weiteren Sinn, wenn auch nicht in ihrem Wortlaut und den Details ihrer Inhalte, eigentlich immer noch gültig. Sie wurden allerdings zur Vermeidung von Mißverständnissen neu formuliert und erweitert. Bei *Chartrand*[100] werden sie in folgender Form dargestellt:

- Personen und berufliche Umwelten unterscheiden sich in bedeutsamen Merkmalen, die zuverlässig und differenziert eingeschätzt werden können,
- das Zusammenpassen von Personen und beruflichen Umwelten erhöht die Wahrscheinlichkeit positiver Entscheidungsergebnisse,
- Personen suchen aktiv ihnen entsprechende, kongruente berufliche Umwelten,
- zwischen Personen und beruflichen Umwelten findet ein ständiger wechselseitiger Angleichungsprozeß statt.

Die ersten drei dieser Annahmen sind veränderte Positionen der traditionellen *Trait-and-Factor-Theorie*. Die Veränderungen sind unauffällig, aber bedeutsam. Die These, Menschen seien zu rationalen Entscheidungen fähig, bedeutet nicht mehr, daß affektive Prozesse für weniger wichtig gehalten oder gar vernachlässigt werden. Affekte und Emotionen sowie ihr Niederschlag in Ab-

---

99 Eckhardt und Hilke, 1986.
100 Chartrand, 1991.

neigungen und Bevorzugungen sind psychologische Realitäten und müssen als Fakten berücksichtigt werden. Sie spielen auch in Entscheidungsprozessen und in der Interaktion zwischen Berater und Ratsuchendem eine Rolle. Die angebotene beraterische Hilfe für einen Ratsuchenden, der in seinem Entscheidungsprozeß irgendwo steckengeblieben ist, sollte sich aber nicht in emotionaler Anteilnahme oder Unterstützung erschöpfen. Die eigentliche Intervention sollte nach den Vorstellungen dieses Modells eine kognitiv erfaßbare, eben rationale Orientierungshilfe für den Ratsuchenden sein. Vom Modellansatz her ist es schwer vorstellbar, wie einem Ratsuchenden, dessen ursprüngliche – möglicherweise intuitive, affektiv betonte – Leitlinie oder Heuristik nicht zum gewünschten Ergebnis führte, anders als durch ‚Überlegung‘ eine neue Orientierung verschafft werden könnte. Außerdem wird ein Beratungsansatz, der Wert auf wissenschaftliche Absicherung legt, den der Wissenschaft innewohnenden kognitiven oder rationalen Akzent nicht vermeiden können und wollen. Bei der zweiten Grundannahme geht es nicht mehr so sehr um statische Passungen als um das Erkennen von Dimensionen und Strukturen (patterns), die Überblick und Orientierung in einem Chaos von Informationen und Gefühlen schaffen.

Das Zusammenpassen (matching) im Sinne der zweiten Annahme betont, daß Kongruenz von charakteristischen Person-Merkmalen und Anforderungen einer beruflichen Umwelt das mögliche Ergebnis einer Berufswahl kalkulierbarer macht, sowohl im Hinblick auf die Wahrscheinlichkeit eines Erfolgs wie auch auf die Möglichkeiten des Zurechtfindens und die Befriedigung von persönlichen Bedürfnissen.[101] Das Fertigwerden mit den prinzipiell nicht zu beseitigenden Unwägbarkeiten der Zukunft kann dadurch erleichtert werden.

Mit der vierten und fünften Annahme geht der *PxE-fit-Ansatz* über Kongruenzüberlegungen hinaus. *Rounds und Tracey*[102] betonen die dynamische Reziprozität der Prozesse, mit denen eine Person in einen Beruf hineinkommt: Personen sind in der Lage, ihre jeweiligen Umwelten bis zu einem gewissen Grade zu formen und werden ihrerseits durch neue Umwelten mehr oder weniger geformt. Verwandt damit ist die Auffassung Hollands, daß Individuen aktiv danach streben, Umgebungen aufzusuchen oder zu schaffen, die ihnen erlauben, ihre Wünsche und Fähigkeiten auszuleben und zu verwirklichen. Die Überlegung, daß auch Vertreter klientenzentrierter Ansätze zur beruflichen Beratung[103] hier keine großen Vorbehalte hätten, zeigt die Erweiterung des Spektrums des *PxE-fit-Ansatzes* sehr deutlich.

Vom Standpunkt eines in der *Trait-and-Factor-Tradition* beheimateten Beraters kann dieser Trend auch skeptisch gesehen werden. Für das allgemeine Verständnis der Situation, in der berufliche Entscheidung und Beratung stattfindet, sind die neuen Grundannahmen zweifellos wichtig. In der praktischen

---

101 Holland, 1985.
102 Rounds und Tracey, 1990.
103 Z.B. Carkhuff 1969 und Grummon, 1972.

Beratung spielt dies jedoch nur bei der Einschätzung und Beurteilung der klassischen Faktoren Person des Ratsuchenden, Situation und Adaptationsmöglichkeiten eine Rolle. Direktes Ziel einer *PxE-fit-Beratung* bleibt das Verhalten des Ratsuchenden, sein Wissen, seine Einstellungen, Gefühle und Aktionen. Die Situation – oder vielmehr die möglichen Situationen – sind in der Beratung immer nur als gedankliche Projektionen vorhanden, sie sind dem Berater wie dem Ratsuchenden zum Zeitpunkt der Entscheidung nicht für konkrete, aktuelle Aktionen zugänglich und fallen daher als Feld für Interventionen aus.

– Methodische Entwicklungen

In der Methodik ist der Wert psychometrischer Verfahren und Prognosen nach wie vor unumstritten. Im Rahmen jeder Beratung stellen sie ein realitätsbezugsstiftendes Element dar. Da, wo es erforderlich oder wünschenswert ist, genaue und differenzierte Konsequenzeneinschätzungen bei der Wahl beruflicher Alternativen mit einzubeziehen, wäre jeder Versuch, mit anderen als den modernen psychometrischen Methoden zu Prognosedaten zu kommen, ein Anachronismus. Die gegenwärtige Beratungspraxis lebt zur Zeit noch stärker von der differentiellen Psychologie, der Eignungsdiagnostik, als etwa von der Entwicklungspsychologie oder der Kommunikationstheorie. Die Analyse und Messung von Person-Merkmalen zur Vorhersage beruflichen Verhaltens wird noch nirgendwo als ersetzbar angesehen.[104] Prognosedaten allein sind jedoch für eine Beratung zu wenig. Berufliche Beratung sieht etwa nach *Chartrand*[105] so aus, daß zunächst einmal Kontakt oder Rapport hergestellt wird, daß Informationen über Bildungs- und Arbeitsgeschichte der Ratsuchenden, Familienhintergrund, gegenwärtige Lebenssituation und Zukunftspläne genutzt werden. Aus diesen Rohdaten werden konsistente Verhaltensmuster (überdauernde Interessen, Werthaltungen, Fähigkeiten) herausgearbeitet, um vorhandene Möglichkeiten oder Einschränkungen, Ressourcen und Handicaps zu erkennen, welche die beruflichen Pläne fördern oder hindern können. Diese Informationen liefern auch Hinweise auf Strategien, durch die der Ratsuchende in aktiver Mitarbeit und Beteiligung seine Situation verstehen lernt, zu einem strukturierten, geordneten Vorgehen kommt und so seine Entscheidung fällen kann.

– Interaktion in der Beratung – Umgang mit Informationen

Neben der Eignungsdiagnostik, die anfänglich den gesamten Bereich der Methoden der *Trait-and-Factor-Theorie* abdeckte, findet die Gestaltung der Interaktion mit dem Ratsuchenden zunehmend Beachtung. Abstimmung des Interak-

---

104 Brown, 1990.
105 Chartrand, 1991.

tionsstils des Beraters auf die Aufnahmefähigkeit und -bereitschaft des Ratsuchenden ist dabei ein Kernpunkt. Untersuchungen über die Akzeptanz und tatsächliche Nutzung von Informationen sowohl über sich selbst wie über berufliche Situationen durch die Ratsuchenden zeigten, daß Bewertungen, fertige Ratschläge, Informationen, die vom Berater mit bestimmender Endgültigkeit vorgetragen werden, an deren Zustandekommen der Ratsuchende aber nicht beteiligt war und die ihm nicht transparent sind, nur in geringem Maße angenommen werden und kaum in die endgültige Entscheidung einfließen.[106] Eine Reaktion darauf ist der Trend, den Ratsuchenden zunehmend in Einschätzungs- und Bewertungsprozesse mit einzubeziehen.[107] So wird z.B. für motivierte, mitarbeitsbereite Ratsuchende ein eher indirekt anleitender, die eigenen Aktivitäten nur unterstützender Interaktionsstil empfohlen.[108] Für Ratsuchende, die weder zu eigenen Entscheidungen in der Lage noch motiviert und mitarbeitsbereit sind, erscheinen direkte Ratschläge (‚telling‘) angemessener. Nach Meinung der Autoren ist das bei freiwilligen Ratsuchenden aber nur selten der Fall.

Ratsuchende, die Schwierigkeiten mit der Aufbereitung und Verarbeitung der ihnen zugänglichen Informationen haben, brauchen eine Form von Beratung, die ihnen (auch modellhaft im Vorgehen des Beraters) eine Struktur liefert und die ihnen bei der Ausarbeitung und Ausfüllung dieser Struktur hilft.[109] Da es unsinnig wäre, für das Trait-and-Factor-Modell neue Techniken zu entwickeln, wo entsprechendes in verwandten Modellen schon vorliegt, nutzen heutige Trait-and-Factor-Berater üblicherweise Techniken aus kognitiv-behavioristischen oder anderen entscheidungstheoretisch orientierten Beratungskonzepten. So empfiehlt *Aschenbrenner*[110] etwa kurze Strukturierungstrainings innerhalb der Beratung, die auch ein *Trait-and-Factor-Berater* nutzen könnte.

– Diagnose und Prognose

Schon in der reinen Eignungsdiagnostik, die wohl dem ursprünglichen Trait-and-Factor-Gedanken noch am nächsten steht, haben sich Trends durchgesetzt, auf möglichst breiter Basis alle denkbaren Arten der Informationsgewinnung zu nutzen. Das besonders in Amerika kritisierte Verfahren der Trait-and-Factor-Berater, sich zu ausschließlich nur auf durch Tests erfaßte, möglichst exakt gemessene Merkmale zu stützen und daraus direktive Ratschläge abzuleiten (‚test-and-tell‘-Methode) entspricht nicht mehr dem Stand der Erkenntnisse. *Rounds und Tracey*[111] betonen, daß die Qualität der Einschätzung von

---

106 Goldman 1971, Jones und Gelso, 1988, Goodyear, 1990.
107 Healy, 1990.
108 Howard, Nance und Myers, 1987.
109 Rounds und Tracey, 1990.
110 Aschenbrenner, 1983.
111 Rounds und Tracey, 1990.

Personen und beruflichen Situationen mehr von der Verläßlichkeit und Genauigkeit (auch Konkretheit) der gesammelten Informationen abhängt als von der äußeren Form der angewandten Verfahren.

Wichtige Änderungen haben auch im Bereich der Definition und Gewichtung der Vergleichsdimensionen stattgefunden. Heute hält man es nicht mehr für erfolgversprechend, die für solide Prognosen hinreichend genaue Bestimmung der Berufsanforderungen nur von der Analyse der beruflichen Aufgaben und Situationen her vorzunehmen. Bessere Ergebnisse wurden durch den Vergleich von Merkmalen der Ratsuchenden mit Merkmalen von Personen erzielt, die bereits in bestimmten Berufen tätig sind oder waren und die man (z.B. Kollegen, Vorgesetzte) oder die sich selbst als erfolgreich und zufrieden bezeichneten. Personenmerkmale sind prognostisch nur noch wichtig in dem Ausmaß, in dem sie sich als valide Prädiktoren bei der Vorhersage von Erfolg und Zufriedenheit erwiesen haben. Andere Merkmale, die durchaus zur vollständigen Beschreibung der Anforderungen gehören, die aber nicht zur sicheren Unterscheidung zwischen Erfolgreichen und Nichterfolgreichen bzw. Zufriedenen und Unzufriedenen beitragen, sind prognostisch irrelevant. Die diagnostische Grundfrage heißt also nicht mehr: ‚Erfüllt diese Person die Anforderungen des Berufs?‘, sondern ‚Wieweit ähnelt diese Person den typischen erfolgreichen und zufriedenen Vertretern dieses Berufs?‘.

Für solche Ähnlichkeitsmeßverfahren sind allerdings relativ große Vergleichsstichproben und ein hoher methodischer Aufwand erforderlich. Deswegen sind sie in erster Linie auf Prognosen im Bereich häufig vorkommender Standardberufe beschränkt. Bei seltenen oder neuentstandenen Berufen ist man daher weiterhin auf das konventionelle Anforderungs-Merkmalsvergleichsverfahren angewiesen. Ein Nachteil des Ähnlichkeitsverfahrens ist die zu weitgehende Kompensation sehr schwach ausgeprägter Merkmale durch andere, besser ausgeprägte Merkmale. Dieser Nachteil läßt sich durch die Kombination mit anderen Methoden jedoch ausgleichen. Bei den Testsystemen der Bundesanstalt für Arbeit (z.B. BWT) wurde ein Ähnlichkeitsverfahren mit einem Minimalwerte-Verfahren kombiniert. Dieses gibt für einzelne Berufe und Personmerkmale, besonders im Fähigkeitsbereich, Mindestschwellen an, deren Unterschreitung ein unakzeptabel hohes Mißerfolgsrisiko bedeuten würde. Das Minimalwerteverfahren allein hätte den Nachteil zu geringer Kompensationsmöglichkeiten, weswegen es sich gerade für die Kombination mit den Ähnlichkeitsverfahren anbietet. Im Grundsatz bekannt,[112] aber noch nicht in genügender Breite und Differenziertheit erforscht ist das Problem der *Maximalschwellen,* also der Überqualifikation. Nach den bisherigen Erkenntnissen muß hier mit komplexen, teilweise nichtlinearen Zusammenhängen gerechnet werden.

Als Ergebnis der empirischen Forschung ist ein abgesichertes, differenziertes Bild der Möglichkeiten von Prognosen entstanden. Positionen wie ‚Es gibt ei-

---

112 Wanous, 1980.

nen und nur einen Idealberuf für jedes Individuum' oder ‚Die Anforderungen eines bestimmten Berufs können nur von einem eng umschriebenen Typ von Personen erfüllt werden' sind schon seit geraumer Zeit aufgegeben worden.

– Klärung des Selbstbildes, Förderung der Selbsteinschätzung

Die traditionelle Methode der Analyse von Berufsanforderungen und Person-Merkmalen und deren Vergleich wird aber neben den diagnostischen ‚High-tech'-Verfahren weiterhin genutzt. Für Prognosen hat sie zwar nur einen vorläufigen Lückenbüßer-Status. Sie kann aber in ‚deskriptiver' Art, als Beschreibung, da eingesetzt werden, wo sie gerade wegen ihrer gegenüber wissenschaftlichen Prognoseverfahren größeren Einfachheit und Transparenz den Ratsuchenden zum Nachdenken über seine Fähigkeiten und Ziele anzuregen vermag. Für diesen Zweck bietet sie eine einfache gedankliche Struktur. Profilvergleiche können zu einem höheren Grad an Selbsteinsicht beim Ratsuchenden beitragen.[113] Bei dieser Art des Einsatzes – ob im Gespräch, oder als durch Medien vermitteltes Verfahren etwa in der beruflichen Orientierung – ist im Moment kaum eine Alternative vorstellbar.

Zwei Aspekte sollten dabei zur Vorsicht mahnen. Häufig entstehen unbemerkte Mißverständnisse, wenn für die Ratsuchenden wissenschaftliche Merkmalsdimensionen in ‚naiv-realistische' Modelle der Alltagspsychologie[114] übersetzt werden müssen. In gewisser Weise verwandt damit ist die bei der Verwendung sprachlich substantivierter Konstrukte der Fachsprache leicht suggerierte Konsistenz von Merkmalen oder Verhalten über längere Zeiträume hinweg. Die Zusammenhänge erscheinen vielen Ratsuchenden dann oft linear vereinfacht, verabsolutiert und unabänderlich.

– Trait-and-Factor in der beruflichen Beratung in Deutschland

In der deutschen Berufsberatung war bis in die 70er Jahre hinein eine dem *Trait-and-Factor-Modell* entsprechende eignungsdiagnostisch orientierte Grundhaltung bestimmend, allerdings weniger als bewußt gewählte theoretische Grundhaltung sondern eher implizit, mangels Alternativen: *Trait-and-Factor-Methoden* waren die einzige bekannte Art, Berufsberatung zu betreiben. Die Verbindung der Beratung mit der Vermittlung unterstützte diesen Trend, da für diesen Bereich eine Orientierung an der Eignung gesetzlich vorgeschrieben war.

Danach wurde die Monopolstellung des Ansatzes durch allgemeinere entscheidungstheoretische und personenzentrierte Überlegungen relativiert. Die *Trait-and-Factor-Theorie* war aber immer noch das Modell für die der end-

---

113 Prediger, 1974, Goldman, 1971.
114 Hörmann, 1964.

gültigen Entscheidung des Ratsuchenden vorausgehende Phase, in der Informationen zur Entscheidungsvorbereitung gesammelt und strukturiert, insbesondere die Entscheidungsprämissen präzisiert und Erfolgsaussichten abgeschätzt wurden. Ehe man nach den obigen Ausführungen aus der tatsächlichen Praxis beruflicher Beratung in der Bundesanstalt für Arbeit Rückschlüsse auf das Trait-and-Factor-Modell zieht, muß angemerkt werden, daß nur da, wo psychologische und ärztliche Fachdienste eingeschaltet wurden, die Eignungsabklärung dem theoretisch möglichen Standard des Modells entsprach. In vielen anderen Fällen erfüllte die Eignungsfeststellung durch die Berater nur die formalen Anforderungen, die im Hinblick auf eine eventuelle Ausbildungs- oder Arbeitsvermittlung unumgänglich waren, deren Standards aber von administrativen und nicht von beraterischen Gesichtspunkten bestimmt wurden.

Das Konflikt-Entscheidungsmodell *von Janis und Mann*[115]

Die an diesem Modell orientierte Beratungsform wird etwas verallgemeinernd Decision Counseling, also Entscheidungsberatung genannt. Dies ist insofern irreführend, als auch die Ansätze von *Krumboltz*[116] sowie *Tiedemann* und *O'Hara*[117] Entscheidungstheorien im Sinne des *SEU-Modells* sind und eine Reihe weiterer Ansätze Anspruch auf diesen Namen erheben könnten.
Entscheidungsberatung versucht primär, Hilfestellung bei der Lösung eines unmittelbaren, konkreten Problems zu leisten. Sich dabei ergebende situationsübergreifende Verbesserungen des Entscheidungsverhaltens sind aber in der Regel ein erwünschtes Nebenziel.
Für *Janis und Mann* haben nicht alle Entscheidungssituationen die gleiche subjektive Bedeutsamkeit. Diese ist vielmehr abhängig von der Schwere der Folgen einer Fehlentscheidung sowie der Leichtigkeit, mit der getroffene Entscheidungen verändert oder wieder rückgängig gemacht werden können. Sie unterscheiden daher zwischen ‚kalten‘ und ‚heißen‘ Entscheidungen. Die meisten Alltagsentscheidungen, z.B. die Wahl der Tages-Garderobe oder des Kantinen-Essens, gehören zur Kategorie der kalten Entscheidungen. Heiße Entscheidungen sind von größerer persönlicher Bedeutung. Wenn auch eine genaue Abgrenzung schwierig ist, so gehören für die meisten Menschen berufliche Entscheidungen auf alle Fälle zu dieser Kategorie.
Nach *Janis und Mann* entstehen bei allen heißen Entscheidungen intrapersonelle Konflikte, da bei jeder Handlungsalternative sowohl positive wie negative Konsequenzen abzusehen sind.
In der Folge des resultierenden Konflikts zwischen Annäherungs- und Vermeidungs-Tendenzen in Bezug auf jede Alternative entsteht Unsicherheit sowie

---

115 Janis und Mann, 1977.
116 Krumboltz, 1973.
117 Tiedemann und O'Hara, 1963.

das Bestreben, die Entscheidung hinauszuzögern. In vielen Fällen kommt es zu (Entscheidungs-) Streß, der sich in starken unangenehmen Emotionen wie Angst, Unsicherheit, Schuldgefühlen gegenüber anderen oder Scham über die eigene Unfähigkeit äußert. Dadurch wird der normale Ablauf der Informationsaufnahme und der Verarbeitungsmuster stark beeinträchtigt.

Die Beziehungen zwischen Streß und Entscheidungskonflikten lassen sich nach *Janis und Mann* in den folgenden Grundannahmen darstellen:

- Das Ausmaß von Streß bei einem Entscheidungskonflikt hängt ab von den Zielen des Individuums, den dabei tangierten Bedürfnissen sowie der Erwartung, daß bestimmte Bedürfnisse bei einer Entscheidung unerfüllt bleiben. Je stärker diese Befürchtung, umso größer ist der Streß.
- Bedrohliche Situationen und/oder unverhoffte günstige Gelegenheiten erzwingen unvorhergesehene Entscheidungen. Entscheidungsstreß hängt davon ab, wie sehr sich ein Entscheider auf seine bisherigen Verhaltensweisen festgelegt fühlt, wenn eine Bedrohung oder aber eine anderweitige günstige Gelegenheit eintritt.
- Wenn alle durchführbar erscheinenden Reaktionen auf eine Problemstellung als ernsthafte Risiken wahrgenommen werden, verliert der Entscheider die Hoffnung auf eine wünschbare Alternative und flüchtet sich in defensives Ausweichen. Defensives Ausweichen zeigt sich in übertriebener Wahrnehmung des Nutzens oder Herunterspielen der Nachteile der Entscheidungskonsequenzen (,Rationalisierung' oder ,cognitive bolstering'), in zögerndem Aufschieben, im Verlassen auf Andere sowie in selektiver, verzerrender Informationssuche und -verarbeitung.
- Mäßige Ausmaße von Entscheidungsstreß führen zu aufmerksamen, wachsamen, ,vigilanten' Anstrengungen, die beste der vorhandenen Alternative herauszufinden, solange Hoffnung besteht, daß dadurch ein akzeptables Ergebnis gefunden werden kann. Mittlerer Entscheidungsstreß führt zu günstigem, fehlender oder aber übermäßiger Streß zu ungünstigem Entscheidungsverhalten.

Kennzeichen einer guten Entscheidung sind in diesem Konzept das Ausmaß, in dem die ursprünglichen Entscheidungsziele des Individuums erreicht werden, das Vermeiden von Nach-Entscheidungsstreß sowie die Stabilität der Entscheidung, d.h. die Wahrscheinlichkeit, daß sie auf absehbare Zeit nicht geändert werden muß.

– Das Vorgehen bei ,guten' Entscheidungen

Eine ganze Reihe empirischer Untersuchungen deutet darauf hin, daß solche ,guten' Entscheidungen am sichersten erreicht werden, wenn ein bestimmtes, von Janis und Mann als vigilant bezeichnetes Entscheidungsverhalten vorliegt. Dabei sollte der Entscheider unter bestmöglicher Nutzung seiner Informationsmöglichkeiten folgende Punkte beachten:

1. ein breites Spektrum unterschiedlicher Handlungsmöglichkeiten überlegen und gründlich erkunden,
2. sämtliche zu erreichenden Ziele und alle durch die Entscheidung tangierten Wertvorstellungen auflisten und berücksichtigen,
3. die Konsequenzen jeder Alternative sorgfältig abwägen, und zwar im Hinblick auf den dabei erforderlichen Aufwand, den erreichbaren Nutzen sowie das Risiko und Gewicht negativer Konsequenzen,
4. intensiv bis zur endgültigen Entscheidung nach weiteren neuen Informationen zur Bewertung der Alternativen suchen,
5. jede neue Fakteninformation oder Meinung von Experten offen aufnehmen, sorgfältig abwägen und in sein Kalkül einbeziehen, auch wenn dadurch der anfänglich von ihm bevorzugte Weg ungünstiger erscheint,
6. vor der endgültigen Festlegung alle, auch die anfänglich von ihm als unakzeptabel eingestuften Alternativen nochmals im Hinblick auf den letzten Informationsstand überprüfen,
7. detaillierte Vorbereitungen zur Ausführung der gewählten Handlungsalternative treffen und auch Eventualpläne oder Vorüberlegungen für denkbare bzw. bereits bekannte Risiken bereit haben.

Je mehr dieser Kriterien in einem Entscheidungsprozeß berücksichtigt werden, um so eher kann man diese Entscheidung als vigilant bezeichnen. Je mehr Kriterien außeracht gelassen werden, umso größer ist das Risiko unerwarteter Rückschläge oder nachträglichen Bereuens der Entscheidung.

Die für vigilante Entscheidungen empfohlene Prozedur ist nicht grundsätzlich anders als sie sich bei einer rationalen Entscheidung gestalten würde. Neu ist jedoch die Betonung der Kriterien 4 bis 7, die den Prozeßcharakter solcher Vorgänge unterstreichen. Damit wird einer der Einwände gegen das *SEU-Modell* vermieden.

Beraterische Entscheidungshilfe geht in der Regel von der analytischen Zergliederung oder Dekomposition des modellhaft oder empirisch beschriebenen Entscheidungsverhaltens in zweckentsprechende Teilschritte aus. *Janis und Mann* unterscheiden **fünf Stadien:**

Phase 1: Entscheidungssituationen sind nicht vom übrigen Verhalten isoliert zu betrachten. Sie entstehen, wenn neue Ereignisse oder Informationen das bisherige Verhalten in Frage stellen oder neue günstigere Möglichkeiten signalisieren. Diese Phase kann als ‚Abschätzen der Herausforderung‘ bezeichnet werden.

Eine Leitfrage dazu wäre: Was geschieht bzw. gibt es ernste Risiken, wenn ich nichts verändere?

Zu dieser Phase würde auch die subjektive Zuordnung zum Typ der heißen oder kalten Entscheidungen gehören, also die Frage, ob das Problem wichtig genug ist, um die Suche nach der bestmöglichen Lösung zu rechtfertigen.

Phase 2: Suche nach und Sichtung der Alternativen. Hier wird vor allem nach Informationen gesucht. Der Entscheider überlegt, ob er zusätzliche Informa-

tionen braucht, wo und wie er sie bekommen kann, und ob er evtl. die Hilfe anderer in Anspruch nehmen soll. Leitfragen wären hier:
Welche Möglichkeiten zu anderem als dem bisherigen Verhalten habe ich? Habe ich auch keine Möglichkeit übersehen?
In dieser Phase liegt der Beginn der meisten ungünstigen Entscheidungsmuster.

Phase 3: Gewichtung und Abwägen der Alternativen. Leitfrage: Welche der vorhandenen Möglichkeiten ist die beste? Wird diese meinen Bedürfnissen wirklich gerecht?

Phase 4: Entscheidung und Eingehen von Verpflichtungen (,commitment').

Leitfrage: Soll ich mich endgültig auf die anscheinend bestmögliche Alternative festlegen oder lieber weitersuchen? Soll ich das z.B. schon anderen zur Kenntnis geben?

Phase 5: Festhalten an der Entscheidung (auch bei evtl. negativen Konsequenzen).
Leitfrage: Was passiert, wenn ich meine Entscheidung umstoße? Und was passiert, wenn ich sie beibehalte?
Die Entscheidungsphase 5 dauert an, bis eine neue Information ein solches (subjektives) Gewicht hat, daß eine neue Phase 1 ausgelöst wird.
Ein solcher Entscheidungsprozeß kann zeitlich von höchst unterschiedlicher Dauer sein. Sowohl Ad-hoc-Entscheidungen in Notfällen wie langjährige berufliche, familiäre oder politische Entscheidungen bei Einzelpersonen wie in Gruppen können diese Struktur aufweisen. Insbesondere die Phasen 2 bis 4 können dabei wiederholt, in unterschiedlichen ,Schleifen', durchlaufen werden.

– Typische suboptimale Entscheidungsmuster

Die Beachtung der Kriterien 1 und 2 während der ersten beiden Entscheidungsphasen, der Kriterien 3 und 6 in der dritten und 7 in der vierten Phase sowie der Kriterien 4 und 5 während des gesamten Prozesses kennzeichnet Vigilanz. Die Entscheidungen sind relativ stabil. Sie erfüllen die Ziele der Betroffenen vergleichsweise optimal und werden von ihnen innerlich getragen.
Schon eine Fehleinschätzung bei der Leitfrage in Phase 1 kann aber zu suboptimalem Entscheidungsverhalten, in diesem Fall zu konfliktlosem Beibehalten des bisherigen Verhaltens führen.
Ein Beispiel wäre der Angestellte einer Firma, der angesichts anhaltender Rezession in seiner Branche und Kurzarbeit im eigenen Betrieb keine Notwendigkeit sieht, sich Gedanken über einen neuen Arbeitsplatz zu machen.
Fehleinschätzungsmöglichkeiten häufen sich geradezu in der Phase 2. *Janis und Mann* stellen hier drei häufige Formen ungünstigen Entscheidungsverhaltens fest.

Bei der Sichtung der Alternativen werden hier häufig schon zu Beginn das erste und zweite Vigilanzkriterium nicht beachtet. Sieht der Entscheider bei der erstbesten auftauchenden Möglichkeit kein großes Risiko, so kommt es zu konfliktfreier Veränderung des Verhaltens in Form einer Art Zufallswahl. Beispiele wären hier berufliche Erstwähler, die lediglich aus Familientradition den Beruf, das Geschäft oder die Praxis des Vaters ergreifen oder übernehmen, ohne andere Möglichkeiten auch nur erwogen zu haben.

Werden einige weitere Alternativen zwar erkundet, stellen sich aber bei vorläufiger Durchsicht als unbefriedigend heraus (z.B. weil bestimmte Kriterien wie ‚schnell viel Geld verdienen‘ nicht erfüllt werden oder weil sie nichts Besonderes, modisch Attraktives bieten, aber auch aus ‚normaleren‘ Gründen, weil sie alle irgendwo auch negative Aspekte haben), so kann die Hoffnung, bei weiterer Suche eine bessere Lösung zu finden, verschwinden. Es kommt zu defensivem Ausweichen oder Vermeiden einer Entscheidung in Form von Aufschieben oder Herauszögern der Entscheidung (ohne weitere Informationssuche), zum Abschieben der Verantwortung auf andere Personen wie Eltern, Berater oder auch staatliche Institutionen, welche einem sagen sollen, was die beste Alternative wäre (ohne daß dabei die eigenen Ansprüche gesenkt werden) oder zu Rechtfertigung oder Rationalisierung einer im Grunde nicht getragenen, konflikthaften Zufallswahl (‚Was hätte ich denn sonst machen sollen?‘ oder ‚Es ist ja doch alles egal‘).

Auch oder gerade wenn Hoffnung auf bessere Lösungen vorhanden ist, besteht eine weitere Hürde in der Einschätzung des Wählers, ob ihm genügend Zeit für die Suche nach dieser Lösung und für ausreichende Überlegungen zur Verfügung steht. Geringe Zuversicht oder mangelnde Sicherheit, bis zu evtl. drohenden Entscheidungsterminen noch wenigstens einen begrenzten Überblick zu bekommen, führt zu Übervigilanz, zu Aufregung, unsystematischer, hyperaktiver Suche oder Panik.

In allen diesen Fällen sind die resultierenden Entscheidungen, die meist nur unter Druck zustande kommen, sehr labil. Die Betroffenen sind auf evtl. Risiken oder negative Konsequenzen ihres Handelns schlecht vorbereitet.

– Praktische Konsequenzen für die Beratung

Wie geht nun der Berater anhand dieses Modells konkret vor? Die beraterische Hilfe beginnt ähnlich wie beim SEU-Modell mit einem diagnostischen Interview, in dem der Berater vom Ratsuchenden zu erfahren versucht, wie dieser sein Problem sieht und welche Schritte er bereits zu dessen Lösung unternommen hat. In dieser Initialphase soll inhaltlich herausgefunden werden, wieweit der Ratsuchende bei seinen Lösungsversuchen die Kriterien des vigilanten Entscheidungsverhaltens erfüllt hat bzw. wo er davon abweicht. Dazu kann die Kriterienliste zu einem strukturierten Fragekatalog umgewandelt werden. Berater und Ratsuchender bemühen sich gemeinsam um (möglichst in der Erfahrung des Ratsuchenden begründete) Abklärung dieser Punkte.

Um dem Ratsuchenden die dabei erforderliche Offenheit und eine realitätsgetreue Darstellung zu ermöglichen, empfehlen *Janis und Mann* akzeptierendes, aber nicht bewertendes, anteilnehmendes, aber nicht auf persönlicher Neugier beruhendes Beraterverhalten. Da empirische Untersuchungen gezeigt haben, daß Ratsuchende nur dann keine starken aktiven oder passiven Widerstände gegen Interventionen zur Veränderung ihres Entscheidungsverhaltens entwickeln, wenn die Bedingungen für vigilantes Verhalten in der jeweiligen Situation sowieso günstig sind, muß der Berater relativ frühzeitig in der Beratung herauszufinden versuchen, ob evtl. im Vorgehen des Ratsuchenden eines der unzweckmäßigen Entscheidungsmuster auftaucht. In diesem Falle müßte es vor irgendwelchen weiteren Schritten zu ändern versucht werden, da sonst nicht mit akzeptablen Beratungsergebnissen gerechnet werden kann. Eine entsprechende Diagnose kann in Form eines freien Gesprächs erfolgen. Der Berater muß dann entscheiden, ob er für eine Intervention bei der jeweiligen Problemlage genügend kompetent ist oder nicht. Er kann sich überlegen, mit welchen Methoden er im Rahmen seines Auftrags und seiner institutionellen Möglichkeiten am besten zum Ziel kommt oder ob er den Ratsuchenden zum Aufsuchen einer kompetenteren Hilfsinstitution motivieren soll.

Bei der Bedeutsamkeit beruflicher Probleme für die Ratsuchenden wird ein Berater fast immer davon ausgehen müssen, daß eine vigilante Entscheidung anzustreben ist. Er muß jedoch damit rechnen, daß der Ratsuchende dies nicht ebenso einschätzt oder nicht darin geübt ist, vigilante Entscheidungen zu treffen oder den psychologischen Streß des Entscheidens und der damit verbundenen Konflikte schlecht erträgt oder scheut. Er kann ihn daher bei den einzelnen Phasen des Entscheidungsprozesses unterstützen, etwa indem er bei der Generierung oder Sichtung der Alternativen hilft.

Methodische Überlegungen zu den Details des Vorgehens im Einzelfall werden bei *Janis und Mann* weniger betont bzw. bewußt ausgespart. Die eigentlichen Intentionen des ,decision counseling' gehen in eine andere Richtung: der Berater sollte weder Empfehlungen geben, ob der Ratsuchende eine bestimmte Alternative ergreifen soll noch in irgendeiner Weise andeuten, ob er eine vom Ratsuchenden getroffene Wahl für gut oder schlecht hält. Stattdessen soll er ihm dabei helfen, den bestmöglichen Gebrauch von seinen Fähigkeiten zu machen, um zur optimalen Entscheidung im Hinblick auf sein eigenes Wertesystem zu kommen. Viele der beraterischen Aktivitäten haben zum Ziel, dem Ratsuchenden bewußt zu machen, mit welchen Verfahrensweisen er an sein Problem herangegangen ist und welche anderen Möglichkeiten es noch gibt, die er bisher nicht genutzt hat.

Die Abstinenz von konkreten Vorschlägen, Empfehlungen und Hinweisen erstreckt sich aber nur auf die Inhalte, nicht auf prozedurale Aspekte. Es kann erforderlich sein, den Ratsuchenden darauf aufmerksam zu machen, wo er weitere oder konkretere Informationen bekommt, wie er herausfinden kann, ob bestimmte Bedingungen, zeitliche Termine o.ä. unabänderlich oder verhandlungsfähig sind, für welche bereits bekannten Risiken einer bestimmten Alternative vorsorgliche Eventualpläne erforderlich sind usw.

Im Unterschied zu anderen Formen von Beratung, bei denen meist auf intuitiver Basis Vorschläge zu einem schrittweisen Vorgehen bei der Lösung von Problemen gemacht werden, empfehlen *Janis und Mann* eine systematische Vorgehensweise mit – natürlich an die Sprache des Ratsuchenden angepaßt formulierten – Standardfragen in einer bestimmten Reihenfolge. Dazu haben sie eine Reihe von strukturierten Merk-oder Fragelisten als Hilfsmittel für die Beratung entwickelt.

Janis und Mann gehen dabei von der Überlegung aus, daß antizipierte Angst, Insuffizienzgefühle, aber auch Begrenzungen der menschlichen Informationsverarbeitung zu Blockierungen und Hemmungen des Entscheidungsprozesses führen und Menschen daran hindern können, aktiv nach Informationen zu suchen und gründlich die Entscheidungskonsequenzen zu durchdenken. So werden, um Informationsüberflutung zu vermeiden, häufig nur die augenscheinlich wesentlichsten Konsequenzen der Handlungsalternativen überlegt, obwohl die Summe vieler weniger wichtiger Konsequenzen im Endeffekt die Bilanz grundlegend verändern kann. Die Fragebögen und Listen sollen zu mehr Systematik und Konsequenz beitragen. Als korrespondierende Interventionen kämen auch konkrete Entscheidungstrainings oder wiederholtes Üben der entsprechenden Überlegungen anhand einer Entscheidungsmatrix infrage. Bei defensivem Ausweichen intensiverer Art wären allerdings spezielle Techniken erforderlich.

Im Normalfall müßten nach *Janis und Mann* ein oder zwei Gespräche mit einem qualifizierten Berater ausreichen, um eine merkliche Verbesserung des Entscheidungsverhaltens zu bewirken – aber nicht unbedingt eine konkrete Problemlösung, die ja auch nicht primäres Ziel dieses Beratungsansatzes ist. Aufwand dieser Größenordnung reicht aber keinesfalls aus, um tiefsitzende neurotische Verhaltensweisen zu überwinden. Bei chronisch und ohne Berücksichtigung der jeweils einzigartigen Entscheidungsumstände in immer gleicher Weise ungeeignetem Verhalten wie Abwehr, Ausweichen oder Hypervigilanz könnte allenfalls Psychotherapie helfen.

Als besondere Hinweise zu Interventionsmöglichkeiten in den Fällen nichtvigilanten Entscheidungsverhaltens geben *Janis und Mann* an:

• Unbedachtes Verharren wie unüberlegter Wechsel kommen im Verhaltensrepertoire der Ratsuchenden häufig vor, können aber relativ leicht durch gezielte, in geschickter Weise vermittelte Informationen durch den Berater geändert werden. Bei konfliktlosem Verharren in Fällen, in denen der Berater dieses Verhalten als unrealistisch einschätzt, kann er versuchen, in der Beratung die Signifikanz der Hinweise, die der Ratsuchende bereits erhalten hat, zur Sprache zu bringen. Er könnte den Ratsuchenden auch anregen, über mögliche negative Konsequenzen nachzudenken und ‚objektivere' Informationen über die Risiken des bisherigen Handlungskurses einzuholen.
• Hält der Berater es für unrealistisch, wenn der Ratsuchende keine ernsthaften Risiken dabei sieht, die erste sich gerade anbietende Möglichkeit zu er-

greifen (konfliktlose Veränderung), so kann er anregen, daß der Ratsuchende sich über die Risiken dieser Alternative und möglicherweise übersehene negative Konsequenzen informiert. Eine andere Möglichkeit wäre der Hinweis auf evtl. vorhandene noch bessere Alternativen. Je nach Lage müßten auch die negativen Folgen des Nichteinhaltens von bei der bisherigen Lösung eingegangenen Verpflichtungen gegenüber anderen und sich selbst überlegt werden.

- Steht der Ratsuchende unter Streß und hält die Zeit für eine Lösung des Problems für zu knapp (Hypervigilanz), so kann der Berater panikartiges Hin- und Herschwanken zwischen den Alternativen oder vorschnelle Wahlen zu verhindern versuchen, indem er mit dem Ratsuchenden überlegt, was auf alle Fälle noch bis zum Termin der Entscheidung machbar ist, wenn schon nicht alles in Ruhe überlegt werden kann. Er kann auch anregen, daß sich der Ratsuchende nochmals genau darüber informiert, welche Möglichkeiten des Zeitgewinns existieren. Auch im schlimmsten Fall muß die Entscheidung kaum vor Ablauf der für die Beratung eingeplanten Zeit getroffen werden, und diese Zeit kann dann in Ruhe genutzt werden. Hypervigilanz scheint – echte, überraschende Notfälle ausgenommen – relativ selten zu sein, so daß kaum Erfahrungen vorliegen. In den Notfällen hätte zumeist nur vorbeugendes Training oder der häufige Umgang mit ähnlichen Situationen genützt.

- Befindet sich der Ratsuchende in einem Konfliktzustand und glaubt er nicht, daß eine Lösung des Konflikts gefunden werden kann (defensives Ausweichen), so kann der Berater versuchen, den Ratsuchenden zu Gesprächen mit Freunden oder anderen relevanten Bezugspersonen zu animieren – in der Hoffnung, daß sich aus diesen Gesprächen neue Perspektiven und Ansätze zu mehr Optimismus ergeben. Er kann den Ratsuchenden darauf hinweisen, daß zu seinem Problem evtl. weitere Informationen existieren und wie man diese bekommen kann (Auskunftstellen, Literatur etc.). Vor allem aber kann er selbst versuchen, in der Beratung Optimismus in Bezug auf die Chancen, daß eine akzeptable Lösung gefunden werden kann, zu vermitteln.

- Defensives Ausweichen ist nach den Beobachtungen von *Janis und Mann* der bei weitem schwierigste Falltyp für den Berater, da der Ratsuchende sich dabei aktiv gegen neue Informationen über mögliche Risiken u.ä. wehrt – vielleicht um seine Pseudoruhe aufrechterhalten zu können und den psychologischen Streß des Entscheidungskonflikts zu vermeiden. Ein Berater, der – über die kommunikativen ‚Basisqualifikationen' (Akzeptieren etc.) hinaus – lediglich korrekte Informationen vermittelt und keine anderen Techniken in seinem Verhaltensrepertoire hat, wird in den drei anderen Fällen nichtvigilanten Verhaltens relativ oft Erfolge haben, beim defensiven Ausweichen aber selten zu seinem Ziel kommen. Ohne spezielle Techniken liegt hier eine Grenze für die Wirksamkeit von Beratungen.

Die geschilderten Typen nicht-vigilanten Entscheidungsverhaltens schließen sich gegenseitig keineswegs aus. Innerhalb einer Folge von Beratungen oder sogar innerhalb einer Beratungssitzung kann anfänglich konfliktloses Verharren und später Hypervigilanz auftreten. Wenn der Berater sich in der Gewichtung konteraktivierender Informationen irrt, schafft er solche Verlagerungen möglicherweise selbst. Der Schwierigkeitsgrad der Intervention ist nach den vorliegenden Untersuchungsergebnissen sehr unterschiedlich.

Ganz allgemein soll der Berater unkritischem oder trägem Entscheidungsverhalten, Pessimismus und Demoralisierung durch gezielte warnende oder aufmunternde Informationen und Hinweise entgegenwirken.

Dabei stellt sich natürlich sofort die Frage nach der Auswahl und Dosierung solcher Informationen und der Methode ihrer Vermittlung. Wie viele der von der Entscheidungstheorie herkommenden Autoren scheinen auch *Janis und Mann* hier manchmal sehr stark auf die Wirkung bloßer Hinweise und Anregungen zu vertrauen. Obwohl ihre Bedeutung durchaus nicht geleugnet wird, stehen Aspekte wie Kontextzusammenhänge, Handlungsstrategien, Erlebnisse und Erfahrungen bei ihnen nicht im Mittelpunkt beraterischer Interventionen. Zur Methodik verweisen die Autoren häufig theoretisch unbefriedigend – wenn auch wohl nicht ganz zu unrecht – auf die persönliche Sensitivität und Erfahrung des einzelnen Beraters, wie es bei einem ursprünglich eher deskriptiven Ansatz nicht verwundern darf.

Empirische Bestätigungen der Effektivität des Beratungsansatzes von *Janis und Mann* liegen auch für berufliche Entscheidungen in Teilbereichen vor. Das Modell erfüllt mindestens in gleicher Weise wie das Modell der rationalen Wahl die Funktion der Strukturierung schwieriger Entscheidungsabläufe, sein Nachteil ist allenfalls der höhere Grad an Komplexität gegenüber dem konkurrenzlos einfachen *SEU-Modell*. Mehr als durchschnittliche intellektuelle Befähigungen scheinen aber auch bei dieser Form von Entscheidungsberatung nicht erforderlich zu sein. Ein geringer kognitiver Trainingsstand der Ratsuchenden könnte aber entsprechend angepaßte Informationsdarbietungstechniken, Visualisierungen u.ä. erforderlich machen. Auch wird volle Vigilanz nicht immer erreichbar sein. Überhaupt erlaubt das Modell unter ungünstigen Bedingungen eine kontrollierte Reduzierung der Ansprüche an die Vigilanz.

Der Konflikthaftigkeit, Unsicherheit und Komplexität beruflicher Entscheidungen wird besser Rechnung getragen als beim *SEU-Modell*.

Zu den Vorteilen zählt weiter, daß das Modell Hinweise bietet, die relativ rasch den Schwierigkeitsgrad der erforderlichen Intervention erkennen lassen. Der Berater kann so erkennen, in welchen Fällen er mit normalen, informationsvermittelnden Strategien wenig Aussicht auf Erfolg hat oder in welchen Fällen er mit seiner Methodik nicht weiterkommt. Ergebnislose, frustrierende Versuche mit untauglichen Mitteln können auf diese Weise reduziert werden.

– Die klientenzentrierte Beratung

Die klientenzentrierte Beratung oder ihr allgemeines Verhaltens-Modell, die *Selbst-Theorie*, zählt zu den psychodynamischen Theorien, die von der Annahme ausgehen, daß hinter der Ebene des beobachtbaren Verhaltens eine weitere Ebene psychischer Kräfte, Tendenzen oder Triebe existiert, die dieses Verhalten in Gang setzen und steuern. Ob man diesen Kräften einen Realstatus zuschreibt oder sie als nützliche Hilfskonstruktionen auffaßt, ist dabei zweitrangig. Der Begründer dieser Richtung, *Rogers*,[118] nahm eine einzige solche Kraft an und nannte sie Selbstverwirklichungstendenz.

Als Vertreter der humanistischen Psychologie ging er von einem betont positiven Menschenbild aus.

Jeder Mensch ist seiner Meinung nach zur konstruktiven Steuerung und Kontrolle des eigenen Verhaltens fähig, sofern dafür nur hinreichend günstige Bedingungen vorliegen. Er ist seiner Natur nach konstruktiv und sozial, d.h. auch gut und vertrauenswürdig. Schlechte Züge sind Ergebnis aufgezwungener Verteidigungshaltungen, die den Menschen seiner wahren Natur entfremden. Jeder Mensch lebt in seiner eigenen Welt, die subjektiv, d.h. auf die eigene Person zentriert ist. Er funktioniert als Ganzes klüger als sein Intellekt, d.h. seine bewußte Rationalität. Das Bewußtsein, das Symboldenken und ähnliche Funktionen sind relativ neue Produkte der Entwicklungsgeschichte und basieren auf einer vielfach größeren Grundlage nichtbewußten organismischen Funktionierens, die in den Emotionen erlebbar wird. Zweck des bewußten Denkens war die Identifikation und Beseitigung von Störfaktoren des organismischen Funktionierens. Übermäßig eingesetzt stört diese Funktion aber den natürlichen harmonischen Ausgleich der menschlichen Bedürfnisse durch einseitige Betonung und Verzerrung. Sie ersetzt das organismische Prinzip ‚soviel, wie nötig‘ durch ‚soviel, wie möglich‘, wodurch die Bedürfnisse anderer gestört werden. Jedem Organismus wohnt die Grundtendenz inne, alle in ihm angelegten Möglichkeiten voll zu entfalten, also sich selbst zu verwirklichen.

Unter einem Organismus versteht *Rogers* ein integriertes System, in dem alle Teile in Beziehung zueinander stehen und Veränderungen eines beliebigen Teils Veränderungen aller anderen Teile bewirken können. Solange der Organismus lebt, ist er aktiv und reagiert mit allen seinen Teilen auf seine Umwelt. Ein Teil der Erfahrungen, die der Organismus bei der Realisierung seiner Aktivitäten in der Umwelt macht, wird im Bewußtsein symbolisiert. Andere Erfahrungen bleiben unbewußt, werden ignoriert oder verdrängt. Die Wahrnehmungen des Organismus formen sein phänomenales Feld oder seine subjektive Erlebniswelt. Dazu gehören sowohl die Wahrnehmungen der äußeren Umwelt wie das Erleben innerer Vorgänge. Ins Bewußtsein gelangt nur, was für den Einzelnen wichtig und bedeutsam ist, der Mensch formt sich seine Realität aktiv nach seinen Bedürfnissen. Wahrnehmungen und Wertvorstellungen,

---

118 Rogers, 1942, 1951.

die sich auf das eigene Ich beziehen, formen innerhalb des Erlebnisfeldes einen besonders herausgehobenen Teil: das Selbst. Es entsteht aus der Interaktion des Organismus mit der Umwelt und den dabei gemachten Erfahrungen. Das Selbst ‚strebt' nach Konsistenz seiner eigenen Struktur und nach Konsistenz des Verhaltens des Organismus, dem es sich zuordnet. Erfahrungen, die zur bisherigen Struktur des Selbst passen – die mit dem Bild des Selbst von sich selbst, dem *Selbst-Konzept*, übereinstimmen – werden integriert. Andersartige Erfahrungen und Erlebnisse werden als Bedrohung empfunden und lösen Angst aus, da sie die Identität des Selbst infragestellen. Das Selbst ist nicht statisch, sondern entwickelt sich fortlaufend in der Interaktion mit der wahrgenommenen Welt.

Das Individuum macht in seiner Entwicklung die Erfahrung, daß bestimmte Umwelten seiner Selbstverwirklichungstendenz besser entsprechen als andere. Es beginnt, positive und negative Wertvorstellungen (auf der organismischen Ebene) zu entwickeln.

Aus der Selbstverwirklichungstendenz differenzieren sich im Laufe der Zeit bestimmte Bedürfnisse. Zu diesen Bedürfnissen gehören u.a. das Bedürfnis nach positiver Wertschätzung durch andere Menschen und später das Bedürfnis nach Selbstachtung. Das Individuum entwickelt Vorstellungen von Würde und Selbstwert. Darin gehen auch die Wertvorstellungen oder Normen der sozialen Umwelt ein, die es infolge seines Bedürfnisses nach positiver Wertschätzung durch andere Menschen in sein Selbst-Konzept integriert. Werden nun Erfahrungen gemacht, die zwar nach den ursprünglichen Maßstäben des Organismus angenehm, nach den aus der sozialen Umwelt übernommenen Wert- und Würdevorstellungen unakzeptabel sind, so können aus diesen Widersprüchen und Konflikten Fehlentwicklungen entstehen. Aus der Verleugnung der organismischen Bedürfnisse resultiert nach *Rogers* die Entfremdung des Menschen von seiner eigentlichen Natur.

Bei Konflikten der genannten Art sind die Erfahrung des eigenen Verhaltens, ursprünglich durch die Rückmeldungen der sozialen Umwelt, und das Selbst-Konzept inkongruent. Inkongruenz löst Ängste aus, da sie dem Streben des Selbst nach Konsistenz entgegensteht. Dieser Bedrohung versucht das Individuum durch Verteidigungsmechanismen wie Selbsttäuschung, Wahrnehmungsverzerrung usw. zu begegnen. Das gelingt jedoch oft nur unvollkommen, so daß ständige Anspannung und teils Beunruhigung, teils massive Angst die Folge sind. Die Verteidigungsmechanismen formen die gesamte Wahrnehmung und Erfahrung so um, daß sie konsistent mit der Struktur des Selbst und den Wertvorstellungen bleiben. Folgen solcher defensiven Umstrukturierung sind Wahrnehmungseinengung und ungenaue Realitätserfassung. Es zeigen sich Rigidität, unzulässige Verallgemeinerungen, Loslösung von der unmittelbaren phänomenologischen Realität in Form von Dogmatismus oder Alltagsideologien sowie verabsolutierte und undifferenzierte Bewertung selektierter Einzelerfahrungen (Kasuistik). Das Individuum ist dabei gehindert, Erfahrungen zu machen und Entscheidungen zu treffen, die ihm selbst und seiner Umwelt gerecht werden.

Um Fehlentwicklungen solcher Art und die daraus resultierende teilweise Desintegration der Persönlichkeit aufzufangen und rückgängig zu machen, muß die zugrundeliegende Inkongruenz verringert werden. Das erfordert eine Verstärkung der positiven Selbstachtung des Individuums und eine Abschwächung der von anderen übernommenen Wert- und Würdevorstellungen. Ein Weg dazu wäre die Relativierung dieser Vorstellungen durch die wahrgenommene und erfahrene unbedingte positive Wertschätzung durch eine relevante Bezugsperson. Diese kann nur erfahren werden in einer Situation, die durch einfühlendes Verständnis geprägt ist. Die Zunahme an erhöhtem Selbstwertgefühl macht das Individuum weniger anfällig für die Wahrnehmung von Bedrohungen, weniger defensiv, kongruenter und erhöht die Möglichkeit zur positiven Wertschätzung anderer. Der Mensch entwickelt sich ein Stück weiter in Richtung auf eine integrierte Persönlichkeit oder *fully functioning person*.

Da Probleme ihre Ursache in ungünstigen Entfaltungsbedingungen der Person haben, so folgt daraus für die Beratung, daß eine Situation geschaffen werden muß – und sei es zunächst als Schonraum –, die einer normalen, positiven Entwicklung förderlich ist. Die Bedingungen, die als günstig für die Korrektur von Fehlentwicklungen dargestellt wurden, gelten auch für Beratungen. *Rogers* betonte im Laufe seiner Arbeit immer stärker, daß für die Herstellung günstiger Bedingungen weniger die konkreten, operationalisierten Verhaltensweisen eines Beraters als vielmehr dessen Grundeinstellungen und Überzeugungen, die sich in vielerlei Weise manifestieren können, entscheidend sind. Die Anwendung geplanter, vorstrukturierter Verhaltensweisen lehnte er unter allen Bedingungen ab. Gelingt es dem Berater, diese Bedingungen zu schaffen, so führt der natürliche Selbstverwirklichungsprozeß des Klienten zur Verringerung der Inkongruenzen, der Klient entwickelt sich in seiner Gesamtpersönlichkeit weiter. Der Beratungsprozeß kann nur wirksam sein, wenn in seinem Mittelpunkt nicht spezielle Probleme, sondern der jeweilige Mensch mit seinem gesamten Erleben und Verhalten steht. Die Aufmerksamkeit soll nicht erklärend und interpretierend der Vergangenheit, sondern den hier und jetzt aktuell ablaufenden Prozessen gelten. Emotionale Inhalte sind wichtiger als rationale, da für die Realitätsauffassung des Klienten in erster Linie dessen subjektiven Empfindungen und weniger die möglicherweise durch Verteidigungsmechanismen verzerrten rationalen Kognitionen bedeutsam sind. Eine Diagnose oder Beurteilung oder das Einbringen von Informationen durch den Berater sind unerwünscht, da sie von der Eigenverantwortlichkeit des Klienten für das Ergebnis ablenken und diese schmälern.

Schon relativ früh schlug *Carkhuff*[119] ein etwas eklektischeres Modell vor, das nicht mehr nur vermehrte Problemeinsicht (Kongruenz zwischen Selbstkonzept und Erfahrungen) anstrebte, sondern über das verbesserte Selbstverständnis des Klienten hinaus auch die adäquate Umsetzung dieser Einsichten in kongruente Handlungen anstrebte. Außer Authentizität, Empathie und Ak-

---

119 Carkhuff, 1971.

zeptanz sollte sich der Berater dazu um Konkretheit bemühen sowie den Klienten auch mit vom Berater erlebten Widersprüchlichkeiten (etwa zwischen verbalem und nonverbalem Verhalten, zwischen Erleben und Verhalten) konfrontieren. Der Klient sollte den Berater auch nicht als jemand wahrnehmen, der passiv, inaktiv bleibt, sondern sollte aktives Bemühen und Engagement spüren.

Der Bereich der beruflichen Beratung oder die Anwendung seiner Methoden auf einem bestimmten Spezialgebiet war für *Rogers* selbst wenig interessant, es finden sich bei ihm dazu nirgends genauere Ausführungen. Viele andere bekannte Vertreter dieses Ansatzes[120] argumentieren, daß eine durch Beratung bewirkte Weiterentwicklung im persönlichen Bereich generell dazu befähige, auch andere Lebensprobleme gleich welcher Art besser zu lösen. Auch *Bozarth* und *Fisher*[121] sehen wenig Notwendigkeit für eine spezielle Art beruflicher Beratung, zumindest als aktives Angebot des Beraters. Sie sprechen von beruflicher Beratung, wenn auf Wunsch des Ratsuchenden der inhaltliche Akzent des Gesprächs auf der Auseinandersetzung mit der Arbeitswelt liegt, betonen aber, daß der Ratsuchende diesen Akzent auch jederzeit verlagern könne, wenn ihn das weiterbringt.

Lasogga[122] kritisiert den auf diese Weise geschaffenen Universalitätsanspruch, der zum Mythos eines globalen Allheilmittels führen könne.

Andere Autoren sehen durchaus Besonderheiten bei einer klientenzentrierten Beratung im beruflichen Bereich. Hier ist in der Regel keine Reorganisation des Selbst erforderlich.[123] Die Ratsuchenden kommen zur beruflichen Beratung erst in einem individuellen Entwicklungsstadium, in dem sie eine allgemeine Beratung verlassen. Ziel ist es hier, die weitere Klärung und Ausfüllung des Selbstkonzepts in einer passenden beruflichen Rolle zu ermöglichen. Der Berater soll dem Ratsuchenden helfen, ein integriertes Bild von sich selbst und seiner Rolle in der Arbeitswelt zu entwickeln und zu akzeptieren, etwa, indem er versucht, sich selbst in einem bestimmten Beruf vorzustellen und zu fragen, ob er das sein könnte, ob das zu seinem Selbstkonzept kongruent wäre. Dieses Konzept soll er an der Realität testen und in praktisches Handeln umsetzen lernen, zu seiner eigenen Zufriedenheit und zum Nutzen aller.

Obwohl auch im Bereich der beruflichen Beratung Realität die subjektive Wahrnehmung dieser Realität durch Einzelne ist, stellt der hier selten auszuklammernde Vergleich dieser subjektiven Realität mit der ‚objektiven‘ oder besser gesellschaftlich definierten Realität eines der Hauptprobleme dar. Am deutlichsten wird das bei Themen wie Prüfungen, Tests, Zeugnissen und beim Einbringen von Informationen über die Berufe und die Arbeitswelt. In der klientenzentrierten Beratung wird versucht, die Verantwortung für solche Ak-

---

120 Arbuckle, 1961, Doleys, 1961, Patterson, 1964, 1984.
121 Bozarth und Fisher, 1990.
122 Lasogga, 1986.
123 Grummon, 1972.

tivitäten konsequent auf den Ratsuchenden zu verlagern. Einige Autoren[124] empfehlen hierzu:

- Berufsinformationen werden in den Beratungsprozeß nur eingebracht, wenn ein erkennbares Bedürfnis des Ratsuchenden danach besteht.
- Berufliche Informationen werden nicht zur Beeinflussung oder Manipulation des Klienten benutzt.
- Die neutralste Art des Umgangs mit Informationen und der beste Weg, Initiative und Verantwortlichkeit des Klienten zu fördern, wäre, ihn die Informationen selbst beschaffen zu lassen: ihm Quellen oder mögliche Informanten zu benennen, auf Publikationen hinzuweisen. Wenn der Berater selbst die einzige erreichbare Quelle ist, sollten Informationen nur auf Bitten des Ratsuchenden in möglichst neutraler Form eingebracht werden, z.B. durch Vorlesen oder Lesenlassen.
- Der Ratsuchende soll seine Meinungen und Gefühle über Berufe und Tätigkeiten äußern, von denen er gehört hat oder über die er etwas in der Beratung hört. Es ist immer zu berücksichtigen, daß Informationen für den Ratsuchenden eine persönliche Bedeutung haben, die sowohl zu seinen Bedürfnissen und Wertvorstellungen wie zur objektiven Realität in Bezug gesetzt werden muß.

Aber auch diese Vorschläge bleiben vage. Wie der Berater über Berufe oder Eignungsgesichtspunkte informieren soll, ohne dabei aus seiner emotional unterstützenden in eine didaktisch-belehrende Rolle zu wechseln, die mit einem prinzipiellen Informationsvorsprung, mehr Orientierung usw. verbunden ist, wird nicht recht konkret. Bei solchen Rollenwechseln werden die Grundeinstellungen, welche die Selbstexploration und Selbstverwirklichung des Ratsuchenden fördern sollen, leicht undeutlich.

Warnath[125] erhebt aus anderen Gründen prinzipielle Bedenken gegen die Anwendung dieses oder verwandter Beratungsmodelle im Rahmen von Beratungen in größeren Institutionen *(agency counseling)*. Er hält sie zunächst aufgrund empirischer Untersuchungen für ungeeignet, den Erwartungen der Majorität der Kunden einer solchen Institution gerecht zu werden. Große Beratungsdienste müssen ökonomisch arbeiten. Ihren Beratern fehlt meist die Zeit, die situationsbezogenen Erwartungen der Ratsuchenden bezüglich Information, spezieller Hilfe o.ä. zu einer mehr personorientierten Problemsicht zu verschieben. Die Betonung der Selbststeuerung der Beratungsfortschritte durch den Ratsuchenden macht den Zeitbedarf noch schwerer kalkulierbar, als er es durch das unterschiedliche Verarbeitungstempo der Informationen auch schon bei anderen Beratungsmodellen ist. *Warnath* glaubt, daß bei einer Arbeitsbelastung von 4–6 Ratsuchenden pro Tag, von denen viele nur einmal kommen, der Aufbau der Art von Interaktionsbeziehung, die für klientenzen-

---

124 Patterson, 1964, Crites, 1974, Bozarth und Fisher, 1990.
125 Warnath, 1977.

trierte Beratung erforderlich ist, jeden Berater überfordert. Der hohe „Umsatz" an Fällen mache es unausweichlich, daß trotz der Einsicht in die Einzigartigkeit jedes Individuums die Berater die Probleme, die ihnen präsentiert werden, als ähnlich wahrnehmen. Gemeinsamkeiten treten aus subjektiven Entlastungsgründen stärker in den Vordergrund als individuelle Nuancen, es entsteht ein stereotypisiertes, überschaubares Kategoriensystem. Jedem Ratsuchenden unter diesen Bedingungen echte, persönliche Wertschätzung entgegenzubringen hält *Warnath* für ein unerreichbares Ideal. Berater sollten realistisch akzeptieren, daß sie optimale Beratungsbedingungen nur hin und wieder realisieren können. Bei zu hoch geschraubten Erwartungen frustriere sich der Berater selbst. Er beraube sich der Erfolgserlebnisse, die er für Optimismus und Vertrauen in die eigene Leistung braucht und provoziere vorzeitigen *Burn-out.* Weniger prinzipielle Kritikpunkte, die im Laufe der letzten Jahre geltend gemacht wurden, bezogen sich auf die sehr individuumsbezogene Zielrichtung der klientenzentrierten Beratung, die die soziale Umwelt und ihre Einflüsse zumindest explizit nicht berücksichtigt. Einschränkungen der Brauchbarkeit wurden gesehen bei geringen verbalen Fähigkeiten der Ratsuchenden oder bei geringem Bildungshintergrund, der sich in mangelnder Fähigkeit zur Selbstreflexion äußere, vor allem aber im Hinblick auf den erforderlichen hohen Grad an Selbststeuerung bei mangelnder Freiwilligkeit oder geringem Problemdruck.

Gute Erfahrungen wurden gemacht bei emotionalen Konflikten, Ängstlichkeit, Insuffizienzgefühlen und Unsicherheit.[126]

In der beruflichen Beratung hat im Laufe der letzten Jahrzehnte die klientenzentrierte Beratung als eigenständiges Modell an Bedeutung verloren.[127] Nur noch wenige Berater geben an, sie in dieser Form zu praktizieren.[128] Die Zahl an Veröffentlichungen ist zunehmend rückläufig. In bestimmten Formen – die grob durch den Wandel der Bezeichnung von ‚klientenzentriert' zu ‚personenzentriert' umrissen sind –, hat sie sich auch unter dem Einfluß der Arbeit von *Rogers'* letzten Lebensjahren zunehmend von ihrer ursprünglich durchaus empirischen Orientierung entfernt. In den Veröffentlichungen dieser Richtung finden sich kaum noch operationale, überprüfbare Aussagen, dafür aber häufig Begriffe wie ‚Werte', ‚Überzeugungen' und ‚Glauben' (beliefs). In der Kombination des Universalitätsanspruchs mit der vagen Begrifflichkeit wird aus der pragmatischen, erfahrungsorientierten Beratungstheorie eine simplifizierende Lebensphilosophie oder Ideologie. Wenn man Methoden nicht mehr anwenden kann, sondern ‚leben muß', wenn keine rationale Planung mehr möglich ist, wird der wissenschaftliche Bereich verlassen.

Neben der streng auf *Rogers* bezogenen klassischen Richtung der klientenzentrierten Beratung mit dem Schwerpunkt auf den Basisvariablen und dem Be-

---

126 Lasogga, 1986.
127 Patterson, 1984, Bozarth und Fisher, 1990.
128 Lasogga, 1986.

ziehungsaspekt hat sich eine pragmatischere Richtung herausgebildet, die eher die Ansätze von *Truax* und *Carkhuff* aufgreift und über die klassischen Positionen hinausgeht. In Deutschland (hier wird die klientenzentrierte Beratung als Gesprächspsychotherapie bezeichnet) sind als Vertreter einer eher handlungs-, interventions- oder zielorientierten Gesprächspsychotherapie vor allem *Bastine*[129] und *Sachse*[130] zu nennen.

In der beruflichen Beratung – unter Bedingungen, bei denen fast alle oben angeführten Kritikpunkte zutreffen – wurde der klientenzentrierte Ansatz nirgendwo in nennenswertem Umfang konsequent praktiziert. Sowenig er als eigenständiges Modell praktisch verwendbar sein mag, so sehr hat er aber das Nachdenken über die Natur der Beziehung zwischen Beratern und Ratsuchenden angeregt. Viele der Grundideen finden sich in der einen oder anderen Form in fast allen heutigen Beratungstheorien integriert. In der Beraterausbildung vieler Länder hält man einen Grundkurs in den *Rogers'schen* Basisvariablen für eine gute Methode, werdende Berater zur Reflexion ihrer sozialen Grundhaltungen und Einstellungen anzuregen. Eine Reihe von Methoden der klientenzentrierten Beratung wie ‚Spiegeln‘ oder ‚Verbalisierung emotionaler Erlebnisinhalte‘[131] finden zur Klärung von Beziehungsstörungen oder bei der Unterstützung von Selbstexploration zur Präzisierung des Selbstkonzepts auch im Kontext anderer Modelle breite Anwendung – selbst wenn sie von ihren ursprünglichen ‚Erfindern‘ für weniger wichtig gehalten wurden.

2. Methodische Gestaltungselemente beruflicher Beratung

Unter III.4.2 wurde bereits erwähnt, daß zu den methodischen Gestaltungselementen der Beratung außer den Methoden im engeren Sinne immer auch der Bezug auf ein ordnendes theoretisches Konzept gehört. Ein theoretisches Konzept ohne Methoden, mit denen es operationalisiert wird, bleibt aber in der Praxis weitgehend wirkungslos. Methoden ohne ein orientierungsstiftendes gedankliches Konzept, wo, warum und wozu sie eingesetzt werden, ähneln der berühmten langen Stange, mit der man im Nebel herumstochert. In beiden Bereichen wird man in der Praxis immer auf ein Quentchen Glück oder Kreativität angewiesen sein, um im konkreten Einzelfall allen Umständen gerecht zu werden. Berufliche Beratung wird aber in jedem Fall besser vorauszuplanen, in der Qualität und im Ergebnis zu kontrollieren und gezielt zu verbes-

---

129 Bastine, 1981.
130 Sachse und Maus, 1991.
131 Tausch, 1960.

sern sein, wenn sie sich der orientierenden Grundlagen und der eingesetzten Methoden explizit bewußt ist.

In der theoretischen Orientierung folgte berufliche Beratung in Deutschland bis in die 70er Jahre hinein dem allgemeinen internationalen Trend, d.h. berufliche Beratung war identisch mit *Trait-and-Factor-Beratung*. In den drei oder vier Jahrzehnten, in denen dieser Satz galt, hatte man sich allgemein so daran gewöhnt, daß der theoretische Hintergrund zur Selbstverständlichkeit wurde, selten hinterfragt wurde und vielen überhaupt nicht mehr bewußt war. Die dazugehörenden Methoden waren ebenfalls fast ausschließlich diagnostischer Art. Selbst die Darstellung der beruflichen Anforderungen oder berufskundlicher Inhalte allgemein folgte fast ausschließlich einer reinen Sach-Logik und entwickelte kaum Ansätze zu einer Methodik. Über die Verarbeitung der Diagnoseergebnisse oder der berufskundlichen Informationen im Berufswahlprozeß der Ratsuchenden oder über die Gestaltung der interaktionellen Beziehung in der Beratung finden sich aus dieser Zeit kaum offizielle Ausführungen. Solche Aspekte gehörten sozusagen zum Bereich des Könnens des einzelnen Beraters und wurden wohl für weniger wichtig gehalten. Die Professionalität der Berater wies dementsprechend eine erhebliche Spannweite auf.

In den 70er Jahren wurde eine neue Konzeption entwickelt. Die eignungsdiagnostische Orientierung wurde zwar nicht aufgegeben, aber durch einen im weitesten Sinne entscheidungstheoretischen Rahmen[132] relativiert. In diesem später *BA-Modell* genannten Konzept waren auch Ablaufformen möglich (Informationsberatung), in denen keine Eignungsabklärung erforderlich war. Die Methoden im engeren Sinne stammten überwiegend noch aus dem *Trait-and-Factor-Bereich (Datenerhebung und -interpretation)*. Auf der Skill-Ebene, der Ebene der beraterischen technischen Grundfertigkeiten, wurde dementsprechend großer Wert auf Frageformen und ihre Wirkungen gelegt. Die Gestaltung der Beziehung zwischen Ratsuchenden und Berufsberater wurde zum Thema. Sie wurde zwar nicht explizit auf der konzeptuellen Ebene berücksichtigt, doch wurde darauf hingewiesen, daß Berater bei der Gestaltung der gesamten Beratung versuchen sollten, die von Rogers beschriebenen Basis-Variablen des Beraterverhaltens – Empathie, Akzeptanz und Selbstkongruenz – zu verwirklichen. Dem entsprachen auf der Skill-Ebene die Betonung der Fähigkeit zum aktiven Zuhören, der Beachtung nonverbaler Signale und der Verbalisierung emotionaler Erlebnisinhalte. Widersprüchlichkeiten zwischen den Basis-Variablen und der *diagnostischen Einstellung* in manchen Ablaufphasen wurden aber zunächst ausgeklammert.

Unklarheiten des Beratungsverständnisses dieser Art, verbunden mit vermeintlichen Festlegungen auf eine kleine Zahl möglicher Ablaufformen, die hin und wieder auch fälschlich als stereotype Verfahrensvorschriften aufgefaßt wurden, führten in der Folge in der Praxis zu Irritationen und minderten letztlich die Verbindlichkeit und den erlebten Nutzen des Modells – obwohl insge-

---

132 Vor allem orientiert am Modell der rationalen Wahl.

samt gesehen die Beratungsqualität dadurch gegenüber dem vorherigen Zustand zweifelsfrei besser wurde. Neue Entwicklungen im wissenschaftlichen Bereich sowie die sich ansammelnden zunehmenden Erfahrungen von Beratern aus allen Bereichen der beruflichen Beratung führten Anfang der 90er Jahre zu einem erneuten Überdenken der Konzeption.

2.1 Zur Weiterentwicklung des Methodenverständnisses

Schon in der ersten Auflage dieser Veröffentlichung formulierte *Schaefer* zutreffend, „daß das methodische Vorgehen des Berufsberaters im Gespräch immer von der jeweiligen Erwartungshaltung des Ratsuchenden, von seinem Anliegen abhängt."[133] Hiervon ausgehend wurde das bis dahin vorherrschend diagnostische Beratungsverständnis erweitert. Es wurden verschiedene Ablaufformen beschrieben, bei denen nicht in jedem Fall eine diagnostische Phase vorgesehen war:

- Informationsberatung,
- Entscheidungsberatung,
- Realisierungsberatung.

Unter systematischen Gesichtspunkten wurden diese in einzelne methodische Elemente gegliedert:

„Bei allen drei Verlaufsformen steht das Element Anliegenklärung in gleicher Weise am Anfang; denn vom Ergebnis der Anliegenklärung hängt es erst ab, welche der drei möglichen Ablaufformen der Berater im Einzelfall für angebracht hält. Im Falle der Informationsberatung folgt der Anliegenklärung das Element Informationshilfen; bei einer Entscheidungsberatung schließen sich der Anliegenklärung die Elemente Datenerhebung und interpretation, alternative Berufswegplanung sowie gegebenenfalls Realisierungshilfen an. Geht es bei einem Ratsuchenden ausschließlich um eine Realisierung, dann folgen auf die Anliegenklärung eine gezielte Datenerhebung und interpretation sowie die erbetenen Realisierungshilfen."[134]

Diese nur grobe Skizzierung des früheren Methodenverständnisses läßt schon einige Punkte erkennen, die Anfang der 90er Jahre Gegenstand der kritischen Auseinandersetzung mit dem Methodenkonzept der Berufsberatung waren:

- die den Beratungsablauf prägende Rolle einer oft sehr stereotypen Anliegenklärung (oft beeinträchtigt durch Vorwegnahme möglicher Lösungen oder administrativer Hilfemöglichkeiten),
- eine weiterhin stark diagnostisch geprägte Grundtendenz (Datenerhebung und -interpretation),

---

133 Schaefer 1977 S. 34.
134 Schaefer, 1977, S. 35 ff.

- die unklare Grenzlinie und fehlende Differenzierung im Verständnis von Beratung und Ausbildungsvermittlung,
- das Fehlen eines den Beratungsprozeß abschließenden und bewertenden Gesprächselementes.

Die Auseinandersetzung wurde mit dem Ziel der Weiterentwicklung geführt und sollte in jedem Fall auch den Stand berufsberaterischer Praxis einbinden, wie er sich aus der täglichen Erfahrung einer Vielzahl aktiver Beraterinnen und Berater weiterentwickelt hatte, sollte zugleich die Erfahrungen aus dem Aus- und Weiterbildungsbereich der Berufsberatung berücksichtigen und die aktuelle wissenschaftliche Diskussion im Beratungsbereich beachten. Im Ergebnis entwickelte sich ein Methodenkonzept, das als pragmatisch-eklektizistisch bezeichnet werden kann.

- Pragmatisch weil die Methodendiskussion immer auch die Rahmenbedingungen beraterischen Handels von Berufsberatung in der Bundesanstalt für Arbeit berücksichtigen mußte, aber auch einer kontinuierlichen Weiterentwicklung in der Praxis Raum geben sollte,
- eklektizistisch weil sich berufliche Beratung sinnvollerweise auf mehrere beraterische Ansätze stützt, das Nebeneinander unterschiedlicher Theorie- und Methodenkonzepte akzeptiert und sich ganz bewußt nicht auf eine „Schule" festlegt.

Als greifbares Ergebnis wurde schließlich 1993 allen Berufsberaterinnen und -beratern der Bundesanstalt für Arbeit eine *fachliche Arbeitshilfe* zur Verfügung gestellt. Die folgenden Ausführungen stützen sich wesentlich auf diese Veröffentlichung.[135]

2.2 Grundsatz der Methodenvielfalt

Wenn sich berufliche Beratung konzeptionell an dem Prozeßcharakter von Berufswahlentscheidungen ausrichten soll, zugleich aber auch die punktuelle Inanspruchnahme ihres Angebotes durch die Ratsuchenden akzeptiert, dann ergeben sich daraus zwei Folgerungen für das inhaltliche und methodische Vorgehen in der Beratung, die mit den folgenden Stichwörtern charakterisiert werden können:

- Handlungsorientierung,
- Methodenvielfalt.

---

135 Bundesanstalt für Arbeit, Fachliche Arbeitshilfen der Berufsberatung, Praxis beruflicher Beratung.

Inhaltlich bezieht sich berufliche Beratung vor allem auf das bisherige, das aktuelle und/oder das künftige persönliche Vorgehen von ratsuchenden Berufswählern/Berufswählerinnen beim Vorbereiten, Treffen und Realisieren ihrer berufsbezogenen Entscheidungen. Beratung leistet dabei insbesondere auch strategische Hilfe. Was heißt das?

Ratsuchende können sich beim Entwickeln und Strukturieren, Korrigieren und Komplettieren ihres individuell geprägten Berufswahlverhaltens unterstützen lassen; ihre Einsicht in Notwendigkeit und Möglichkeiten zu eigenverantwortlichem Handeln wird dabei nicht geschmälert oder ausgesetzt, sondern exemplarisch gefördert und gesteigert. Damit wird deutlich, daß bei beruflicher Beratung nicht nur beziehungsweise nicht immer ein aktuelles Problem gelöst oder einer Lösung näher gebracht wird, sondern daß Beratung auch der Ort ist, an dem künftiges Handeln erprobt und besprochen wird. Das Ergebnis der Beratung soll also über die aktuelle Problemlage hinaus weiterführende Handlungsimpulse enthalten (Handlungsorientierung).

Da berufliche Beratung inhaltlich offen konzipiert ist, ergibt sich als notwendige Folgerung ausgeprägte methodische Flexibilität. Unabweisbar ist in einem solchen Konzept eine Angebotsvielfalt erforderlich, die eine Einheitsmethode ausschließt. Unter ausdrücklichem Verzicht auf eine Typologie von bestimmten Ablaufformen (Informations-, Entscheidungs- und Realisierungsberatung) steht ein breit gefächertes Methodeninventar zur Verfügung. Jeder Beratungsfall verlangt die fallbezogene und fachlich begründete Auswahl person- und sachgerechter Einzelmethoden (Methodenvielfalt).

2.3 Formaler Gestaltungsrahmen

Formal läßt sich Beratung in die folgenden Phasen aufteilen:

• Eröffnungsphase,
• Problembearbeitungsphase,
• Abschlußphase.

Mit dieser formalen Gliederung läßt sich das einzelne Beratungsgespräch ebenso strukturieren wie ein gesamter Beratungsprozeß, der sich über mehrere Gespräche erstrecken kann. Innerhalb einer Beratung kann sich die Schleife *Eröffnung-Problembearbeitung-Abschluß* mehrfach wiederholen und ist ein wesentliches Element zum Strukturieren des Beratungsablaufes.

Eröffnung bedeutet immer auch die gemeinsame Formulierung eines Beratungszieles, das schließlich im Rahmen der Problembearbeitung verfolgt wird. Abschluß wiederum meint jedenfalls auch die Überprüfung, ob das gesteckte Ziel erreicht wurde. Falls nein, muß die Fragestellung erneut – vielleicht mit veränderter methodischer Vorgehensweise – aufgegriffen werden.

Wurde das Ziel erreicht, das möglicherweise nur ein Teilziel war, stellt sich die Frage, inwiefern die Erreichung des Teilzieles die eingangs der Beratung formulierte Problemlage und Erwartungshaltung des Ratsuchenden verändert hat, ob diese vielleicht jetzt neu formuliert werden kann beziehungsweise verändert werden muß.

Dieses methodische Vorgehen kann als eine Abfolge von *Rückkoppelungsprozessen* zwischen Berater und Ratsuchendem beschrieben werden. Etwas abstrakter formuliert zeichnet sich das oben beschriebene frühere Methodenverständnis eher durch eine lineare Beziehung zwischen Anliegenklärung und den folgenden Beratungselementen aus, während der hier beschriebene Rückkoppelungsprozeß eher einem zirkulären Modell entspricht. In diesem Modell werden immer wieder Fragen aufgeworfen: Was wollten wir, was haben wir erreicht, was hat sich verändert, wie reagieren wir darauf? Damit wird neben der professionellen Verantwortung der Beraterinnen und Berater der Ratsuchende mit seinen Wünschen und Erwartungen immer wieder in die Gestaltung des Beratungsprozesses eingebunden.

2.4 Voraussetzungen und Kriterien

Der methodische Grundsatz *problemorientierte Gestaltungsfreiheit* verlangt stets eine ausgeprägte fallabhängige Flexibilität des beraterischen Handelns. Ob Kurzkontakt, ob terminiertes Einzelgespräch oder ob mehrere Beratungssequenzen anstehen, immer geht es darum, möglichst dicht an der individuellen Problemlage orientiert die notwendigen beraterischen Möglichkeiten einzusetzen. Daher sind Auswahl und Reihenfolge der jeweils angewandten methodischen Vorgehensweisen grundsätzlich flexibel und unterliegen keinem Ablaufschema. Diese Gestaltungsfreiheit schließt selbstverständlich auch erforderliche (Teil-)Wiederholungen von einzelnen methodischen Gestaltungselementen mit ein. Wenn allerdings flexible Auswahl aus einem offenen Methodeninventar nicht beliebiges, sondern zielgerichtetes, professionelles Handeln unterstützen soll, verlangt sie von Beratern eine Reihe von beratungsrelevanten Einstellungen und Fähigkeiten. Sie muß sich an den folgenden Auswahlkriterien orientieren:

- **die Person des/der Ratsuchenden (in ihrem sozialen Umfeld)**

Berufliche Beratung wird von den unterschiedlichen Personen in Anspruch genommen. Sie unterscheiden sich in vielerlei Hinsicht, beispielsweise hinsichtlich ihres Kommunikationsverhaltens (Offenheit, aber auch Verbalisierungsfähigkeit) und Entscheidungsverhaltens (Selbständigkeit, Entschieden-

130

heit, Fähigkeit, Umstände zu nutzen oder sich mit ihnen abzufinden). Sie sind mehr oder weniger aktiv im Rahmen ihrer Berufsfindung, aber auch in dem Beratungsgeschehen selbst. Diese keineswegs vollständige Aufzählung macht allein schon deutlich, daß eine persongerechte Beratung sich schon bei der Methodenauswahl mit den unterschiedlichen Individuen auseinandersetzen muß.

• die Person des Beraters/der Beraterin

Auch die Beraterinnen und Berater legen ihre Persönlichkeit nicht vor dem Beratungszimmer ab. Sie agieren und reagieren immer mit ihrer eigenen Persönlichkeit. Die Wirksamkeit von Methoden hängt auch von den persönlichen Eigenarten des Beraters und dessen Qualifikation ab. Steht beraterisches Handeln im Einklang mit der Persönlichkeit des Beraters und wird die Methode gekonnt angewandt, wird sie in aller Regel von Ratsuchenden als überzeugend und somit als hilfreich erlebt.

• die inhaltliche Struktur des Problems

Die Gesprächsinhalte und ihre Struktur können mehr oder weniger komplex, mehr oder weniger konfliktträchtig sein. Manche Strukturen sind von Anfang an klar, manche sind zunächst nur vage Arbeitshypothesen. Andere Strukturen erfordern sogar Umwege und Probeversuche, bevor sie klar werden. Die Inhalte stehen auch in einer engen Beziehung zu den jeweiligen Erwartungen der Ratsuchenden an die Beratung. Einer so verstandenen Problemstruktur wird durch eine angemessene Auswahl und Reihenfolge der methodischen Möglichkeiten entsprochen.

• zeitliche und organisatorische Bedingungen

Die Bedingungen und Möglichkeiten bei Beratung nach Terminvereinbarung und bei einem kürzeren Kontakt in einer Sprechstunde können sich erheblich unterscheiden. Sie wirken sich direkt auf die zur Verfügung stehenden Möglichkeiten und indirekt auf die Erwartungen und Einstellungen der Beteiligten aus. Schließlich sind Methoden durchaus auch mit unterschiedlichem Zeitbedarf verbunden. Werden die Beratungsgespräche im Arbeitsamt durchgeführt, so stehen den Beraterinnen und Beratern üblicherweise mehr mediale Hilfsmittel zur Verfügung. Was in einem Gespräch in der Schule rein verbal vermittelt werden muß, kann im Arbeitsamt beispielsweise unter Nutzung von Medien im Berufsinformationszentrum visualisiert werden.

- **Kommunikationssituation und -niveau zwischen Ratsuchenden und Berater/in (Beziehungsaspekt)**

Wie weit sich Ratsuchende im Beratungsgespräch öffnen wollen und können, um eine(n) Fremde(n) mit den eigenen Berufs- und Lebensplänen zu befassen, hängt stark auch vom Gelingen der Kommunikation zwischen den Gesprächspartnern ab. Stimmt die „Chemie" zwischen den beiden Gesprächspartnern, kann oftmals ganz anders vorgegangen werden, als wenn die Beratung zunächst durch eine gewisse Distanz geprägt ist. Die Methodenauswahl muß dann unter anderem darauf gerichtet sein, daß der Berater allmählich das Vertrauen des Ratsuchenden gewinnt. Veränderungen der Beziehungsebene erfordern häufig Veränderungen der Methoden. Der Berater wird in seiner Sensibilität für die Beziehung wie in der Flexibilität seines methodischen Repertoires gefordert.

Die fünf genannten Kriterienbereiche müssen immer in ihrem wechselseitigen Zusammenwirken gesehen werden. Dominiert die Bedeutung eines Kriteriums, kann der grundlegende Anspruch, fall-, person- und situationsgerecht zu handeln, nicht eingelöst werden. Eine überbetonte Berücksichtigung der Person des Beraters oder der Beraterin läuft Gefahr, zu einer Entschuldigung für beliebiges routinemäßiges, somit unprofessionelles Handeln zu werden. Aber auch einseitige Priorität für organisatorische Bedingungen – so pragmatisch sie zu sein scheint – verfehlt das Ziel. Der Auftrag des Beraters ist, sowohl ein gegebenes Ziel zu erreichen, als auch mit den gegebenen Ressourcen aktuell zurechtzukommen. Das Ziel wird allerdings erst zu Beginn und während der Beratung bestimmt, so daß eine exakte Vorausplanung unmöglich ist und eine gewisse Sicherheitsreserve bei den Ressourcen günstig wäre. Die „Kunst" des Beratens besteht nicht zuletzt in einer ausgewogenen Berücksichtigung von Kriterien aller fünf Bereiche. Eine allgemeine Regel hierfür läßt sich nicht beschreiben, bleibt vielmehr wesentlich der Erfahrung und der kritischen (Selbst-)Reflexion des beraterischen Handelns vorbehalten. Erfahrung schließt die kritische Wahrnehmung der Reaktionen von Ratsuchenden auf das beraterische Handeln ein. Gleichwohl sollen die Kriterien exemplarisch verdeutlicht werden.

Beispiel 1:
Informationswünsche von Ratsuchenden können auf unterschiedliche Weise befriedigt werden. Die sprachlichen (Wahrnehmungs-)Fähigkeiten seitens des Ratsuchenden eröffnen in dem einen Fall die Möglichkeit zur differenzierten sprachlichen Darstellung, in einem anderen Fall kann eine Visualisierung der Informationen durch Medien geboten sein (Person des/der Ratsuchenden). Im gleichen Beispiel gilt es auch die zeitlichen und organisatorischen Bedingungen zu berücksichtigen. Im Rahmen von Beratungsgesprächen im Arbeitsamt sind die Möglichkeiten des Medieneinsatzes in aller Regel größer als bei Sprechstunden in der Schule.

Beispiel 2:
Ein Teil der inhaltlichen Struktur des Problems kann die zeitliche Dimension des Entscheidungsdruckes sein. Ein Gespräch lange vor einem Entscheidungstermin eröffnet die Möglichkeit des ausführlichen Erkundens von Möglichkeiten. Relativ kurz vor einer notwendigen Entscheidung mag die Erörterung denkbarer Konsequenzen von Alternativen ein angemessener Weg sein. Wiederum die Person des Ratsuchenden entscheidet darüber, ob es Sinn macht, diesem Ratsuchenden den Entscheidungsdruck zu nehmen oder vielleicht sogar zu verstärken.

Beispiel 3:
Ansatzpunkte für berufliche Vorstellungen lassen sich im gemeinsamen Erörtern von Wunschträumen (Zukunft oder frühere Traumberufe) finden. Dies setzt eine ausgeprägte Vertrauensbasis (Kommunikationssituation und -niveau) zwischen den Gesprächspartnern voraus. Zugleich wird ein solches methodisches Vorgehen von Ratsuchenden nur dann akzeptiert werden, wenn die Person des Beraters den Vorschlag glaubhaft einbringen kann (Echtheit).

Alle drei Beispiele können um die jeweils nicht genannten Kriterien erweitert werden. Die sich dann allein rechnerisch ergebende Vielzahl an denkbaren Alternativen verdeutlicht die vielfältige Unterschiedlichkeit der immer wieder neuen Beratungssituationen.

Schließlich unterscheiden sich die Auswahlkriterien auch noch hinsichtlich der Möglichkeiten für die Berater, sie in der konkreten Beratungssituation kontrolliert wahrzunehmen, das heißt sie können nur unterschiedlich aktuell operationalisiert werden.

Die inhaltliche Struktur des Problems in Verbindung mit den zeitlich-organisatorischen Bedingungen, unter denen die Beratungsgespräche stattfinden, können und müssen im Lauf des Beratungsprozesses jederzeit ganz aktuell berücksichtigt werden, andernfalls würde entweder in inhaltlicher oder in zeitlicher Hinsicht das Beratungsziel verfehlt. Auch das Kommunikationsniveau oder in anderen Worten ausgedrückt die Beziehungsebene des Beratungsprozesses bedarf der ständigen Beobachtung und Pflege durch die Berater. Störungen auf der Beziehungsebene wirken sich ab einer bestimmten Ausprägung auf die Wahrnehmungs- oder Kommunikationsbereitschaft der Ratsuchenden aus. Eine inhaltlich optimal gestaltete Beratung vermag dann gleichwohl ihr Ziel nicht mehr zu erreichen.

Schwieriger wird es schon bei der Berücksichtigung der Person des Ratsuchenden. Die allgemeine Forderung, vorurteilsfrei mit allen Ratsuchenden umzugehen, wird ohne jeden Zweifel von allen Beraterinnen und Beratern akzeptiert. Aber die konsequente Umsetzung dieser Forderung in der alltäglichen Praxis stellt wohl auch erfahrene und engagierte Berater vor ein Problem. Auch sie stehen immer wieder vor der Frage, inwieweit der erste Eindruck, den man von einem Ratsuchenden gewinnt, sich auf den gesamten Beratungsprozeß überträgt und wie problematisch diese häufig unbewußte Urteilsbildung für den Beratungsprozeß sein kann.[136]

Letztlich läßt sich das Auswahlkriterium *Person des Ratsuchenden* nur unvollständig in der aktuellen Beratungssituation durch die Berater kontrollieren. In noch höherem Maße gilt dies für die Berücksichtigung der eigenen Person. Zwar sind beide Auswahlkriterien der kritischen Selbstbeobachtung und Selbstreflexion zugänglich. Optimalerweise sollten sie jedoch Gegenstand der verschiedenen Formen von Supervision sein. Hierdurch können Beraterinnen und Berater die notwendige kritisch-neutrale Rückmeldung über ihr professionelles Handeln erhalten (vgl. unter VII).

2.5 Das Methodeninventar beruflicher Beratung

Auf den ersten Blick weckt die Übersicht unter IV.2.5.1 den Eindruck einer vollständigen und abschließenden Darstellung. Eine solche Vorstellung wurde schon im Vorwort der *Arbeitshilfe* (s. Anm. 135) zurückgewiesen:

„*Mit den ... dargestellten ... Methoden ... wird nicht der Anspruch erhoben, abschließend oder vollständig sämtliche Ansätze, Facetten oder Methodenwerkzeuge für günstiges beraterisches Handeln beschrieben zu haben. Die vorliegende Darstellung weiterzuentwickeln, bleibt eine dauernde, gemeinsame Aufgabe aller an qualifizierter beruflicher Beratung fachlich Interessierten.*"

Diese Aussage wird auch in der Zukunft Gültigkeit behalten. Allein die in der einschlägigen Literatur[137] dargestellten Methoden aufzuführen (vgl. auch unter IV.1), geschweige denn ihre ständig neu entwickelten Varianten, hieße den Umfang dieses Buchs um ein vielfaches zu vermehren und wäre daher unpraktikabel.

Die Darstellung der Methoden unterscheidet sich von den in der allgemeinen Beratungsliteratur üblichen. Dies ergibt sich unter anderem daraus, daß im Rahmen beruflicher Beratung zumindest näherungsweise auch der inhaltliche Gegenstandsbereich der Beratungen mit angegeben werden kann. Alle Methodenelemente werden jeweils in der gleichen Gliederung beschrieben:

- Situation,
- Ziel,
- methodisches Vorgehen,
- Zusammenfassung.

---

136 Vgl. hierzu auch Borkenau, 1991, S. 252 ff.

137 Stellvertretend für viele sei hier nur eine mehr oder minder zufällige Auswahl genannt: Hackney und Nye, 1973, Shertzer und Stone, 1974, Dyer und Vriend, 1975, Krumbolth und Thoresen, 1976, Bullmer; 1978, Schulz von Thun, 1981, Ivey, 1983, Ivey und Authier, 1983, Thomann und Schulz von Thun, 1988.

Die Darstellung ist so eine Kombination von situativen, inhaltlichen und methodischen Elementen. Das könnte auch zu Mißverständnissen führen. Es könnte der Eindruck entstehen, daß sich aus bestimmten Situationen jeweils ganz bestimmte Ziele ergeben, die wiederum mit eindeutig festgelegten Methoden verfolgt würden.

Damit wäre letztlich der Anspruch auf problemorientierte Gestaltungsfreiheit ad absurdum geführt. Hierzu sei nochmals an die Bedeutung der bereits dargestellten Auswahlkriterien hingewiesen. Wichtiger noch ist ein Hinweis, der zunächst abstrakt, dann aber auch beispielhaft skizziert werden soll:

Die Elemente des Methodeninventars zeichnen sich nicht durch eine eindeutige – lineare – Beziehung zwischen Ziel und Methode aus, sie sind vielmehr multifunktional einsetzbar. Was heißt das? Dazu ein Beispiel:

Das Methodenelement *Entscheidungsdruck nehmen* geht von der Situation aus, daß Ratsuchende sich selbst in einem Maße unter Druck setzen oder setzen lassen, das es ihnen unmöglich macht, sich konstruktiv mit ihrem Problem auseinanderzusetzen. Das Methodenelement beschreibt auch, wie beraterisch damit umgegangen werden kann.

Das Methodenelement *Art des Entscheidungsverhaltens* klären beschreibt die Bedeutung des vom Ratsuchenden erlernten Entscheidungsverhaltens auch für die Berufswahl und gibt Hinweise, wie das Entscheidungsverhalten geklärt und analysiert werden kann.

Beide Elemente scheinen auf den ersten Blick nichts miteinander zu tun zu haben.

Gesetzt den Fall: Der Entscheidungsdruck des Ratsuchenden resultiert allein aus der irrigen Annahme, Berufswahlentscheidungen seien in anderer Weise zu treffen als Entscheidungen in anderen Lebensbereichen, und weiterhin stellt sich heraus, daß der Ratsuchende in diesen anderen Lebensbereichen bisher zu positiven und tragfähigen Entscheidungen gekommen war. Dann gewinnt das Element *Art des Entscheidungsverhaltens* klären die zentrale Funktion für das Ziel *Entscheidungsdruck* nehmen.

Beispiele dieser Art lassen sich im Grunde zwischen allen Methodenelementen herstellen. Der so verstandene multifunktionale Charakter der Methodenelemente ist auch für die weiter unten folgende zusammenfassende Skizzierung der Problembearbeitungsphase wichtig.

Schließlich sei darauf hingewiesen, daß die Reihenfolge der Methodenelemente in keiner Weise einen stringenten Beratungsablauf abbilden soll. Auch dürfen sie nicht als Merkmalsliste zur Feststellung der Vollständigkeit eines Beratungsprozesses mißverstanden werden.

2.5.1 Übersicht über das Methodeninventar

Eröffnungsphase:
- Kontakt aufnehmen
- Fragen- und Problembereiche wahrnehmen
- Erwartungen klären
- Vorgehen abstimmen

Problembearbeitungsphase:
- Entscheidungsdruck nehmen
- Art des Entscheidungsverhaltens klären
- berufliche Interessen ermitteln
- Zutrauen in die eigenen Fähigkeiten erkunden
- (Alltags-)Erfahrungen aufgreifen
- soziales Umfeld berücksichtigen
- realistische Vergleichsmaßstäbe anbieten
- Entscheidungskriterien strukturieren
- Perspektiven eröffnen bzw. Alternativen erweitern
- Entscheidungsalternativen vergleichen und auswählen lassen
- mit absehbaren Folgerungen vertraut machen
- kriterien- und persongerecht informieren
- Vorinformationen berücksichtigen
- Fehlinformationen korrigieren
- Informationsfülle überschaubar machen
- mittelbare Informationsquellen erschließen
- unmittelbare Anschauungsmöglichkeiten aufzeigen
- Informationsaustausch anregen
- Fremdeinschätzungen einholen (und vergleichend auswerten) lassen
- Bewerbungsstrategien erläutern
- auf Auswahlverfahren vorbereiten

Abschlußphase:
- Beratungsergebnisse zusammenfassen
- Folgeaktivitäten vereinbaren
- weitere Kontakte anbieten

2.5.2 Eröffnungsphase

Schon zu Beginn von Beratungsgesprächen werden Weichen gestellt. Verlauf und Ergebnis der beruflichen Beratung können entscheidend davon abhängen. Wie bei anderen relativ offenen, nicht vorstrukturierten Gesprächen erhält daher ein richtiger Einstieg maßgebliche Bedeutung:

Gelingt es, Kontakt zu finden und Vertrauen zu wecken? Welche Fragen stehen im Vordergrund des Interesses? Verbinden sich für die Gesprächspartner mit den zunächst angesprochenen Fragen weiterreichende Probleme, Unsicherheiten oder Konflikte? Wo liegen die Grenzen? Und wie kann ich als Berufsberater oder -beraterin bei der gewünschten Klärung mitwirken? Entspricht mein Beitrag den Erwartungen meiner Gesprächspartner? Lassen die Gesprächspartner Bereitschaft erkennen, das Problem gemeinsam mit mir schrittweise zu bearbeiten, um es zu lösen?

Zur Klärung dieser Fragen tragen die folgenden vier methodischen Gestaltungselemente gemeinsam, jedes Element in spezifischer Weise, bei:

- Kontakt aufnehmen,
- Fragen- und Problembereich wahrnehmen,
- Erwartungen klären,
- Vorgehen abstimmen.

Mit diesen Elementen sind vier wichtige Dimensionen von Beratung angesprochen, die sicher am Anfang, aber auch innerhalb des Beratungsprozesses wiederkehrend, eine maßgebliche Rolle spielen.

Kontakt aufnehmen – im Zuge des Beratungsprozesses dann besser „Kontakt erhalten und pflegen" – zielt auf die Beziehungsebene, d.h. was spielt sich zwischen den beiden beteiligten Gesprächspartnern jenseits der Sachfragen emotional ab?

Fragen- und Problembereich wahrnehmen thematisiert die Inhaltsebene; Worüber soll gesprochen werden, welche Probleme sollen im Beratungsprozeß geklärt werden?

Erwartungen klären wird von der Frage geleitet, welche Rolle der Ratsuchende dem Berater zuweist. So kann das Problem eines Ratsuchenden mehrere Dimensionen haben, die nicht in gleicher Weise zum Beratungsgegenstand gemacht werden sollen. Beispielsweise die inhaltliche Frage, welche Anforderungen in einem bestimmten Studiengang gestellt werden, und die Frage, was werden die Eltern des Ratsuchenden von diesem Studiengang halten. Letzteren Problembereich will der Ratsuchende jedoch nicht mit dem Berater besprechen.

Vorgehen abstimmen schließlich behandelt die strategische Dimension von Beratung, d.h. wie und in welchen Teilschritten und in welcher Reihenfolge soll das Problem angegangen werden.

Eine so verstandene Eröffnungsphase von Beratungen stellt sicherlich das notwendige methodische Rüstzeug dar und es wird sich im Interesse der Ratsuchenden auch lohnen, hierfür ausreichend Platz zu lassen. Für die Beantwortung der Frage, wie und wie ausführlich diese Phase zu gestalten sein wird, sind wiederum die bereits beschriebenen Auswahlkriterien heranzuziehen. Trotz der Bedeutung dieser Phase ist damit kein methodischer Zwang verbunden, quasi eine Eröffnungsphase in Reinkultur zu gestalten, die von Elementen der anderen Phasen (Problembearbeitung und Abschluß) freigehalten werden müßte. Ein andauerndes Vertrösten des Ratsuchenden nach dem Motto „das

besprechen wir später" kann sich beispielsweise negativ auf die Beziehungsebene oder auch die Erwartungshaltung auswirken. Insofern kann es durchaus angebracht sein, bereits während der Eröffnungsphase erste Fragen zu beantworten, d.h. Elemente der Problembearbeitungsphase einzubauen.

2.5.3 Problembearbeitungsphase

Weiter oben wurde bereits auf den multifunktionalen Charakter der methodischen Gestaltungselemente gerade der Problembearbeitungsphase hingewiesen. Dies sei an dieser Stelle nochmals betont, da es nicht Gegenstand dieser
Veröffentlichung sein soll, sämtliche Elemente einzeln auszuführen. Daher
bietet es sich an, die Methodenelemente unter bestimmten Blickwinkeln zusammenfassend zu skizzieren. Damit ist kein Anspruch verbunden, reale Beratungsprozesse zu strukturieren.
Als Ansatzpunkte werden die folgenden Fragestellungen herangezogen:

• Vermittlung von Informationen,
• Unterstützung bei der Entscheidungsfindung,
• Klärung von Eignungsfragen und
• Umsetzung von Berufswünschen.

Informationen spielen gerade auch bei der Berufsfindung eine wichtige Rolle.
Berufsberaterinnen und Berufsberater sind daher häufig in ihrer Rolle als
sachkundige Experten gefragt. Wenn sie Ratsuchende verbal informieren,
kommt es vor allem darauf an, daß die Informationen verständlich sind. Das
heißt, sie müssen „in Portionen geschnitten" werden und sprachlich auch dem
Sprachniveau des Ratsuchenden entsprechen. Möglichkeiten der Visualisierung helfen oftmals auch komplexe Sachverhalte aufzuhellen. Wichtig ist es
auch an den Vorinformationen der Ratsuchenden anzusetzen, um diese zu ergänzen oder im Falle von Fehlinformationen zu korrigieren. Anschaulichkeit
kann auch dadurch erreicht werden, daß dem Ratsuchenden Hinweise gegeben werden, seine alltägliche Umwelt bewußter durch „die Brille" seiner eigenen Berufswahl wahrzunehmen, das heißt Personen bei der Ausübung ihrer
jeweiligen Berufstätigkeit gezielt zu beobachten. Oftmals ist allerdings die Situation der Ratsuchenden nicht durch Informationsmangel, sondern eher
durch Informationsüberfluß gekennzeichnet. Hier gilt es strukturierende
Hilfe zu leisten, die Ratsuchenden anzuleiten, wie sie einen für sie sinnvollen
Weg durch den Informationsdschungel finden können.
Betrachtet man konkrete Beratungssituationen, so wird deutlich, daß Ratsuchende wohl kaum aus zweckfreier Neugierde informiert werden wollen. Damit wird auch deutlich, daß die Vermittlung von Informationen ganz unterschiedlichen Zielen dienen kann. Sie kann beispielsweise dem Ratsuchenden

den fehlenden Baustein liefern, den er für seine persönliche Berufswahlentscheidung benötigt. Sie kann ihm auch die Frage beantworten, ob er wichtige Eignungsvoraussetzungen für einen Beruf erfüllt, oder auch, ob dieser Beruf für ihn geeignet sein kann.

Naturgemäß geht es bei beruflicher Beratung häufig auch darum, die individuelle Entscheidungsfindung zu unterstützen. Es wurde an anderer Stelle schon ausgeführt, daß es wenig hilfreich ist, allen Ratsuchenden ein identisches Entscheidungsverhalten zu unterstellen und sie in der Beratung mit einem Modell der Entscheidungsfindung zu konfrontieren. Methodisch kann es sich daher anbieten, gemeinsam mit dem Ratsuchenden Entscheidungssituationen aus dessen eigenem Erfahrungsbereich zu beschreiben und zu analysieren. Hierauf aufbauend lassen sich denn auch für den Ratsuchenden nachvollziehbar die für ihn relevanten Entscheidungsfaktoren besprechen und in sein persönliches Entscheidungsmodell einbauen. Es wird dann in hohem Maße von der Person des Ratsuchenden und der Struktur seiner Problemlage abhängig sein, ob es ihm eher nützt, sein Entscheidungsfeld – seine Alternativen – zu erweitern oder gegebene Alternativen schrittweise einzuengen. Methodisch ist es oft förderlich, den Ratsuchenden selbst die eigenen unterschiedlichen Vorstellungen vergleichen und bewerten zu lassen. Damit ist oftmals die oben beschriebene Eignungsfrage für den Ratsuchenden hinreichend beantwortet.

Freilich liegt es auch auf der Hand, daß im Zuge der Entscheidungsfindung immer wieder auch fehlende Informationen durch Berater eingebracht werden müssen.

Die Eignungsfrage wird von Ratsuchenden selbst auf zwei Ebenen gestellt: Bin ich für den Beruf geeignet und ist der Beruf für mich geeignet?[138]

Beide Seiten zusammen erst ergeben ein vollständiges Eignungsbild. Soll dieses Bild ausgemalt werden, kann der Berater oder die Beraterin methodisch drei unterschiedliche Perspektiven einnehmen:

- die diagnostische Perspektive,
- die begleitende Perspektive und,
- die konfrontierende Perspektive.

Für die diagnostische Perspektive stehen den Beratern unterschiedliche Möglichkeiten zur Verfügung. Zum einen bieten die Fachdienste der Bundesanstalt (Psychologischer und Ärztlicher Dienst) eine Vielzahl von Untersuchungs- und Begutachtungsverfahren, die Informationen auf wissenschaftlicher Basis liefern. Liegen die Ergebnisse dieser Untersuchungen vor, kommt es in der Beratung insbesondere darauf an, sie für die Ratsuchenden verständlich und nachvollziehbar zu machen. Nur wenn der Ratsuchende sie in sein eigenes Eignungsbild einbauen kann, werden sie ihm zu der gewünschten Sicherheit verhelfen.

---

138 Vgl. hierzu auch Hilke/Hustedt, 1992, S. 1206 ff und Eckard/Hilke, 1994, S. 40 ff.

Für die Diagnostik in der Beratung selbst gibt es eine ganze Reihe von An-
knüpfungspunkten. Bei Schülern hilft die gemeinsame Bewertung der bisherigen schulischen Leistungen, aber auch die persönliche Erfahrung im privaten
Umfeld des Ratsuchenden. Für die Akzeptanz von Eignungsaussagen durch
die Ratsuchenden ist es methodisch bedeutsam, sie nicht zum reinen Gegenstand der Befragung zu machen. Ihre eigene Aktivität muß gefordert, ihre kritische Selbstreflexion angeregt und unterstützt werden. Dabei ist es wichtig,
daß ihnen die jeweiligen Fragen und Vorgehensweisen und die damit verfolg-
ten Ziele transparent bleiben.

Begleitet der Berater den Ratsuchenden bei der Klärung seiner Eignungsfrage, dann lenkt er beispielsweise den Blick auf relevante Anforderungsbereiche
eines Berufes und hilft dem Ratsuchenden, sich selbst in Bezug auf diese Anforderungen einzuschätzen. Eine auf der Basis von kritischer Selbsterfahrung
vom Ratsuchenden selbst getroffene Eignungsaussage kann dann vom Berater
mit abgesichert und bestätigt oder relativiert werden.

Eine konfrontierende Perspektive einzunehmen, kann für Berater bedeuten,
eine für die anstehende Berufswahl bedeutsame Situation für den Ratsuchenden zu simulieren und ihn dann bei der Bewertung zu unterstützen. Konkret
können die beiden Gesprächspartner beispielsweise die Situation eines persönlichen Vorstellungsgespräches durchspielen. Oder der Berater beschreibt
Besonderheiten des gewünschten Berufes und fordert den Ratsuchenden auf,
hierzu Stellung zu nehmen.

Ratsuchende bei der Umsetzung ihrer beruflichen Vorstellung zu unterstützen, heißt für berufliche Beratung natürlich auch Ausbildungsvermittlung.[139]
Doch gehen die gewünschten Hilfen darüber hinaus. Ein wichtiger Bereich
soll hier aufgegriffen werden. Vor fast allen Ausbildungen sind Auswahlverfahren zu absolvieren, die bei beruflicher Beratung besprochen werden können.
Als besonders hilfreich erweist es sich immer wieder, solche Verfahren konkret
durchzuspielen. Beispielsweise können Ratsuchende typische Fragestellungen
aus den diversen Testverfahren vorgelegt werden. Nachdem sie durch den Ratsuchenden bearbeitet wurden, können Fragen und Ergebnisse gemeinsam
verglichen werden. Dann können auch strategische Hilfen gegeben werden,
um die Bearbeitungsweise zu optimieren.

Schließlich wird auch an diesem Beispiel der multifunktionale Charakter der
methodischen Gestaltungselemente deutlich. Für den einen Ratsuchenden
gibt die probeweise Bearbeitung eine Übung, die die Unsicherheit vor anstehenden Umsetzungsschritten mindern hilft. Für den anderen Ratsuchenden
gibt sie eine selbst erlebte Antwort auf einen Teil seiner Eignungsfragen.

---

139 Vgl. hierzu ausführlich Meyer-Haupt, 1994², S. 86 ff.

2.5.4 Abschlußphase

Jedes professionelle und zielgerichtete Gespräch wie bei beruflicher Beratung bedarf eines bewußten Abschlusses, der immer auch Teil der gemeinsamen Gesprächsplanung ist. Wesentlich geht es dann darum zu überprüfen, ob die eingangs und während der Beratung formulierten Ziele erreicht wurden und ob die Erwartungen des Ratsuchenden näherungsweise erfüllt wurden. In Abhängigkeit hiervon können dann weitere Schritte bestimmt werden, die der Ratsuchende dann entweder allein oder gemeinsam mit dem Berater im Zuge seiner Berufswahl ergreifen muß. Jedenfalls wird immer auch ein Angebot für weitere Hilfen unterbreitet werden.

V. Medien in der beruflichen Beratung

Sehr häufig werden bei beruflicher Beratung Medien genutzt, um das Verständnis für wichtige berufsbezogene Sachverhalte und Bildungsstrukturen zu erleichtern, um komplexe Gegebenheiten zu verdeutlichen oder einfach um das Gespräch aufzulockern und auf diesem Wege das Beratungsgeschehen für alle Beteiligten zu entlasten. Bezogen auf die jeweilige Situation im Beratungsprozeß können übersichtlich gestaltete Texte, Grafiken, Bilder und Skizzen recht nützlich werden, wenn sie tatsächlich passend ausgewählt oder situationsgerecht entwickelt werden.

Der angemessene Einsatz von schriftlichen oder grafischen, heute zunehmend auch von informationstechnischen Medien kann den Verlauf beruflicher Beratung maßgeblich unterstützen und weiterführen. Den verschiedenartigen Print- oder EDV-gestützten Medien kommt somit erhebliche Bedeutung zu: ebenso für Ratsuchende und ihre Begleitpersonen wie für Berater. Allerdings birgt der Medieneinsatz gelegentlich auch Gefahren, denen möglichst rechtzeitig von beraterischer Seite entgegenzusteuern ist: Da kann beispielsweise eine eher beiläufig eingebrachte statistische Übersicht die anstehende Beratungssequenz dominieren und den eigentlichen Gesprächsfaden zerreißen oder sie gibt mehr Anlaß zu Mißverständnissen als Klärungshilfe.

Wenn also im folgenden positive Ziele und Funktionen von Beratungsmedien näher beleuchtet werden, dann keineswegs, um dem Ersatz des persönlichen Beratungsgesprächs durch solche „technischen" Informations- oder Beratungsinstrumente das Wort zu reden. Vielmehr soll in klarer Abgrenzung zu derartigen Vorstellungen der stets lediglich beratungsunterstützende Stellenwert solcher Hilfsmittel verdeutlicht werden. Denn grundsätzlich gilt: Wenn im Rahmen beruflicher Beratung Medien herangezogen und genutzt werden, dann dürfen sie nicht kommunikationsstörend oder -hinderlich sein; vielmehr sollen sie die wechselseitige Verständigung möglichst erleichtern und das Verständnis fördern. Denn Vorrang hat in jedem Fall die Kommunikation!

1. Medieneinsatz unterstützt die inhaltliche Ebene beruflicher Beratung

1.1. Qualitätsansprüche an das Informationsangebot

Bei beruflicher Beratung stellt sich nahezu regelmäßig die Aufgabe, eine Fülle an bildungs- und berufskundlichen Informationen den Ratsuchenden zu übermitteln oder ihnen zum selbständigen Auswerten zu erschließen. Viele Info-Bausteine werden als Grundlage für die anstehenden beruflichen Entscheidungen benötigt. Entsprechend zuverlässig, aktuell gültig und vollständig muß diese Informationsbasis sein. Um solchen Qualitätsansprüchen an ihre Informationsleistungen zu genügen, bedienen sich Berufsberater vielfältigen *berufs-, studien- und wirtschaftkundlichen Informationsmaterials,* insbesondere der zentral von der Bundesanstalt für Arbeit bereitgestellten und laufend aktuell gehaltenen berufs- und studienkundlichen Informationsschriften, der berufsorientierenden Schriften und der EDV-gestützten Informationssysteme. Vor allem handelt es sich dabei um die folgenden Medien:

- Einrichtungen zur beruflichen Bildung (EBB),
- Grundwerk ausbildungs- und berufskundlicher Informationen (GABI),
- KURS-Datenbank für Aus- und Weiterbildung,
- Beruf aktuell,
- Studien- und Berufswahl,
- Blätter zur Berufskunde,
- abi Berufswahl-Magazin,
- UNI Perspektiven für Beruf und Arbeitsmarkt,
- Ihre berufliche Zukunft (IBZ),
- Informationen für die Beratungs- und Vermittlungsdienste der BA (ibv),
- Medien in der Mediothek und im Europa-Bereich des Berufsinformationszentrums (BIZ).

Ergänzend steht den Beraterinnen und Beratern in jedem Arbeitsamt eine berufskundliche Dokumentationsstelle zur Verfügung, die weitergehende, vertiefende und auch regionalspezifische Informationsquellen bereithält, beispielsweise aus dem Bereich der Arbeitsmarkt- und Berufsforschung sowie der Berufsbildungsforschung.

Im Verlauf der beruflichen Beratung werden einzelne Schriften gezielt herangezogen bzw. die einschlägigen Datenbanken aufgerufen, um die im Einzelfall interessierenden Datenauszüge oder Textpassagen ins Gespräch einzubringen und sie gegebenenfalls näher zu erläutern. Die zunächst rein verbalen Informationen werden auf diese Weise durch die schriftlichen Informationen abgesichert und ergänzend verstärkt; sie lassen sich somit qualitätssteigernd wechselseitig miteinander kombinieren.

Dank ihrer sachlichen Darstellungsform bieten die Informationsmedien der BA Gewähr für Unparteilichkeit und Neutralität; sie unterstützen und erleichtern somit das beraterische Bemühen um ausgewogene und interessenunabhängige Berufsinformation.

1.2. Verringerter Suchaufwand bei der Informationsbeschaffung

Bei beruflicher Beratung passend eingesetzte Informationsquellen, Texte und Datenbank-Auszüge entlasten die Ratsuchenden von dem unter Umständen nicht geringen Aufwand an Zeit und Kosten, der ihnen durch mühsame eigene Suche nach den benötigten Bildungs- und Arbeitsmarktinformationen entstünde. Werden beispielsweise im Rahmen beruflicher Beratung die Angaben zu verschiedenen Bildungseinrichtungen mit ihren konkurrierenden Angeboten aufgerufen, dann lassen sie sich direkt sorgfältig Punkt für Punkt miteinander vergleichen. Die weitere Beratung kann sich damit auf die interessanten Bildungsangebote konzentrieren.

Dieses Beispiel aus dem Beratungsalltag belegt, welch beachtliche Bedeutung für Kundenfreundlichkeit und Effizienz beruflicher Beratung qualifizierte Beratungsmedien tatsächlich entfalten können, wenn sie fachkundig ausgewählt, situationsgerecht im Beratungsprozeß eingebracht und klientenorientiert genutzt werden.

2. Medieneinsatz unterstützt die methodische Ebene beruflicher Beratung

– Schriftliche Manifestation schafft mehr Transparenz

Neben den ständig bereitstehenden Informationsmedien sollte nicht übersehen werden, daß sich in vielen Beratungsgesprächen oder -sequenzen die Notwendigkeit ergibt, wichtige geklärte oder klärungsbedürftige Punkte schriftlich festzuhalten. Auf einem bereitliegenden Blatt werden solche Stichworte notiert oder es entstehen sprechende Bilder oder Symbole. Da kann es beispielsweise um biografische Details, drängende Problem- oder Fragenbereiche, maßgebliche neue Einsichten, entscheidende Bedingungsfaktoren oder erste denkbare Lösungsansätze gehen. Im Zuge des Beratungsgeschehens erwachsen so beinahe unversehens und beiläufig klärende Problemskizzen, Lösungswege, Merkposten für weiteres Vorgehen oder Argumentationsketten zur

144

Erläuterung der eigenen Position, aber auch Hinweise auf offene Fragen, die zunächst einmal zurückgestellt bleiben sollen.

Unabhängig, ob es nun im Einzelfall um persönliche Problemfelder, um neue Einsichten in bisher fremde Zusammenhänge, um Einblicke in künftig wichtige berufliche Strukturen oder um die nächsten Entscheidungsschritte geht, so können schriftliche Aufzeichnungen darüber für die Ratsuchenden von „handfestem" Wert sein, so daß sie schon einmal am Ende des Gesprächs bitten, das Blatt mit den Aufzeichnungen mitnehmen zu dürfen.

Solche spontan entwickelten Medien haben zunächst einmal die Funktion, die inhaltliche Fülle des Besprochenen oder des noch zu Klärenden zu strukturieren und dadurch überschaubar zu halten, und zwar überschaubar für alle an dem Beratungsprozeß Beteiligten. Außerdem liefern solche Notizen oder Skizzen bei etwaigen Folgegesprächen eine nützliche Grundlage zum raschen Anknüpfen an den bisherigen Beratungsstand.

Auf jeden Fall können schriftliche Manifestationen wichtiger Beratungsthemen viel zur Transparenz des gesamten Beratungsgeschehens beitragen, möglicherweise auch für die Bezugspersonen, die nicht an dem jeweiligen Beratungsgespräch persönlich anwesend sein konnten.

– Visualisierung erleichtert das Verständnis

Vielen Ratsuchenden fällt es schwer, mündliche Informationen über Bildungs- und berufskundliche Sachverhalte auf Anhieb richtig aufzunehmen und zu verstehen. Aufgrund der hohen Komplexität und der Abstraktheit vieler Informationen im Bereich von Bildungs- und Beschäftigungsstrukturen besteht im Rahmen beruflicher Beratung sehr oft die Gefahr, daß Ratsuchende überfordert werden, wenn nicht beizeiten dieser Gefahr entgegengewirkt wird: Bilder, grafische Übersichten, Strukturmodelle, konkrete Beispiele von Testaufgaben und andere anschauliche Unterlagen erlauben es in solchen Situationen, schwierige Gesprächspunkte zu visualisieren, um dadurch Verständnis und Verständigung zu erleichtern. Passende Beratungsmedien eröffnen dann nämlich neben der mündlichen Kommunikationsform einen weiteren beraterischen Zugang zum Ratsuchenden: Es entsteht ein zusätzlicher, manchmal dringend benötigter „Aufnahme-Kanal".

• Wenn zum Beispiel Begriffe wie Berufsfelder, räumliches Sehen oder Qualifikationsniveau zunächst blaß, weil zu abstrakt wirken und das Gespräch darüber zu stocken droht, dann lassen sich mit Hilfe passenden Bildmaterials solche wichtigen Sachverhalte anschaulich und „begreifbar" machen. Anstelle inhaltsleerer, weil abstrakter Bezeichnungen entstehen jetzt schlagartig konkrete Vorstellungen; entscheidende Lernprozesse können in Gang kommen. Allerdings gelingt dieser Effekt nicht quasi automatisch, sondern nur wenn die eingesetzten Medien so gestaltet sind, daß ihre Botschaft leicht aufgenommen werden kann.

– Medien entlasten das Gedächtnis

Über der Fülle an Informationen und Aspekten, die bei beruflicher Beratung angesprochen werden, können Einzelheiten leicht in Vergessenheit geraten. Auch passiert es nicht selten, daß entscheidungswichtige Gesichtspunkte nach der Beratung viel zu rasch verblassen, obwohl sie mit ihrem Pro und Contra breit erörtert wurden. Um das Erinnerungsvermögen hier gezielt zu unterstützen, erweisen sich schriftliche Medien, also zum Beispiel Gesprächsaufzeichnungen, Merkblätter, Kopien aus Schriften, Literaturhinweise, Anschriftenlisten u.ä., als hilfreich. Manche Ratsuchende nehmen von sich aus die Gelegenheit gerne wahr, durch Notizen während der Beratung bzw. durch geeignete schriftliche Informationsunterlagen ihr Gedächtnis zu entlasten. Auf vielen Beratungstischen liegen deshalb wie selbstverständlich Notizblock und Stift bereit, die es Ratsuchenden leicht machen, sich ihrer bei Bedarf zu bedienen.

– Medien unterstützen beraterische Handlungsimpulse zu Eigenaktivitäten

Gerade auch um die Bereitschaft zu mehr Eigenverantwortung zu fördern, lassen sich verschiedene Medien gut für Handlungsimpulse an Ratsuchende und für das Vereinbaren von weiterführenden Arbeitsaufträgen nutzen. Beispielsweise wird verabredet, am BlZ-Computer das interaktive Programm *Interessen – Ausbildung – Beruf* oder das Informationsprogramm *Bewerbung um einen Ausbildungsplatz* zu absolvieren und die Ergebnisse beim nächsten Beratungsgespräch einzubringen. Oder es wird das selbständige Besorgen und Durcharbeiten von bestimmten berufskundlichen Unterlagen nahegelegt. Medien machen beraterische Impulse zu sehr konkreten Arbeitsaufträgen. Die vereinbarten Aktivitäten beziehen sich auf klar definierte Arbeitsschritte anhand oder mit Hilfe der von beraterischer Seite vorgeschlagenen Medien. Die Verbindlichkeit wächst.

– Medien können aktivierend wirken und die Gesprächsführung auflockern

Manchmal läßt sich in einem Beratungsgespräch durch ein Schaubild oder eine rasch entwickelte Skizze mehr als durch viele Worte erreichen: Gesprächspartner gehen auf einen Sachverhalt plötzlich aktiv ein, wo sie vorher passiv geschwiegen haben. Jetzt hinterfragen sie einzelne Punkte des Problems und können sehr viel leichter ihre bisher kaum geäußerten Bedenken anbringen. Beispielsweise erweisen sich bestimmte Bildungs- oder Berufswege auf einmal als leichter zu beurteilen, sobald sie in ihren einzelnen aufeinander aufbauenden Stufen sichtbar gemacht werden. Oder wenn berufskundliche Details Gegenstand des Gesprächs sind, stehen oft fachspezifische Bezeichnungen und schwer voneinander zu unterscheidende Begriffe im Vordergrund. Das Neue wird dann gelegentlich als zu fremd, ja geradezu als befremdlich erlebt.

Die Aufmerksamkeit leidet und die gesamte Gesprächsbereitschaft wird dadurch belastet. Bei einem beraterischen Einsatz grafischer Darstellungen läßt sich zunächst von den vertrauten Punkten bzw. Namen ausgehen, soweit sich über all den noch unbekannten Elementen doch schon einige bekannte Ansatzpunkte vorfinden. Das wesentlich Neue wird erst Zug um Zug, je nach individueller Aufnahmebereitschaft, entwickelt. So können mit Hilfe grafischer Übersichten notwendige Lernschritte leichter gesteuert und die aktive Teilnahme der Ratsuchenden am Gespräch unterstützt werden. Eine angenehme Nebenwirkung läßt sich bei gelungenem Medieneinsatz beobachten: Der Beratungsprozeß wird für die Beteiligten unversehens ein Stück aufgelockert.

3. Merkmale kundenfreundlicher Mediengestaltung

Die wirkungsvolle Präsentation von Informationstexten und optischen Medien in der Beratung verlangt allerdings, daß diese Medien nach bestimmten psychologischen Kriterien so gestaltet werden, daß sie tatsächlich leicht verständlich und möglichst anschaulich konzipiert sind. Folgende vier maßgebliche Gestaltungsmerkmale verdienen demnach besondere Beachtung:

– Einfachheit und Klarheit

In der Beratung eingesetzte Bilder wie Texte konzentrieren sich auf möglichst einfach strukturierte, anschauliche und geläufige „Botschaften". Fremdworte oder Abkürzungen stören, unvermeidliche Fachbegriffe werden erläutert. Nebensächliche Details können von der Hauptsache ablenken. Bei grafischen Darstellungen ergänzen sich Bild- und Wortbestandteile gegenseitig, sie tragen gemeinsam zur angestrebten Klarheit des Informationsgegenstandes bei.

– Kürze und Prägnanz

Damit auch auf dem einzelnen Bild oder Text die Informationsfülle nicht zum Problem wird und jegliche Aufnahmebereitschaft verstopft, haben knappe Stichworte Vorrang vor ausführlichen schriftlichen Erläuterungen. Auch Grafiken und handschriftliche Skizzen verlieren durch zu große Textanteile an Aussagekraft. Werden in der Beratung mehrseitige Informationsschriften (z.B. Bücher oder Zeitschriften) herangezogen, dann nur, um einzelne wichtige Textpassagen gezielt aufzugreifen und sie – wenn möglich – zu unterstreichen oder am Rande zu markieren.

– Übersichtlicher Aufbau

Die Verständlichkeit von schriftlichen und visuellen Medien hängt auch ganz wesentlich an ihrer gut erkennbaren Gliederung und ihrem folgerichtigen Aufbau. Je komplexer der Informationsbereich, umso hilfreicher sind sachlich angemessene Abschnitte und zusammenfassende Strukturierungen. Durch prägnante Überschriften zu Einzelthemen kann sogar die gemeinsame Problembearbeitung im Gespräch weiter bzw. wieder an Struktur und Dynamik gewinnen.

– Zusätzliche Stimulanz

Um die Aufnahmebereitschaft für die anstehenden Berufsinformationen zu fördern, kommt es bei den eingesetzten Medien auch auf Schrift-Typen, farbliche und grafische Gestaltungselemente beziehungsweise ein ansprechendes Erscheinungsbild von EDV-Ausdrucken (bei KURS) an. Denn um Infomaterial und andere Medien im Einzelfall wirklich anregend zu präsentieren, das verlangt ein Stück beraterisches Einfühlungsvermögen für die individuellen Lese- und Mediengewohnheiten.

Zusammenfassung:

Berufliche Beratung kann durch den Einsatz von Medien an Lebendigkeit, an Übersichtlichkeit und an Informationsqualität gewinnen. Selbstverständlich müssen Beratungsmedien nicht in jedem Fall angewandt werden. Aber leicht zugängliche, passend ausgewählte und in das Gespräch einbezogene Medien können den Beratungsprozeß in seinen wesentlichen Funktionen qualifizieren, unterstützen und anreichern:

• als Transportmittel ausbildungs-, studien-, Berufs- und arbeitsmarktbezogener Informationen,
• als Pfadfinder im „Info-Dschungel",
• als Wegweiser und Impulsgeber für die Übernahme von Eigenverantwortung und
• als Dokumentation der Schritte zur Problemlösung.

Klientenorientiertes Vorgehen bei beruflicher Beratung kann durch einen situationsgerechten Zugriff auf ansprechend und übersichtlich gestaltete Beratungsmedien in überzeugender Weise und zur Zufriedenheit aller Beteiligten erleichtert werden.

VI. Organisation und Formen

1. Grundsatz der Formenvielfalt

Der Unterschiedlichkeit und Vielfalt der Ratsuchenden der Berufsberatung muß auch durch ein differenziertes Beratungsangebot in organisatorischer sowie formaler Hinsicht entsprochen werden. Ein Beratungsangebot, das sich grundsätzlich allen Berufswählerinnen und Berufswählern verpflichtet sieht, muß aus fachlich-inhaltlichen wie ökonomischen Gründen flexibel und differenziert angelegt sein.

Bezugspunkte für die fachlich-inhaltliche Begründung des Grundsatzes der Formenvielfalt sind die unter I, II und III dargestellten Bereiche:

- die Erwartungen der Ratsuchenden,
- der Auftrag und die Ziele beruflicher Beratung,
- das Beratungsverständnis.

Dabei orientiert sich die Organisation beruflicher Beratung an und zwischen den Polen „prozeßbegleitende Hilfe" und „punktuelle Inanspruchnahme".

Die genannten Pole scheinen widersprüchlich oder doch zumindest konfliktträchtig zu sein. In einem gewissen Maße sind sie dies auch, wie die Erfahrungen in der Praxis beruflicher Beratung durchaus bestätigen. Allerdings entspricht die „Konflikthaftigkeit" im Grunde dem beobachtbaren Verlauf von Berufswahl(en). Berufswahl selbst ist doch einerseits als längerfristiger Lern-, Entwicklungs- und Entscheidungsprozeß beschreibbar, andererseits aber auch als eine Folge punktueller Lern-, Entwicklungs- und Entscheidungsakte.

Von den unterschiedlichen Berufswählerinnen und Berufswählern wird dies entsprechend erlebt und in Angriff genommen. Ohne eine vordergründige Typisierung, sollen einige Bilder von Berufswählern skizziert werden:

- die Berufswählerin, die diesen Prozeß bewußt erlebt und aktiv als Gestaltungschance begreift;
- der Berufswähler, der sich notgedrungen mit Entscheidungssituationen auseinandersetzt, wenn seine Umwelt dies – z.B. anläßlich der Schulentlassung – von ihm fordert;
- die Berufswähler, die sich mehr oder weniger bewußt vom Zufall leiten oder verleiten lassen.

Alle können sie, zu unterschiedlichsten Zeitpunkten und mit verschiedenen Erwartungen berufliche Beratung in Anspruch nehmen wollen. Dem muß auch durch differenzierte Angebote formal und organisatorisch entsprochen werden.

Es sind aber auch ökonomische Gründe, die organisatorische Flexibilität erfordern. Diese Anforderung wird von Berufsberaterinnen und Berufsberatern immer wieder – aus guten Gründen – auch als Zwang erlebt. Die notwendige und unabdingbare Individualität von Beratung produziert doch häufig den Konflikt zwischen dem Angebot für die Nachfrage des einzelnen (konkreten) Ratsuchenden und Angeboten für die gleichermaßen legitime Nachfrage aller – noch nicht beratenen – Ratsuchenden.

Die Problematik wird noch deutlicher angesichts der Tatsache, daß Beratung gerade bei der Beschreibung ihrer Formen und Organisation nicht auf die individuelle Kommunikation zwischen Ratsuchenden und Berater/innen reduziert werden kann.

Mit dem Blick auf die internen organisationsspezifischen Bedingungen beruflicher Beratung muß das Angebot Berufsorientierung – einschließlich der Berufsinformationszentren sowie der Informationsschriften der Berufsberatung –, der Vermittlung und der Förderung einbezogen werden. Vor dem Hintergrund knapper Ressourcen und somit Kapazitäten der Berufsberatung insgesamt ist dieses Beziehungsgeflecht in doppelter Weise von Bedeutung.

Eine Berufsberatung, die Beratung, Orientierung, Vermittlung und Förderung als gleichermaßen wesentliche Säulen ihres Dienstleistungsangebotes sieht, ist immer auch mit der kapazitativen Konkurrenz dieser Angebote konfrontiert und muß dem organisatorisch Rechnung tragen.

Anderseits ergeben sich Entlastungseffekte, wenn der nach innen gerichtete Blick zugunsten einer konsequenten Ziel- und Kundenorientierung aufgegeben wird. Den Zielen beruflicher Beratung bzw. den Erwartungen der Berufswähler/Berufswählerinnen kann doch durchaus funktionsübergreifend entsprochen werden. In bewußter Anspielung auf ökonomische Begrifflichkeiten sollen daher die „Güter" Orientierung, Beratung und Vermittlung hinsichtlich des von den Berufswählern erwarteten „Nutzens" als begrenzt substituierbar verstanden werden.

Die externen Bedingungen beruflicher Beratung ergeben sich aus den Bezugssystemen von Berufswahl. Ausbildungs- und Berufswahl ist zwangsläufig immer auf das (betriebliche, schulische, universitäre) Ausbildungssystem bezogen und findet in sozioökonomischen Kontexten unterschiedlicher Ebenen (z.B. Familie, Umwelt, Ausbildungs- und Arbeitsmarkt) statt.

Die formale und organisatorische Gestaltung beruflicher Beratung muß die beschriebenen internen wie externen Bedingungen berücksichtigen. Dabei fokussieren sich die Anforderungen auf der individuellen (Ratsuchende), organisatorischen (Berufsberatung insgesamt) und gesellschaftlichen (u.a. Ausbildungssystem) Ebene letztlich bei den einzelnen Beraterinnen und Beratern.[140] Sie sind es, die durch ihr professionelles Handeln auch in organisato-

---

140 Vgl. hierzu Schröder, 1989.

rischer Hinsicht die unterschiedlichen Erwartungen harmonisieren müssen. Es ist also nur folgerichtig, wenn die Planungskompetenz gerade für berufliche Beratung unter Berücksichtigung des beschriebenen Kontextes auf diese Ebenen delegiert wird. Deshalb wurde auch die Weisungslage zur Jahresarbeitsplanung im Jahr 1995 grundsätzlich revidiert. An die Stelle eines ehemals starren Regelwerkes, das auf der Basis verbindlicher Durchführungsanweisungen der Festlegung von Arbeitskapazitäten für jedes Arbeitsamt und für jeden einzelnen Berater diente, wurde ein von jedem Amt und von jedem Berater auszufüllender und zu gestaltender Rahmen gesetzt. Insofern liefern die folgenden Beschreibungen von Formen und Organisation beruflicher Beratung einen allgemeinen Bezugsrahmen für jeweils lokal/regional zu begründenden Umsetzungsformen.

2. Einzelberatung

Berufswahl findet immer in sozialen Kontexten statt. Gleichwohl wird sie in hohem Maße als individuelle Fragestellung erlebt. Daher ist es nur konsequent, wenn berufliche Beratung überwiegend als Einzelberatung angeboten und nachgefragt wird. Die folgende Übersicht gibt einen Eindruck vom zahlenmäßigen Gewicht der Einzelberatung.

Tabelle 4: Ratsuchende der Berufsberatung 1991–1998

Berichts-jahr	Bundesgebiet West	Bundesgebiet Ost	Bundesrepublik Deutschland
1990/91	1.288.227	145.693	1.433.920
1991/92	1.284.876	317.789	1.602.665
1992/93	1.328.501	384.655	1.713.156
1993/94	1.375.502	461.150	1.836.652
1994/95	1.435.922	469.121	1.905.043
1995/96	1.526.954	546.756	2.073.710
1996/97	1.562.624	567.472	2.130.096
1997/98	1.593.641	574.987	2.168.628

2.1 Beratung nach Vereinbarung

Bis 1972 wurde berufliche Beratung im Rahmen von Sprechstunden der einzelnen Beraterinnen und Berater ohne vorherige Terminvereinbarung angeboten. Im Jahr 1972 wurde, nicht zuletzt angesichts stetig steigender Beratungsnachfrage, die Beratung nach Vereinbarung – besser wäre es, von Beratung nach Terminvereinbarung zu sprechen – eingeführt. Die damals formulierten Gründe für diese Organisationsform beruflicher Beratung haben bis heute uneingeschränkt Bestand:

• planbarer Zeitrahmen

Ein vor der Beratung vereinbarter Zeitrahmen für das Beratungsgespräch sichert für beide Beteiligten (Ratsuchender und Berater) den zeitlichen Handlungsrahmen. Dies ist nicht zuletzt für die gemeinsame Vereinbarung der Beratungsziele eine wichtige organisatorische Bedingung. Dabei ist es im Grunde unerheblich, ob dieser Zeitrahmen zentral festgelegt oder ob er individuell vereinbart wird. Allerdings zeigt die Erfahrung, daß die mit Einführung der Beratung nach Vereinbarung zentral festgelegte Terminierungsdauer von einer Stunde in der Mehrzahl der Fälle angemessen ist. Generelle Kürzungen der Beratungsdauer laufen in außerordentlich hohem Maße Gefahr, der Qualität von Beratung eine wichtige Basis zu entziehen.

• störungsfreier Raum

Beratung nach Vereinbarung reserviert Zeit für den Ratsuchenden und schafft somit eine wichtige äußerliche Voraussetzung für das Entstehen einer produktiven Gesprächsatmosphäre.

• Vorbereitung

Der festgelegte Beratungstermin eröffnet insbesondere den Ratsuchenden die Möglichkeit, sich auf das Beratungsgespräch vorzubereiten.

• Nutzung der Infrastruktur

Mittlerweile steht den Beraterinnen und Beratern im Arbeitsamt eine gut ausgebaute Informationsinfrastruktur zur Verfügung. Die Nutzung computerunterstützter Informationssysteme, der Berufsinformationszentren sowie der berufskundlichen Dokumentationen ermöglichen die Berücksichtigung aktueller und umfassender Informationen im Rahmen von Beratungsgesprächen.

- Beteiligung von Partnern

Vor allem bei jugendlichen Ratsuchenden ist die Beteiligung von Partnern und hier in erster Linie der Eltern hilfreich für die Beratung. Für in aller Regel berufstätige Eltern stellt ein festgelegter oder mit ihnen vereinbarter Beratungstermin eine wesentliche Erleichterung dar.

2.2 Sprechstunden der Berufsberatung

Im Jahre 1987 wurden Sprechstunden an Schulen als weitere Organisationsform beruflicher Beratung (wieder) eingeführt. Der beraterische Grundsatz „Ratsuchende dort abzuholen, wo sie stehen" fand dadurch seine organisatorische Umsetzung. Im Rahmen ihrer Orientierungsangebote waren und sind Beraterinnen und Berater an Schulen und Hochschulen tätig. Es war insofern naheliegend, im Anschluß an Schulbesprechungen Sprechstunden anzubieten. Den Schülerinnen und Schülern sollte dadurch Gelegenheit gegeben werden, ohne weiteren Aufwand mit ihren Beratern persönlich und unter vier Augen sprechen zu können. Die folgende Übersicht zeigt die hohe Akzeptanz, die dieses Angebot gefunden hat.

Tabelle 5: **Besucher von Sprechstunden an Schulen und Hochschulen**

	1991/92	1992/93	1993/94	1994/95	1995/96	1996/97	1997/98
Bundesgeb. West	541.738	558.634	577.070	587.214	657.233	571.289	714.917
Bundesgeb. Ost	147.259	161.630	181.524	200.692	228.797	187.000	240.595
Bundesrepublik	688.997	720.264	758.594	787.906	886.030	758.289	955.512

Mittlerweile bieten die meisten Berufsberaterinnen und Berater Sprechstunden an „ihren" Schulen an. Diese finden in regelmäßigen Abständen, und zwar nicht nur im Zusammenhang mit Orientierungsmaßnahmen statt. Sie werden von den Schülern für unterschiedliche Fragestellungen in Anspruch genommen. Es werden im Augenblick aktuelle bzw. akute Fragen besprochen, die Sprechstunden werden als Einstieg in den Beratungsprozeß genutzt oder es wird der Stand laufender Vermittlungsbemühungen besprochen. Da die Sprechstundengespräche meist von kürzerer Dauer sind als terminierte Beratungen, besteht allerdings auch die Gefahr, daß diese Gespräche mit zu hohen Erwartungen verbunden werden. Hier ist jedenfalls die Ehrlichkeit der Berater gefordert, um den Schülern nachvollziehbar zu verdeutlichen, daß nicht immer alles im Rahmen von Sprechstunden abschließend besprochen werden kann.

Im Jahr 1993 schließlich wurden auch im Arbeitsamt Sprechstunden eingeführt. Neben dem Angebot der terminierten Beratung bestand zwar schon immer ein sogenannter Bereitschaftsdienst, der die sofortige Inanspruchnahme
beruflicher Beratung ermöglichen sollte. In der Praxis konzentrierte sich dieses Angebot jedoch in der Hauptsache auf die Beratung sog. Härtefälle, insbesondere auf die Beratung von tatsächlichen oder auch potentiellen Ausbil-
dungsabbrechern. Die guten Erfahrungen mit den Sprechstunden in den
Schulen und die teilweise sehr langen Wartefristen auf Beratungstermine führten daher zu der Erweiterung des Sprechstundenangebotes, dessen zahlenmä-
ßige Nutzung durch die Ratsuchenden die folgende Übersicht zeigt.

Tabelle 6: Besucher von Sprechstunden im Arbeitsamt

	1992/93	1993/94	1994/95	1995/96	1996/97	1997/98
Bundesgebiet West	347.623	353.050	377.427	420.718	466.283	526.534
Bundesgebiet Ost	189.218	206.942	242.755	288.539	319.599	371.388
Bundesrepublik Deutschland	536.841	559.992	620.182	709.257	785.882	897.922

Sprechstunden in den Schulen und im Arbeitsamt stellen eine sinnvolle und
akzeptierte Ergänzung des Beratungsangebotes dar, es ist jedoch auch kritisch
anzumerken, daß die Erweiterung und Differenzierung der Angebotsformen
beruflicher Beratung im wesentlichen bei konstantem Personalbestand vollzogen wurden. Daher wird die Erweiterung des Sprechstundenangebotes in aller
Regel mit einer Minderung des Angebotes an terminierter Beratung verbunden sein. Hier ein sinnvolles Gleichgewicht – entsprechend der Nachfrage –
zu finden, ist eine der organisatorischen Problemstellungen, die auf Arbeitsamtsebene zu lösen sind.

3. Gruppenberatung

Bereits im Jahre 1980 wurde das Angebot der Einzelberatung um die Gruppenberatung ergänzt. Im Mittelpunkt der konzeptionellen Überlegungen
stand dabei die Adaption gruppendynamischer Methoden sowie die Berücksichtigung der Leistungsvorteile von Gruppen im Verhältnis zur Einzellei-
stung.

„Gestützt auf Erkenntnisse der Berufswahlforschung und auf günstige Erfahrungen einer mehrjährigen Erprobungszeit wird neben der bisher ausschließlich angewendeten
Form der Einzelberatung die Form der Gruppenberatung schrittweise eingeführt und
angeboten...

154

Bei der beruflichen Gruppenberatung sollen die anerkannten Vorteile der Arbeit mit Kleingruppen für die Lösung individueller Berufswahlprobleme genutzt werden. Sie liegen insbesondere in der hohen Bereitschaft der Gruppenteilnehmer, Lösungsvorschläge und Handlungsanstöße, die in der Gruppe eigenverantwortlich erarbeitet werden, anzunehmen. Ein weiterer Vorteil ergibt sich aus dem Informations- und Erfahrungsaustausch zwischen Jugendlichen mit vergleichbaren Problemen. Ein solcher Erfahrungsaustausch soll für die Berufswahlvorbereitung erschlossen werden."[141]

Gruppenberatung ist im Gegensatz zur Einzelberatung eine Beratungsform, die im wesentlichen über aktives Angebotsverhalten der Berater realisiert wird. Im Vergleich zur Einzelberatung blieb sie denn auch zumindest in der zahlenmäßigen Bedeutung zurück. So wurden beispielsweise im Berichtsjahr 1994/95 insgesamt rund 17 000 Gruppenberatungen durchgeführt.

In der Auseinandersetzung mit Beraterinnen und Beratern zeigt es sich, daß es einerseits ausgesprochene Gruppenberatungsbefürworter gibt, die dieses Angebot in die Formenpalette ihres beraterischen Handelns integriert haben. Auf der anderen Seite findet sich eine relativ große Zahl von Beratern, die diesem Angebot eher unentschieden gegenüberstehen. Diese Situation war Anlaß, im Jahre 1993 die Konzeption von Gruppenberatung zu aktualisieren. Dabei wurde von einem erweiterten Verständnis ausgegangen. Gruppenarbeit wurde daher nicht mehr nur als Beratungsform beschrieben, vielmehr sollte die Möglichkeiten von Arbeit mit und in Gruppen neu akzentuiert werden. Schon früher wurde von Beratern die Frage aufgeworfen, wo denn der Unterschied zwischen Gruppenarbeit im Rahmen von Orientierungsmaßnahmen und Gruppenberatung zu sehen sei.

Diese Frage aufgreifend wurde Gruppenarbeit im Grund unabhängig vom organisatorischen Kontext beschrieben als eine Arbeits- und Angebotsform, die einerseits die zweifelsfrei bestehenden Leistungsvorteile von Gruppen nutzt, bei der es allerdings auch spezifische Methoden der Informationsvermittlung zu berücksichtigen gilt. Die einschlägigen Schulungskonzepte für die Beraterinnen und Berater wurden daher insbesondere um die Themenbereiche Moderations- und Visualisierungstechniken erweitert.

4. Teamberatung

Bei Teamberatungen nehmen neben dem Berater und dem Ratsuchenden weitere Experten am Beratungsgespräch teil. In Abhängigkeit von der individuellen Problemstellung können dies Lehrer, Sozialarbeiter oder Mitarbeiter externer Beratungsinstitutionen sein. In der Praxis der Berufsberatung gibt es zwei Schwerpunkte der Durchführung von *Teamberatungen:*

---

141 Vgl. RdErl der BA 30/80.

• Beratung Behinderter

„Behinderungsbedingte Diskrepanzen zwischen Interessen, Fähigkeiten und dem Leistungsvermögen behinderter Ratsuchender einerseits und den Gegebenheiten auf dem Ausbildungsstellen- und Arbeitsmarkt andererseits erfordern bei der Berufswahl Behinderter umfassende Überlegungen und Abklärungen."[142] Hierbei bietet sich immer wieder die unmittelbare Beteiligung von Ärzten, Psychologen oder auch technischen Beratern an diesen Beratungsgesprächen an.

• Zusammenarbeit mit dem Psychologischen Dienst

Es sind wohl im wesentlichen zwei Fallkonstellationen, die im Rahmen von Teamberatungen besprochen werden.

Die gemeinsame Erörterung der Ergebnisse von Eignungsuntersuchungen wird beispielsweise dann angezeigt sein, wenn diese wegen ihrer Komplexität oder vielleicht sogar Widersprüchlichkeit besser im Team erörtert werden. Oder es werden im Laufe des Beratungsprozesses besondere Probleme des Ratsuchenden deutlich, die im Verhaltensbereich angesiedelt sind.

Vor allem, wenn neben den Hilfen der Berufsberatung weitere Beratungseinrichtungen beteiligt werden sollten, bietet sich das Teamgespräch an.

5. Weiterentwicklung

In der Vergangenheit war die innerorganisatorische Auseinandersetzung mit der Gestaltung der Beratungsangebote durch eine eher zentralistische Sichtweise gekennzeichnet. Die unterschiedlichen Formen des Beratungsangebotes wurden durch Weisung eingeführt. Dabei wurde im Grunde davon ausgegangen, daß alle Formen parallel angeboten und ausgebaut wurden. Eine oftmals eher quantitativ geprägte Sichtweise, ging – überspitzt formuliert – davon aus, daß jede Angebotsform zahlenmäßig zu optimieren sei. Dies führte folgerichtig in den Arbeitsämtern zu einem konkurrierenden Verständnis der Angebotsformen, was immer mit der Frage konfrontiert war, welches Angebot vorrangig auszubauen sei.

Im Zuge der allgemeinen Diskussionen über die Dezentralisierung von öffentlichen Dienstleistungen, aber auch angesichts einer erwartbar steigenden Beratungsnachfrage bei enger werdenden Ressourcen hat sich diese Sichtweise geändert.

---

142 Meyer-Haupt, 1994, S. 119.

In Zukunft wird die Gestaltung des Beratungsangebotes auch in organisatorischer Hinsicht weitgehend auf der Ebene der örtlichen Arbeitsämter zu diskutieren und festzulegen sein. Dabei wird in erster Linie eine Zielbestimmungsdiskussion zu führen sein, die quasi die inhaltlichen Bezugspunkte für die formale Frage der Beratungsorganisation zu liefern hat (vgl. unter II.3). Auf Dauer hat sich die organisatorische Binnendiskussion um Art und Umfang des Beratungsangebotes überholt. An ihre Stelle muß die stets neu zu beantwortende Frage treten, wie das für die Ratsuchenden jeweils optimale Angebotspaket gestaltet werden kann.

Die technische Weiterentwicklung – wie beispielsweise die Ausstattung von Beratern mit Laptops oder die fortschreitenden Kommunikationsmöglichkeiten über vernetzte DV-Systeme – wird auch die Bedeutung des Arbeitsamtes als Angebotsort von Beratung verändern.

VII. Sicherung von Beratungsqualität

Berufliche Beratung ist eine professionelle Dienstleistung für Personen, die bei ihrer Berufswahl persönliche Hilfestellung benötigen und freiwillig in Anspruch nehmen. Dabei steht zwangsläufig die Qualität solcher beraterischen Dienstleistung auf dem Prüfstand: Sie muß sich in jedem Einzelfall bewähren, und zwar im Blick auf generelle inhaltliche und methodische Standards für Beratung wie auch hinsichtlich der konkreten Erwartungen, die berechtigterweise von Ratsuchenden (und den übrigen möglichen Gesprächspartnern) an Ergebnisse und den Verlauf von beruflichen Beratungen gerichtet werden (vgl. unter VII.1).

Die erreichte bzw. erreichbare Kundenzufriedenheit – bezogen auf das Dienstleistungsangebot berufliche Beratung – liefert somit wichtige Hinweise, was unter Beratungsqualität zu verstehen ist und unter welchen Gesichtspunkten sie sich möglicherweise verbessern ließe. Allerdings sollten sich die fachlichen Ansprüche an qualifizierte Beratung nicht auf vordergründige Kundenerwartungen beschränken oder einfach damit gleichgesetzt werden, zu weitreichend wären die möglichen Konsequenzen für die Ratsuchenden.

Die Frage nach Professionalitätskriterien für „gelungene" Praxis ist akut; sie stellt sich heute bei beruflicher Beratung in gleicher Weise wie auch in anderen Feldern sozialpädagogischer und sozialer Arbeit. Hier wie dort steht die Ergebnisqualität (Effektivität) beraterischen Handelns im Sinne von „Tun wir die richtigen Dinge?" und die Prozeßqualität (Effizienz) im Sinne von „Tun wir die Dinge richtig?" zur Diskussion. Gefragt sind überzeugend definierte und verbindlich eingeführte Qualitäts- und Qualifikationsstandards. An ihnen können und müssen sich alle als Berufsberater handelnden Personen bei ihrer Beratungstätigkeit ausrichten. Entsprechend gelten solche Standards auch für alle Verantwortlichen, soweit sie daran mitwirken, professionelles, klientenorientiertes Handeln von Berufsberaterinnen und Berufsberatern sicherzustellen, zu beurteilen, zu unterstützen und weiterzuentwickeln.

1. Qualitätsstandards von Beratung

Mit dem wachsenden öffentlichen Interesse an Aufgaben und Funktionen von persönlichen Beratungsgesprächen, zum Beispiel im Zusammenhang mit Vermögens- und Anlageberatung oder mit Schwangerschaftskonfliktberatung, haben sich in den letzten Jahren wichtige Qualitätsgesichtspunkte zu personbezogener Beratungtätigkeit herangebildet, die bei beruflicher Beratung gleichermaßen uneingeschränkte Beachtung verdienen. Dies gilt auch und gerade jetzt, seit nach den Bestimmungen des SGB III die Berufsberatung nicht mehr alleinige Aufgabe der Bundesanstalt für Arbeit ist, sondern ohne irgendwelche Zulassungsbeschränkungen frei ausgeübt werden darf.

Die maßgeblichen Qualitätskriterien beziehen sich zunächst auf die Ergebnisse von Beratung, dann aber auch auf das Beratungsgeschehen selbst. Solche maßgeblichen Qualitätskriterien basieren auf analysierter Praxis und zunehmender theoretischer Reflexion von Beratung in Schule, Familie, Ausbildung und Beruf.[143] Sie berücksichtigen mögliche kurz- und längerfristige, positive wie negative Folgen von Beratungsprozessen für die Ratsuchenden.

– Inhaltliche Qualitätskriterien

Auf der inhaltlichen Ebene geht es insbesondere darum, daß folgende Kriterien qualifizierter Beratung durchgängig beachtet werden:

- sachlich richtig und präzise (inhaltliche Zuverlässigkeit),
- vollständig,
- ergebnisoffen (keine Lenkungsabsichten),
- unabhängig und neutral (Objektivität).

– Qualitätsmerkmale zum Beratungsprozeß

Das prozessuale Vorgehen im Beratungsgeschehen betreffen die folgenden Qualitätsstandards, die sich insbesondere auf Einstellung und situationsgerechtes Verhalten von Berater/-innen (als die anerkannt wichtigsten Bedingungen für Beratungserfolg) konzentrieren, sich aber darauf nicht beschränken:

- freundlich, aufgeschlossen, aufmerksam,
- unvoreingenommen und vorurteilsfrei,
- leicht verständlich und anschaulich
- kompetent,
- ausführlich,
- geduldig,
- vertrauenswürdig,
- klar strukturiert und jederzeit transparent,
- einfühlsam
- konzentriert auf Fragen/Probleme/Konflikte des/der individuellen Klienten oder Klientin,
- um realisierbare Lösungswege/Handlungsperspektiven bemüht,

---

143 Vgl. Brunner und Schönig, 1990; Ertelt, 1996.

- fallangemessen flexibler Einsatz von Methodenvielfalt,
- anregend, informativ,
- ermutigend,
- einfallsreich,
- diskret und verschwiegen,
- störungsfrei,
- ausreichendes Zeitkontingent,
- vertrauensfördernde Rahmenbedingungen.

– Beispiele von Qualitätsmängeln

Unseriöse, weil unqualifizierte oder tendenziöse Beratung kann unter Umständen für Ratsuchende zu recht ungünstigen oder belastenden Folgewirkungen, ja Gefährdungen führen, die möglicherweise aber erst sehr viel später offen erkennbar werden. Zur beispielhaften Verdeutlichung seien daher einige schwerwiegende Qualitätsdefizite von Beratung genannt, deren negative Folgen für Personen mit Orientierungs-, Entscheidungs- und/oder Realisierungsschwierigkeiten nicht unterschätzt werden sollten:

- Fehl- oder Desinformationen (fahrlässig oder vorsätzlich),
- Mangel an Einfühlungsvermögen und -bereitschaft,
- Mangel an individueller Zuwendung und Aufmerksamkeit,
- Zeitdruck,
- rigides Vorgehen,
- unechtes, fassadenhaftes Verhalten,
- fehlende Offenheit, da auf eigene Probleme/Ziele konzentriert,
- einseitige Interessengebundenheit (z.B. an einen nicht genannten Auftraggeber),
- Manipulationsabsichten,
- Dominanz und Überredungsabsicht (Persuasivität),
- Drängen zu vorschnellem, übereiltem Handeln,
- Verhindern eigener Initiativen,
- Behindern selbständiger Entscheidungen.

– Qualitätsansprüche an berufliche Beratung

Aus der Tragweite individueller berufsbezogener Entscheidungen in Bezug auf Ausbildung, Studium und spätere berufliche Entwicklung ergeben sich zwangsläufig bei beruflicher Beratung zusätzliche **Qualitätsansprüche.**
So kommen bei beruflicher Beratung regelmäßig Themen zur Sprache, die fundierte, detaillierte Informationen und Bewertungen zum aktuellen Bildungs-, Ausbildungs- und Beschäftigungssystem ebenso voraussetzen wie verläßliche Einschätzungen sich abzeichnender Tendenzen künftiger Beschäftigungschancen und -risiken zum Eröffnen von individuell angemessenen

Berufsperspektiven und -optionen.[144] Dabei bekommen häufig eignungsdiagnostische Einschätzungen zur individuellen Entwicklung künftiger Leistungsfähigkeit in Ausbildung und Beruf große subjektive Bedeutung. Berufliche Beratung hat auch die Beschäftigungsmöglichkeiten nach Abschluß von Ausbildung bzw. Studium zu berücksichtigen und gegebenenfalls rechtzeitig auf absehbare Risiken aufmerksam zu machen. Zur Absicherung ihrer Aussagen können sich Berufsberater/-innen einzelberuflicher Analysen und berufsübergreifender Forschungsergebnisse des Instituts für Arbeitsmarkt- und Berufsforschung (IAB) bedienen, so zum Beispiel des „Konzepts der differenzierten Information zur individuellen Beurteilung von Beschäftigungsaussichten".[145]

2. Kompetenz von Berufsberaterinnen und Berufsberatern

Die Sicherung und Erweiterung eines möglichst hohen Kompetenzniveaus bezieht sich auf drei Felder:

– Fachliche Kompetenz

Dieser Bereich schließt detaillierte Kenntnisse über die Fachaufgaben ebenso ein wie breites wirtschafts-, berufs- und bildungskundliches, rechtliches, soziologisches, psychologisches, sozial- und berufspädagogisches Wissen, vor allem zu folgenden Themenbereichen:

- Wege und Kompetenzen zur Berufsfindung im Zuge von Ausbildungs-, Studien- und Berufswahlentscheidungen,
- Inhalte und Anforderungen vielfältiger Bildungsangebote und Studienfachrichtungen,
- Systeme der betrieblichen und schulischen Aus- und Weiterbildung und ihre Entwicklungen,
- regionale und überregionale Arbeitsmarkt- und Beschäftigungsstrukturen,
- Berufsfelder und Einzelberufe aller Qualifikationsstufen,
- berufsbezogene Leistungsanforderungen und Schlüsselqualifikationen,
- Förderungsmöglichkeiten zum Ausgleich von Bildungs-, Sprach- oder sonstigen relevanten Defiziten.

Der fachkundige Umgang mit einschlägigen Informationsquellen bezieht sich heute neben den vielfältigen Printmedien zunehmend auch auf den zeitspa-

---

144 Vgl. Felber, 1996, S. 259; Lappe 1996, S. 318.
145 Siehe Chaberny, 1996.

renden Zugriff auf Datenbanken und Online-Netze mit aktuellen Bildungs- und Arbeitsmarktdaten, zum Teil bereits grenzüberschreitend, so in den Europäischen Berufsberatungszentren ausgewählter Arbeitsämter.

– Methodenkompetenz

Fallangemessener Methodeneinsatz setzt sicheres Beherrschen eines breiten Methoden-Repertoires voraus, um – in direktem Bezug zu den kommunikativen Möglichkeiten der Gesprächspartner – ein gemeinsames Erarbeiten von individuell passenden Lösungswegen zu erreichen. Auch die Planung der Beratungstätigkeit in ihren verschiedenen Angebotsformen, an unterschiedlichen Beratungsorten und für die verschiedenen Zielgruppen verlangt berufsberaterische Kompetenzen auf methodischem und organisatorischem Gebiet.

– Sozialkompetenz

Bei ihrer Beratungstätigkeit benötigen Berufsberater/- innen in hohem Maße kommunikative Grundhaltungen und Befähigungen zum Wahrnehmen und Gestalten klientenorientierter Problemlöseprozesse. Speziell hervorgehoben seien hier Einfühlungsvermögen (Empathie),[146] Kontaktfähigkeit, Teamfähigkeit, Toleranz, Bereitschaft zu aktivem Zuhören und Ausdrucksgewandtheit. Qualifiziertes Beraten verlangt letztlich, daß das Gelingen der kommunikativen Beziehungen nicht dem Zufall überlassen wird, sondern erst ermöglicht wird durch ständige Aufmerksamkeit und selbstkritische Prozeßbeobachtung und -steuerung.

3. Maßnahmen und Angebote zur Sicherung von Beratungsqualität

Auf laufende Qualitätssicherung zielt ein Spektrum von fachlichen Bildungs- und Informationsmaßnahmen, mit deren Hilfe eine effektive und qualifizierte Aufgabenwahrnehmung auf Seiten aller Beratungsfachkräfte der BA angestrebt wird:

- zentrale Aus- und Fortbildung,
- zentrale, regionale und amtsinterne Anpassungsfortbildung,
- bildungs-, berufs- und betriebskundliche Informationsveranstaltungen,

---

146 Der Frage, inwieweit Empathie lernbar ist, geht Christian-Rainer Weisbach nach in seinem Aufsatz „Beratung kann man lernen – ist empathische Kompetenz trainierbar?" In: Brunner/Schöning, a.a.O., S. 62 ff.

- Eigeninformation am Arbeitsplatz und durch Außenkontakte,
- Fachaufsicht durch Führungskräfte,
- Teilnahme an Dienstbesprechungen, Arbeitstagungen,
- Arbeitsgemeinschaften und sonstige Fachgruppengespräche, so zum Beispiel auch mit Psychologen und Ärzten im Arbeitsamt,
- wöchentlicher Fach-Informationsdienst mit aktuellen Quellen,
- Hintergrundinformationen für Beratung und Vermittlung (ibv),
- beratungsdienlich aufbereitete Ergebnisse der Arbeitsmarkt- und Berufsforschung.

Diese qualitätssichernden Maßnahmen und Angebote erfolgen im Zuge eingespielter Prozesse, sie unterstützen die Mitarbeiterinnen und Mitarbeiter in ihrer ausgeprägten Eigenverantwortlichkeit für das Erreichen der oben genannten Qualitätsansprüche. Allerdings konzentrieren sich bislang die meisten Maßnahmen zur Qualitätssicherung bei beruflicher Beratung vor allem auf die vielfältigen Themenfelder, die den Bereichen der Fachkompetenz und der Methodenkompetenz zuzuordnen sind.

Zur Förderung der Sozialkompetenz von Beraterinnen und Beratern wurden und werden verschiedene Formen systematischen Aufarbeitens und Reflektierens eigener Beratungsfälle mit unterschiedlicher Ausrichtung und Intensität praktiziert:

Praxisberatung, kollegiale Beratung, Fachliche Anleitung und Supervision. Stets geht es dabei darum, selbstkritisches Wahrnehmen und Weiterentwickeln des eigenen kommunikativen Handelns in der Beraterrolle zu ermöglichen. Zum Gegenstand solcher Fachgespräche wird dabei das, was eine Beratungsfachkraft in ihrer professionellen Handlungsfähigkeit oder in ihren kollegialen Beziehungen beeinträchtigt, andererseits aber auch das, was sie zu unterstützen geeignet sein könnte.

4. Wissenschaftliche Evaluation beruflicher Beratung

Nicht immer stimmt die tatsächlich erbrachte Beratungsqualität mit der von den Ratsuchenden wahrgenommenen Qualität überein. Subjektive Dissonanzen beim Bewerten lassen sich trotz aller Bemühungen ebenso wenig vollständig ausschließen wie gewisse (objektive) Diskrepanzen zwischen den Beratungsbedürfnissen und dem Erfüllungsgrad dieser Bedürfnisse. Solche Diskrepanzen signalisieren in jedem Fall Klärungsbedarf, unter Umständen auch Handlungsbedarf, falls sie tatsächlich Ausdruck eingeschränkter Qualitätsansprüche sind. Damit hier in objektiver Weise über die richtigen Ansatzpunkte zur Optimierung beruflicher Beratung befunden werden kann, bedarf es allerdings verstärkt systematischer, wissenschaftlicher Untersuchungen auf der Grundlage von berufswahl- und beratungstheoretisch fundierten Ansätzen,

Begriffen, Instrumenten und Methoden. An breiter unabhängiger Evaluationsforschung als Plattform für qualitäts- und kundenorientierte Weiterentwicklung beruflicher Beratung mangelt es in Deutschland; einige wegbereitende Studien mit unterschiedlichem Anspruch auf Repräsentativität liegen allerdings vor.[147]

Die vorhandenen Wirkungsuntersuchungen beruflicher Beratung bedienen sich im großen und ganzen lediglich zwei verschiedener Forschungsperspektiven:

Eine große Zahl von Studien versucht, den subjektiv von den Ratsuchenden erlebten Nutzen und deren persönliche Bewertung der von ihnen erlebten Beratungsgespräche retrospektiv zu erfragen. Im Vordergrund des Forschungsinteresses steht die subjektive Sichtweise von (ehemaligen) Ratsuchenden; Stellungnahmen der Berater oder die durch Beratung veränderte Problemsicht bleiben meist ganz außer Betracht. Eine vergleichende Kontrolle organisatorischer, qualifikatorischer, situativer und wirtschaftlicher Umstände beschränkt sich oft auf wenige, eher formale Merkmale oder sie unterbleibt völlig. Die so gewonnenen Erkenntnisse sagen weniger etwas über die tatsächliche Beratungsqualität aus als zum Umfang erfüllter bzw. unerfüllt gebliebener Hoffnungen und Erwartungen.

Ausgehend von einem berufswahltheoretischen Ansatz hat *Lange* zu Beginn der achtziger Jahre im Auftrag der Bundesanstalt für Arbeit einige der Interventionsmaßnahmen der Berufsberatung untersucht. Insbesondere ging es dabei um berufliche Beratung in ihrer Wirksamkeit für eine verbesserte Entscheidungs- und Handlungsfähigkeit von Berufswählern.[148] Langes Ansatz löst sich von dem Modell rein rationaler Berufsentscheidungen, er differenziert zwischen kognitiven und bewertenden Entscheidungsprämissen einerseits und den konkreten Handlungsschritten und praktischen Verhaltensweisen andererseits. Allerdings finden emotional bestimmte Berufswahlmomente, wie Bedürfnisse, Unsicherheiten und entsprechende beraterische Interaktionen, in diesem Konzept nicht ihren entsprechenden Platz.

Um den jeweiligen Einseitigkeiten der skizzierten Forschungsansätze zu entgehen, schlägt *Schröder* 1995 vor, „den entscheidungstheoretischen Ansatz mit dem persönlichkeitsorientierten zu einem mehrdimensionalen Konzept zu verbinden".[149]

Konkret zielt Schröders Vorschlag auf eine vierdimensionale Betrachtung beruflicher Beratung als einer inhaltlich komplexen und kommunikativ anspruchsvollen Interventionsleistung:

1. Kognitive Dimension Wissen
   erwartete Beratungsleistung: Informationen zugänglich machen

---

147 Lange, 1979, S. 594–606; Schröder, 1989; Kleffner, Lappe, Raab, Schober, 1996.
148 Lange, 1981, S. 289–300.
149 Schröder, 1996, S. 304 ff., ähnlich auch Ertelt, 1996, S. 203–235.

2. Evaluative Dimension: Ziele und Bewertungen
   erwartete Beratungsleistung: Klären von Zielsetzungen und Entwickeln
   von Bewertungskriterien

3. Pragmatische Dimension
   Berufswahlverhalten; erwartete Beratungsleistung: Hinweise zum weiteren
   Vorgehen

4. Emotionale Dimension: Sicherheit
   erwartete Beratungsleistung: persönliche Stabilisierung (Ermutigung
   und/oder Bestätigung).

Im Auftrag der Bundesanstalt für Arbeit haben das Deutsche Jugendinstitut und Infratest-Burke Sozialforschung in den Jahren 1995 bis 1996 in einem mehrstufigen Untersuchungsverfahren die Erwartungen von „Kunden" der Berufsberatung sowie ihre Erfahrungen mit der Berufsberatung erhoben und analysiert. Dabei wurde das personale Beratungsangebot im Vergleich zu schulbezogenen Veranstaltungen deutlich besser bewertet, und zwar haben die Befragten die erlebte Kompetenz und das Engagement der Berufsberaterinnen und Berufsberater positiv hervorgehoben, sowie die Möglichkeit, ausführlich mit jemandem über die eigenen Vorstellungen reden zu können und dafür ausreichend Zeit zu haben.[150]

5. Internationaler Erfahrungsaustausch

Wertvolle Impulse und Anregungen zur Sicherung, Weiterentwicklung und Effektivitätssteigerung qualitativer Aspekte beruflicher Beratung erwachsen aus vielfältigen internationalen Kontakten. Gelegenheiten zu derartigem persönlichem Informations- und Erfahrungsaustausch bieten sich bei Fachtagungen, Kongressen, Besuchs- und Vortragsreisen, Aus- und Fortbildungsveranstaltungen sowie bei offiziellen Austauschprogrammen der Europäischen Union (beispielsweise „Leonardo da Vinci" und „Sokrates"). Innerhalb Europas (einschließlich der Schweiz) erfolgen vielfältige und regelmäßige persönliche Begegnungen von Fachleuten der Berufsberatung[151], es existieren ständige Informationsströme durch Fachbücher, Zeitschriftenaufsätze und sonstige schriftliche Erfahrungsberichte oder Mitteilungen. Auch über den europäischen Raum hinaus bestehen wichtige fachliche Beziehungen, wie zum Beispiel im Rahmen der Aktivitäten weltweit agierender Verbände zur Berufsberatung, oder im Zuge direkter persönlicher Verbindungen auf Expertenebene.

---

150 Erste Untersuchungsergebnisse finden sich in Kleffner, u.a., 1996.
151 Vgl. Leve, 1993.

Gerade auch der interkulturelle Vergleich kann zu überraschenden Einsichten für bestimmte Beratungsprobleme beitragen. So findet sich möglicherweise ein methodisch günstiger Zugang zu Klientengruppen, die bislang als „schwierig" empfunden wurden. Vielleicht haben sich unter weitgehend anderen institutionellen Voraussetzungen spezielle Vorgehensweisen oder Medien für den beraterischen Umgang mit bestimmten Zielgruppen entwickelt. Das eigene Inventar beraterischer Methoden, die sich bei beruflicher Beratung bewährt haben und situationsabhängig einsetzen lassen, kann dadurch unter Umständen gezielt erweitert werden. Das gemeinsame Ziel verbindet, gerade auch im Zeichen zunehmender Globalisierung: mit einem kundenfreundlichen Angebot zu persönlicher, uneigennütziger Beratung den Start ins Erwerbsleben zu erleichtern und berufsbezogene Neuorientierungen kompetent zu unterstützen.

Ausblick

Das neue Recht der Arbeitsförderung weist der beruflichen Beratung eine Schlüsselstellung im Aufgabenspektrum der Arbeitsämter zu. Berufliche Beratung rangiert an vorderster Stelle der arbeitsfördernden Leistungen des dritten Buches des Sozialgesetzbuches: „Durch die Leistungen der Arbeitsförderung soll vor allem der Ausgleich am Arbeitsmarkt unterstützt werden, indem Ausbildung- und Arbeitsuchenden über Lage und Entwicklung des Arbeitsmarktes und der Berufe beraten … werden" (§ 1 Abs. 1 SGB III). Das Angebot kostenloser und öffentlicher beruflicher Beratung soll gewährleisten, daß alle derzeitigen und künftigen Erwerbspersonen am Marktgeschehen aktiv und initiativ teilnehmen können, um ihre Chancen wahrzunehmen und vermeidlichen Risiken aus dem Weg zu gehen.
Vor dem Hintergrund eines solchen gesetzlichen Anspruchs werden auf berufliche Beratung im organisatorischen Kontext der Bundesanstalt für Arbeit in naher Zukunft neue Herausforderungen zukommen, im wesentlichen bedingt durch beachtliche und weitreichende Änderungen der Arbeitslandschaft. Einige dieser Herausforderungen, die sich schon jetzt etwas deutlicher abzeichnen, sollen zum Abschluß noch angesprochen werden.
Internationalisierung und Globalisierung der Güter- und Dienstleistungsmärkte in Verbindung mit den sich rasch verbreitenden neuen Kommunikationsmedien und -technologien führen bereits heute in der gesamten Arbeitswelt zu tiefgreifenden und sich in Zukunft möglicherweise noch beschleunigendem Strukturwandel. Solche gravierenden Veränderungsprozesse verstärken auf der individuellen Ebene die Unsicherheiten beim Einschätzen künftiger Entwicklungen, sie werfen aber auch generell schon Fragen nach der Verteilung und Organisation von Erwerbsarbeit und den dafür notwendi-

gen Qualifizierungen auf. Beispielhaft zeigt sich dies an der Vielzahl von Existenzgründungen durch eine neue innovative Schicht von Selbständigen.

Organisatorisch und konzeptionell wird sich berufliche Beratung so weiterentwickeln müssen, daß sie lebenslang notwendige Qualifizierungs- und Entscheidungsprozesse begleitend unterstützen kann. Das Konzept des klar umrissenen Einzelberufs wird sich immer seltener als tragfähig erweisen. Auch wird zu berücksichtigen sein, daß neben die heute noch dominante Form der abhängigen Erwerbstätigkeit und die darauf abgestellten Bildungswege künftig verstärkt auch andere aussichtsreiche Erwerbs- und Qualifizierungsformen treten.

Aus den beschriebenen Herausforderungen an berufliche Beratung werden sich zwangsläufig auch wirtschaftliche Fragestellungen ergeben. Wenngleich wachsender Beratungsbedarf allgemein anerkannt wird, ist ein Ende der Situation knapper Mittel für öffentliche Beratungsangebote nicht in Sicht. Mit dieser Situation umzugehen, ohne tragende Qualitätsstandards aufzugeben, gehört auch zu den wichtigen Entwicklungsaufgaben für berufliche Beratung. Denn auch eine „private" Berufsberatung kann und wird die Lücke ungedeckten öffentlichen Beratungsbedarfes nicht füllen können.

Im Sinne von marktbedingt notwendigem Qualitätsmanagement von beruflicher Beratung durch das Arbeitsamt wird es in Zukunft unvermeidlich sein, eine einseitige Orientierung an rein quantitativen Fallzahlen (Ratsuchende, Beratungsgespräche, Vermittlungszahlen u.ä.) zu überdenken. Die Güte (im Sinne von Effektivität) beruflicher Beratung wird sich letztlich in einer Verringerung von Fehlentscheidungen der Akteure auf dem Arbeits- und Ausbildungsmarkt zeigen müssen, auch wenn sich ein bestimmter Anteil von Fehlentscheidungen nie ganz wird vermeiden lassen, weil nicht alle Bedingungen zu erfassen und Änderungen vorauszusehen sein werden. Die bloße Anzahl von Beratungen, wie auch immer statistisch erfaßt, wird allerdings dafür kein hinreichender Indikator sein.

Schließlich wird sich berufliche Beratung auch mit den sich abzeichnenden Veränderungen im Bereich der Kommunikationsmedien auseinandersetzen müssen. Künftig werden zumindest technisch die Möglichkeiten bestehen, weltweit Informationsquellen zu erschließen und so auch Beratungspartner zu finden. Erste Ansätze zu beruflicher Beratung auf elektronischem Wege werden derzeit erprobt.

Das Gespräch in persönlicher Gegenwart von Ratsuchendem und Berater erscheint vielen heute noch als unabdingbares Merkmal qualifizierter Beratung. Das Angebot von Beratung als *Face-to-face-Interaktion* wird wohl auch seinen Stellenwert in all den Fällen behalten, in denen das gemeinsame Bearbeiten des jeweiligen Problems eine persönliche Beziehung mit einem gewissen Grad von (gegenseitigem) Vertrauen voraussetzt. Allerdings muß sich ein auf Kommunikation stützendes Dienstleistungsangebot wie berufliche Beratung eben auch an den Kommunikationsgewohnheiten ihrer Klientel orientieren. Das wird wahrscheinlich bedeuten, daß ein mehr oder weniger großer Teil der in einer Beratung anfallenden Funktionen wie Informationsbeschaffung über berufliche Alternativen oder Klärung der persönlichen Entscheidungskriterien auch über elektronische Medien mit dazu zu entwickelnden Programmen geleistet werden kann. Die Beratungskunden werden solche Leistungen auch verstärkt nachfragen. Berufliche Beratung wird sich jedenfalls auf einen Trend in dieser Richtung einstellen und das Repertoire ihrer Angebote entsprechend erweitern müssen. Die Kernaufgabe beruflicher Beratung wird dennoch eine persönliche Dienstleistung bleiben: für viele Ratsuchende und deren Bedürfnisse und für viele Problemstellungen wird sie nach wie vor unverzichtbar sein. Bei aller Veränderungsbereitschaft sollte klar sein, daß zur Erfüllung der gesetzlichen Aufgabe ein qualitativ hochstehendes, kundenorientiertes Beratungsangebot notwendig ist und bleibt.

Literaturverzeichnis

AFG, Arbeitsförderungsgesetz vom 25.6.1969 (BGBl. I S. 582)

Anderson, B.F., Deane, D.H., Hammond, K.R. und McClelland, G.H.: Concepts in Judgment and Decision Research. New York 1981

Arbuckle, D.S.: Counseling: An Introduction. Boston 1961

Aschenbrenner, K.M.: Hierarchische Zielstrukturierung als Entscheidungshilfe zur Berufswahl. In: Haisch, J. (Hrsg.): Angewandte Sozialpsychologie. Bern 1983

AVAVG, Gesetz über Arbeitsvermittlung und Arbeitslosenversicherung vom 16.6.1927

Bateson, G.: Steps to an Ecology of Mind, 1972 dtsch.: Ökologie des Geistes. Frankfurt 1981

Berger, P. und Luckmann, Th.: Die gesellschaftliche Konstruktion der Wirklichkeit. Frankfurt 1969

Bertalanffy, L. v.: The Theory of Open Systems in Physics and Biology. In: Science 1950

Borcherding, K.: Entscheidungstheorie und Entscheidungshilfeverfahren für komplexe Entscheidungssituationen. In: Irle, M. u.a.: Enzyklopädie der Psychologie, Serie lll, Bd. 5. Göttingen 1983

Bordin, E.S.: A Psychodynamic View of Counseling Psychology. In: The Counseling Psychologist 9/1980

Borkenau, P.: In: Schuler, H., Funke, U. (Hrsg.), Eignungsdiagnostik in Forschung und Praxis. Stuttgart 1991

Bozarth, J.D. und Fisher, R.: Person-Centered Career Counseling. In: Walsh, W.B. und Osipow, S.H.: Career Counseling. Hillsdale 1990

Brown, D.: Trait-and-Factor Theory. In: Brown, Brooks u.a.: Career Choice and Development. San Francisco 1990

Brunner, E.J. und Schönig, W. (Hrsg.): Theorie und Praxis von Beratung. Freiburg i.B. 1990

Bullmer, K.: Empathie. München 1978

Bundesanstalt für Arbeit: Dienstblatt-Runderlaß 3/93 vom 27.1.1993; Berufliche Beratung – Fachliche Anweisungen

Bundesanstalt für Arbeit (Hrsg): Fachliche Arbeitshilfe der Berufsberatung, Nürnberg 1992

Bundesanstalt für Arbeit (Hrsg.): BWT, Berufswahltest. Nürnberg 1991

Bußhoff, L.: Berufswahl – Theorien und ihr Bedeutung für die Praxis der Berufsberatung, Aufgaben und Praxis der Bundesanstalt für Arbeit, Heft 10a, Stuttgart 1989[2]

Bußhoff, L: Berufswahl und Identität. In: Landsberg, G. v.: Karriereführer Fachhochschulen. Köln 1992

Bußhoff, L.: Ohne Zutrauen geht es nicht – Zur Wirksamkeitserwartung bei der Berufswahl. In: Berufsberatung und Berufsbildung 3/1994

Bußhoff, L. und Schulz, W.E.: Berufswahl: Der Zufall mischt kräftig mit. In: Berufsberatung und Berufsbildung 5/1991

Carkhuff, R.R.: Helping and Human Relations. Vol. I and II. New York 1969

Carkhuff, R.R.: Helping and Human Relations. A Brief Guide for Training Lay Helpers. In: Journal of Research and Development in Education 4/1971

Chaberny, A.: Konzept der differenzierten Information. Zur Beschreibung der Beschäftigungsaussichten bei der Berufswahl, Materialien aus der Arbeitsmarkt- und Berufsforschung (MatAB) Nr. 6/1984

Chartrand, J.M.: The Evolution of Trait-and-Factor Career Counseling: A Person Environment Fit Approach. In: Journal of Counseling and Development 69/1991

Corsini, R.J. (Hrsg): Handbuch der Psychotherapie, Weinheim 1983

Crites, J.O.: Career Counseling. A Review of Major Approache. In: The Counseling Psychologist 4/1974

Crites, J.O.: Career Counseling: Models, Methods and Materials. New York 1981

Dawes, R.M.: The Robust Beauty of Improper Linear Models. American Psychologist 34/1979

Dietrich, G.: Allgemeine Beratungspsychologie. Göttingen 1983, 1991²

Dietrich, G.: Spezielle Beratungspsychologie. Göttingen 1987

Daleys, E.J.: Are There ‚Kinds' of Counselors? In: Counseling News and Views 13/1961

Dyer, W.P. und Vriend, J.: Counseling Techniques That Work. American Personnel and Guidance Association. Washington 1975

Eckardt, H.H.: Psychologische Diagnostik im Dienst beruflicher Beratung. In: Seifert, Eckardt, H.H. und Jaide, W.: Handbuch der Berufspsychologie. Göttingen 1977

Eckardt, H.H. und Hilke, R.: Prinzipien der eignungsdiagnostischen Tätigkeit in den Arbeitsämtern der Bundesrepublik Deutschland. In: Psychologie und Praxis 2/1986

Eckardt, H.-H. und Hilke, R.: Psychologischer Dienst, Aufgaben und Praxis der Bundesanstalt für Arbeit, Band 24b. Stuttgart 1994

Ertelt, B.-J. und Seidel, G.: Informationsstrukturen und Problemtypen im beruflichen Beratungsgespräch. Ansätze für eine praxisbezogene Begleitforschung. In: Ertelt, B.-J. und Hofer, M. (Hrsg.): Theorie und Praxis der Beratung. Beiträge zur Arbeitsmarkt- und Berufsforschung (BeitrAB) 203. Nürnberg 1996

Felber, H.: Arbeitsmarktkompetenz – eine Herausforderung für die Jugendhilfe. In: Schober, K. und Gaworek, M. (Hrsg.): Berufswahl: Sozialisations- und Selektionsprozesse an der ersten Schwelle. Ein Workshop von BIBB, DJI und IAB. Beiträge zur Arbeitsmarkt- und Berufsforschung (BeitrAB) 202. Nürnberg 1996

Fischhoff, B., Goitein, B. und Shapiro, Z.: Subjective Expected Utility: A Model of Decision Making. In: Scholz, R.W.: Decision Making Under Uncertainty. Amsterdam 1983

Francis, R. und Stone, R.: Service and Procedure in Bureaucracy. Minneapolis 1956

Frey, D.H.: Conceptualizing Counseling Theories: A Content Analysis ... Counselor Education and Supervision 1972

Gabriel, C.: Beratung und Beratungsorganisation. In: Lange, E. und Büschges, G. (Hrsg): Aspekte der Berufswahl in der modernen Gesellschaft. Frankfurt 1975

Gelatt, H.B.: Positive Uncertainty: A New Decision Framework for Counseling. In: Journal of Counseling Psychology 2/1989

Goldmann, L.: Using Tests in Counseling. New York 1971

Goodyear, R.K.: Research on the Effects of Test Interpretation. In: The Counseling Psychologist 18/1990

Grummon, D.L.: Client-centered Theory. In: Stefflre und Grant (Eds.): Theories of Counseling. New York 1972

Haase, R.F. und DiMattia, D.J.: Proxemic Behavior: Counselor, Administrator and Client Preference for Seating Arrangement in Dyadic Interaction. In: Journal of Counseling Psychology 17/1970

Hackney, H.: The Involuntary Client. In: Journal of Employment Counseling 9/1972

Hackney, H. und Nye, Sh.: Counseling Strategies and Objectives. Englewood Cliffs 1973

Haley, J.: Gemeinsamer Nenner Interaktion. München 1978

Hammond, K.R., McClelland, G.H. und Mumpower, J.: Human Judgement and Decision Making. New York 1980

Hansen, J.C., Stevic, und Warner, R.W.: Counseling: Theory and Process. Boston 1977

Healy, C. C.: Reforming Career Appraisals to Meet the Needs of Clients in the 1990s. In: The Counseling Psychologist 18/1990

Hegner, F.: Organisationssoziologische Implikationen des Verhältnisses zwischen Versicherungsträgern und Versicherten. In: Kaufmann, F., Hegner F. u.a.: Zum Verhältnis zwischen Sozialversicherungsträgern und Versicherten (Manuskript). Bielefeld 1971

Hilke, R., Hustedt, H.: In: Bundesanstalt für Arbeit (Hrsg.), Handbuch zur Berufswahlvorbereitung. Nürnberg 1992

Hörmann, H.: Aussagemöglichkeiten psychologischer Diagnostik. Göttingen 1964

Holland, J.L.: Making Vocational Choices: A Theory of Vocational Personalities and Work Environments. Englewood Cliffs 19852

Howard, G.S., Nance, D.W. und Myers, P.: Adaptive Counseling and Therapy: A Systematic Approach to Selecting Effective Treatments. San Francisco 1987

Irle, M. (Hrsg.): Studies in Decision Making. Berlin 1982

Ivey A.E.: Intentional Interviewing and Counseling. Monterey 1983

Ivey, A.E. u. Authier, J.: Microcounseling. Neue Wege im Kommunikationstraining. Goch 1983

Jackson, M. und Thompson, C.L.: Effective Counselors: Characteristics and Attitudes. In: Journal of Counseling Psychology 18/1971

Janis, I.L. und Mann, L.: Decision Making: A Psychological Analysis of Conflict, Choice and Commitment. New York 1977

Jeromin, F.: Entscheidungshilfe für Hauptschüler bei der Berufswahl. Unveröff. Diplomarbeit. Mannheim 1978

Jeromin, S. und Kroh-Püschel, E.: Occupational Choice: Information Behavior and Decision Aids. In: Irle, M. (Hrsg.): Studies in Decision Making. Berlin 1982

Jones, A.S. und Gelso, C.J.: Differential Effects of Style of Interpretation. In: Journal of Counseling Psychology 35/1988

Kagan, N.: Interpersonal Process Recall. Michigan 1976, 19773

Kaminski, G.: Verhaltenstheorie und Verhaltensmodifikation. Stuttgart 1970

Katz, F.E. und Martin, H. W.: Career Choice Processes. Social Forces 41/1962

Katz, M.R., Norris, L. und Pears, L.: Simulated Occupational Choice: A Diagnostic Measure of Competencies in Career Decision Making. Measurement and Evaluation in Guidance 10/1978

Kleffner, A., Lappe, L., Raab, E., Schober, K.: Fit für den Berufsstart? Berufswahl und Berufsberatung aus Schülersicht. In: Materialien aus der Arbeitsmarkt- und Berufsforschung (MatAB) Nr. 3/1996

Köhler, W.: Psychologische Probleme. Berlin 1933

Köhler, W.: Die Aufgabe der Gestaltpsychologie. Berlin 1971

Krüger, F.: Zur Psychologie und Philosophie der Ganzheit. In: Heuss, E. (Hrsg): Zur Philosophie und Psychologie der Ganzheit. Berlin 1953

Krumboltz, J.D. und Thoresen: Counseling Methods. New York 1976

Krumboltz, J.D. und Nichols, Ch. W.: Integrating the Social Learning Theory of Career Decision Making. In: Walsh, W.B. und Osipow, S.H.: Career Counseling. Hillsdale 1990

Krumboltz, J.D. und Baker, R.D.: Behavioral Counseling for Vocational Decisions. In: Borow, H.(Ed): Career Guidance for a New Age. Boston 1973

Lange, E.: Die Wirksamkeit der Berufsberatung. Ein Überblick über Stand der empirischen Evaluierungsforschung zur Berufsberatung. In: Mitteilungen aus der Arbeitsmarkt- und Berufsforschung (MittAB) 1979

Lange, E.: Evaluierung der Berufsberatung der Bundesanstalt für Arbeit. Theoretischer und methodischer Ansatz. In: Mitteilungen aus der Arbeitsmarkt- und Berufsforschung (MittAB) 1981,

Lappe, L.: Berufswahlforschung vor den Ansprüchen der Beratungspraxis. In: Schober, K. und Gaworek, M. (Hrsg.): Berufswahl: Sozialisations- und Selektionsprozesse an der ersten Schwelle. Ein Workshop von BIBB, DJI und IAB. Beiträge zur Arbeitsmarkt- und Berufsforschung (BeitrAB) 202. Nürnberg 1996

Lasogga, F.: Gesprächstherapie: Zuviel Ideologie? In: Psychologie heute 8/1986

Leve, M.: Berufsberatung und Europäischer Binnenmarkt. In: Europäische Berufsberatungskonferenz Konferenzdokumentation. Nürnberg 1993

Lewin, K.: Principles of Topological Psychology. New York 1936

Lewin, K.: Grundzüge der topologischen Psychologie. Bern u.a. 1969

Liebenberg, R.: Berufsberatung, Methode und Technik. Leipzig 1925

Lindblom, C.E.: The Science of Muddling Through. In Leavitt, H.J. und Pondy, L.R. (Eds.): Readings in Managerial Psychology. Chicago 1964

Luhmann, N.: Lob der Routine. In: Verwaltungsarchiv 55/1964

Luhmann, N.: Legitimation durch Verfahren. Neuwied 1969

Luhmann, N.: Interaktion, Organisation, Gesellschaft. Bielefeld 1973 (Manuskript)

Luhmann, N.: Soziale Systeme. Frankfurt 1987

Manstetten, R.: Das Beratungsgespräch. Eine empirische Anlyse der beruflichen Einzelberatung in der Berufswahl- und Berufsberatungssituation Jugendlicher. Trier 1975

March, J.G.: Bounded Rationality, Ambiguity and the Engineering of Choice. In: The Bell Journal of Economics 9/1978

Mertens, D.: Schlüsselqualifikationen: Thesen zur Schulung für eine moderne Gesellschaft. In: Mitteilungen aus der Arbeitsmarkt- und Berufsforschung, Jahrgang 7, Nr. 1

Meyer-Haupt, K.: Berufsberatung, Aufgaben und Praxis der Bundesanstalt für Arbeit, Band 10. Stuttgart 1994[2]

Miller, M.J.: The Role of Happenstance in Career Choice. The Vocational Guidance Quarterly, Sept. 1983

Mitchell, T.R. und Beach, L.R.: A Review of Occupational Preference and Choice Research Theory. Journal of Occupational Psychology 49/1976

Müller-Kohlenberg, L: Berufsberatung einst und jetzt. In: Stoll. F.(Hrsg): Psychologie des XX.. Jhs., Bd. XIII. Zürich 1981

Neubert, A.: Geschichte, Aufgaben und Organisation der Berufsberatung. In: Seifert, K.H. u.a.(Hrsg):Handbuch der Berufspsychologie. Göttingen 1977

O'Leary, G.: Counselor Activity as a Predictor of Outcome. The Personnel and Guidance Journal 48/1969

Parsons, F.: Choosing a Vocation. Boston 1909

Patterson, C.H.: Counseling: Self-Clarification and the Helping Relationship. In Borow (Ed): Men in a World at Work. Boston 1964

Patterson, C.H.: Theories of Counseling and Psychotherapy. New York 1980[3]

Patterson, C.H.: Reflections on Client-centered Therapy. Interview mit C.E. Watkins und R.K. Goodyear. Counselor Education and Supervision 3/1984

Pitz, G.F. und Harren, V.A.: An Analysis of Career Decision Making from the Point of View of Information Processing and Decision Theory. Journal of Vocational Behavior. 16/1980

Pöggeler, F.: Beratung in einer ratbedürftigen Massengesellschaft. Pädagogische Rundschau 17/1963

Potocnik, R.: Entscheidungstraining zur Berufs- und Studienwahl. Bern 1990

Prediger, D.J.: The Role of Assessment in Career Guidance. In Herr, E. (Ed.): Vocational Guidance and Human Development. Boston 1974

Roe, A.: The Psychology of Occupations. New York 1956

Rogers, C.R.: Counseling and Psychotherapy. Boston 1942. dtsch.: Die nicht-direktive Beratung. München 1972

Rogers, C.R.: Client-centered Therapy. Boston 1951. dtsch.: Die klient-bezogene Gesprächstherapie. München 1972

Rogers, C.R.: The Necessary and Sufficient Conditions of Therapeutic Personality Change. Journal of Consulting Psychology 21/1957

Rounds, J.B. und Tracey, T.J.: From Trait-and-Factor to Person-Environment-Fit Counseling: Theory and Process. In: Walsh und Osipow (Eds.): Handbook of Vocational Psychology. Hillsdale 1990

Schaefer, J.: Praxis der beruflichen Beratung, Aufgaben und Praxis der Bundesanstalt für Arbeit, Band 12. Stuttgart 1977

Scheller, R.: Psychologie der Berufswahl und der beruflichen Entwicklung. Stuttgart 1976

Schober, K. und Gaworek, M. (Hrsg.): Berufswahl: Sozialisations- und Selektionsprozesse an der ersten Schwelle. Ein Workshop von BIBB, DJI und IAB. Beiträge zur Arbeitsmarkt- und Berufsforschung (BeitrAB) 202. Nürnberg 1996

Schröder, H.: Die Funktion und Rolle des Berufsberaters. Eine Mehrebenenanalyse seiner Aufgabe bei der Berufsallokation. BeitrAB 132. Nürnberg 1989

Schröder, H.: Der Nutzen der beruflichen Beratung aus Sicht der Berufswähler. Anmerkungen zu einem Forschungsdesiderat. In: Schober, K. und Gaworek, M. (Hrsg.): Berufswahl: Sozialisations- und Selektionsprozesse an der ersten Schwelle. Ein Workshop von BIBB, DJI und IAB. Beiträge zur Arbeitsmarkt- und Berufsforschung (BeitrAB) 202. Nürnberg 1996

Schulz von Thun, F.: Miteinander Reden Bd. 1. Hamburg 1981

Schulz von Thun, F.: Miteinander Reden Bd. 2. Hamburg 1989

Selvini, M.: Paradoxon und Gegenparadoxon. Stuttgart 1987

Shertzer, B. u. Stone, S.: Fundamentals of Counseling. Boston 1974

Simon, H.A.: Rationality as a Process and a Product of Thought. American Economic Review 68/1978

Slovic, P. und McPhillamy: Dimensional Commensurability and Cue Utilisation in Comparative Judgement. In: Organizational Behavior and Human Performance 11/1974

Spranger, E.: Umbildungen im Berufsleben und in der Berufserziehung. In: In Röhrs, H.(Hrsg): Die Bildungsfrage in der modernen Arbeitswelt. Frankfurt 1963

Super, D.E.: The Psychology of Careers. New York 1957

Tausch, R.: Gesprächspsychotherapie. Göttingen 1960

Thomann, Ch. und Schulz von Thun, F.: Klärungshilfe. Hamburg 1988

Tiedemann, D. V. und O'Hara, R.P.: Career Development: Choice and Adjustement. New York 1963

Toda, M.: Good Decisions – a Tantalizing Issue. In: Borcherding, Brehmer, Vlek und Wagenaar (Eds.): Research Perspectives... Amsterdam 1984

Truax, C.B.: Clinical Implementation of Therapeutic Conditions, In: Rogers, C.R. (Ed): Therapeutic and Research Progress... New York 1961

Truax, C.B.: Effective Ingredients in Psychotherapy. In: Journal of Counseling Psychology 10/1963

Wanous, J.P.: Organisational Entry. Reading, Mass. 1980

Warnath, C.F.: Relationship and Growth Theories and Agency Counseling. Couselor Education and Supervision Dec. 1977

Watzlawick, P., Beavin, J.H. und Jackson, D.D.: Pragmatics of Human Communication. New York 1967, dtsch.: Menschliche Kommunikation. Bern u.a. 1969

Watzlawick, P, Weakland, J.H. und Fisch, R.: Change. New York 1974, dtsch.: Lösungen. Bern 1974

Weisbach, Ch.-R.: Beratung kann man lernen – ist empathische Kompetenz trainierbar? In: Brunner/Schönig: Theorie und Praxis von Beratung

Wiener, N.: Kybernetik. Reinbek 1968

Williamson, E.G.: Counseling adolescents. New York 1950

Wright, G.: Behavioral Decision Theory. Newbury Park, Calif. 1984

Zuschlag, B. und Thielke, W.: Konfliktsituationen im Alltag. Stuttgart 1989